UTB

UTB **3164**

Eine Arbeitsgemeinschaft der Verlage

Böhlau Verlag · Köln · Weimar · Wien
Verlag Barbara Budrich · Opladen · Farmington Hills
facultas.wuv · Wien
Wilhelm Fink · München
A. Francke Verlag · Tübingen und Basel
Haupt Verlag · Bern · Stuttgart · Wien
Julius Klinkhardt Verlagsbuchhandlung · Bad Heilbrunn
Lucius & Lucius Verlagsgesellschaft · Stuttgart
Mohr Siebeck · Tübingen
C. F. Müller Verlag · Heidelberg
Orell Füssli Verlag · Zürich
Verlag Recht und Wirtschaft · Frankfurt am Main
Ernst Reinhardt Verlag · München · Basel
Ferdinand Schöningh · Paderborn · München · Wien · Zürich
Eugen Ulmer Verlag · Stuttgart
UVK Verlagsgesellschaft · Konstanz
Vandenhoeck & Ruprecht · Göttingen
vdf Hochschulverlag AG an der ETH Zürich

Literaturwissenschaft elementar

herausgegeben von Norbert Otto Eke

bisher sind ausserdem erschienen:

Stefan Elit: *Lyrik*
Volker Dörr: *Weimarer Klassik*
Frank Krause: *Literarischer Expressionismus*
Bodo Plachta: *Literaturbetrieb*

Kai Bremer

Literatur der Frühen Neuzeit

Reformation – Späthumanismus – Barock

Wilhelm Fink

Der Autor:
Kai Bremer wurde nach dem Studium der Germanistik, Geschichte und ev. Theologie in Göttingen promoviert. Er ist wissenschaftlicher Mitarbeiter am Institut für Germanistik der Universität Gießen und hat zur Literatur der Frühen Neuzeit geforscht und gelehrt.

Titelbild:
Titelblatt von Luthers Vollbibel (1534)

Bibliografische Information der Deutschen Nationalbibliothek

Die Deutsche Nationalbibliothek verzeichnet diese Publikation in der Deutschen Nationalbibliografie; detaillierte bibliografische Daten sind im Internet über http://dnb.d-nb.de abrufbar.

Gedruckt auf umweltfreundlichem, chlorfrei gebleichtem
und alterungsbeständigem Papier ∞ ISO 9706

(Wilhelm Fink GmbH & Co Verlags-KG, Jühenplatz 1, D-33098 Paderborn)
Internet: www.fink.de

ISBN 978-3-7705-4692-3

Printed in Germany.
Herstellung: Ferdinand Schöningh, Paderborn
Einbandgestaltung: Atelier Reichert, Stuttgart

UTB-Bestellnummer: 978-3-8252-3164-4

Inhaltsverzeichnis

Vorbemerkung

Manche Kollegen behaupten, die Studierenden heute wüssten immer weniger. Meine Lehrerfahrungen können das nicht bestätigen. Auch früher, in der guten alten Zeit, wussten Studenten zu Beginn des Studiums nicht mehr über die Frühe Neuzeit als heute. Außerdem begegneten sie der frühneuzeitlichen Literatur mit Vorurteilen. Im Schulunterricht wurde sie schlecht gemacht. Sie galt als ‚schwulstig', ‚unliterarisch' und ‚uneigentlich'. Solche Vorurteile haben Studenten heute nicht. Sie bringen damit bessere Voraussetzungen für das Studium der frühneuzeitlichen Literatur mit als vorhergehende Generationen.

Sie bringen aber auch schlechtere Voraussetzungen mit. Das gilt besonders im Hinblick auf ihre Sprachkompetenz. Wer sich mit frühneuzeitlicher Literatur befasst, hat einen Vorteil, wenn er Latein in der Schule hatte. Das Buch wagt einen Spagat, indem es die lateinische Literatur der Epoche berücksichtigt, ohne Lateinkenntnisse vorauszusetzen. Ähnlich verfährt es mit historischen Hintergründen. Sie werden punktuell angesprochen. Die gewaltigen theologischen, philosophischen und politischen Veränderungen der Zeit und die großen Entdeckungen können aber nicht nachgezeichnet werden. Das ist ein Problem, weil die Zweisprachigkeit wie die neuen Erkenntnisse wichtig sind für das Verständnis der Literatur dieser Zeit. Sie ist davon nämlich nicht unabhängig. Sie will es auch gar nicht sein – anders als die Literatur der Moderne ist sie nicht ‚autonom'.

Das vorliegende Buch versucht, Strukturelemente und Gemeinsamkeiten, Entwicklungen und Veränderungen der frühneuzeitlichen deutschen Literatur zu benennen. Dabei geht es immer wieder exemplarisch und nicht kursorisch vor. Fachkollegen wird es leicht fallen, die ‚vergessenen' Autoren und Themen aufzulisten. Ihnen sei entgegnet: Sie sind nicht ‚vergessen', sie sind nur nicht ausgewählt. Dass ich die Auswahl nicht jeweils begründen kann, liegt in der Natur des Lehrbuchs. Das betone ich, weil ein Teil der germanistischen Frühneuzeit-Forschung sich inzwischen darauf beschränkt, dem ‚Vergessen' entgegenzuwirken. Eine Wissenschaft, die ihre wichtigste Aufgabe darin sieht, die Erinnerung an vergangene Zeiten zu pflegen, droht ihren Gegenwartsbezug zu verlieren und damit die potentielle Neugier der Studenten zu verspielen. Wichtiger als die rasch zum Positivismus gerinnende Arbeit gegen das ‚Vergessen' ist es in meinen Augen, sich der

Geschichtlichkeit der eigenen Meinungen und Positionen bewusst zu werden. Um diesen Anspruch zu erfüllen, berücksichtigt dieses Buch auch die Wissenschaftsgeschichte der germanistischen Frühneuzeit-Forschung, die bisher kaum aufgearbeitet ist.

Das Buch bietet nur punktuell Ausblicke auf neuere methodische, etwa kulturwissenschaftliche Ansätze. Sie können in einem Buch für das B.A.-Studium nicht vorausgesetzt werden. Doch sollte diese Nicht-Berücksichtigung nicht zu der Annahme verleiten, dass Kulturwissenschaft und Frühe Neuzeit nichts miteinander zu tun haben. Wer die für den Schwenk der Germanistik zur Kulturwissenschaft so wichtige poststrukturalistische Theorie des französischen Philosophen Michel Foucault verstehen will, kommt an der Frühen Neuzeit nicht vorbei.

Im Schulunterricht spielt die Literatur der Frühen Neuzeit, wenn überhaupt, nur eine untergeordnete Rolle. Dieses Buch soll die ersten Begegnungen mit der frühneuzeitlichen Literatur im Studium erleichtern. Es setzt dabei grundlegende literaturwissenschaftliche Arbeitstechniken und Begrifflichkeiten voraus, weil diese üblicherweise im Studium vermittelt werden, bevor man mit der frühneuzeitlichen Literatur in Berührung kommt.

Das Buch bietet dem Leser an, die Frühe Neuzeit modular in Reformation, Späthumanismus und Barock zu unterteilen. Wichtig ist dabei die Stellung des Späthumanismus. Er ist innerhalb der Frühen Neuzeit eine Art Übergangs- oder Gelenkzeit um 1600. Möchte man sich ausschließlich mit der Literatur des 16. *oder* der des 17. Jahrhunderts befassen, dann müssen die Kapitel zur Reformation *und* zum Späthumanismus bzw. die Kapitel zum Späthumanismus *und* zum Barock gelesen werden. Das Barock-Modul ist, dem Stellenwert dieser Epoche im universitären Unterricht entsprechend, umfangreicher als die beiden anderen Module.

Die Aufbaumodule sind im Kern in fünf Kapitel unterteilt. Zu Beginn steht eine Einführung. Es folgt ein Kapitel, das Literaturformen und verwandte Textsorten vorstellt, die nicht in das neuzeitliche, dreiteilige Gattungsschema (Lyrik, Drama, Epik) passen. Die drei folgenden Kapitel orientieren sich an diesem Gattungsschema. Im Basismodul wird ausgeführt werden, warum ein solches Vorgehen anachronistisch ist und keinesfalls dem frühneuzeitlichen Literaturverständnis entspricht. Dass wider besseres Wissen dieser Aufbau gewählt wurde, trägt der Erfahrung Rechnung, dass er die Vermittlung frühneuzeitlicher Literatur entschieden vereinfacht. Am Ende der Kapitel stehen Lernfragen, die zur Klausurvorbereitung und zur Rekapitulation geeignet sind. Ergänzend dazu finden sich in den Aufbaumodulen Analysebeispiele (epochenübergreifende am Ende der Aufbaumodule 1 und 2, gattungsbezogene am Ende der letzten drei Kapitel im Aufbaumodul 3). Sie mögen zur Weiterarbeit in Form von Referaten oder Hausarbeiten anregen.

Wenn man der Literatur der Frühen Neuzeit erstmals intensiver begegnet, stellen sich sprachliche Herausforderungen. Sie sind schnell überwunden, wenn man sich einige Stunden mit den Texten befasst hat. Lautes Lesen der Zitate hilft meist. Bevorzugt wurden bei der Textauswahl gut zugängliche, möglichst erschwingliche Texte – auch dann, wenn sie aus philologischer Sicht fahrlässig modernisiert sind. Bei historisch exakten Editionen wurden drei Vereinheitlichungen vorgenommen. Die frühneuzeitliche Umlautkennzeichnung (hochgestelltes ‚e' oder ‚o' über den Vokalen) wurde modernisiert. Abbreviaturen, frühneuzeitliche Kürzungszeichen, wurden aufgelöst. Zwischen der Virgel, dem frühneuzeitliche Komma (‚/'), und dem ihr vorausgehenden Wort steht – abweichend von der Praxis der meisten Editionen – kein Leerzeichen.

Basismodul: ‚Frühe Neuzeit' als literaturgeschichtliche Epoche 1.

Im Basismodul wird der Begriff ‚Frühe Neuzeit' historisch begrenzt und problematisiert, weil es innerhalb der Germanistik kein unumstrittenes Epochenkonzept für die Zeit zwischen Spätmittelalter und Aufklärung gibt. Ergänzend wird geklärt, was der Gegenstand einer *Literatur*wissenschaft ist, die sich mit dieser Zeit befasst. Abschließend werden zentrale Fragestellungen und Institutionen vorgestellt.

Die Epoche und ihre Grenzen 1.1

Wenn das vorliegende Buch im Titel den Begriff ‚Frühe Neuzeit' führt, ist damit nicht eindeutig entschieden, welcher Zeitraum gemeint ist. Im *Reallexikon der deutschen Literaturwissenschaft* wird ein historisch weites Verständnis davon zu Grunde gelegt. Dort schreibt Herbert Jaumann:

> Das Konzept ‚Frühe Neuzeit' umfaßt Prozesse längerer Dauer zwischen zwei Wendezeiten: dem Beginn der ‚Neuzeit' am Ausgang des ‚Spätmittelalters' (mit unterschiedlicher, kontroverser Datierung zwischen dem 14. Jh. und um 1500) und der Industriellen bzw. Französischen Revolution im späten 18. Jh., also den Prozeß der Konstituierung und Etablierung der Moderne.[1]

Das Zitat deutet an, wie wenig Einigkeit in der Datierungsfrage herrscht. Zum einen werden Ereignisse und Prozesse berücksichtigt, die im deutschen Sprachraum zwar wirken, hier aber nicht ihren Ursprung haben. Zum anderen ist der Begriff kein originär literaturwissenschaftlicher. Er ist aus der Geschichtswissenschaft entlehnt. Das ist zwar kein Argument, darauf generell zu verzichten. Doch lohnt es, sich ergänzend dazu fachspezifische Epochengliederungen zu vergegenwärtigen.

Für eine ‚enge' Frühe Neuzeit

Vom Ende der Makroepoche her gedacht, spricht vieles dafür, die Frühe Neuzeit aus literaturhistorischer Sicht bereits gegen 1720 enden zu lassen. In der jüngeren Forschung ist darauf hingewiesen worden, dass um 1700 eine kulturelle Vielfalt dominiert, aus der für die Literatur zahlreiche Um- und Neuorientierungen resultieren. Zudem werden ab ca. 1720 Epochenbegriffe wie ‚Aufklärung', ‚Empfindsamkeit' und ‚Sturm und Drang' zentral für die deutsche Literaturgeschichte, so dass wenig dafür spricht, das Frühneuzeit-Verständnis der Geschichtswissenschaft in die Literaturwissenschaft einfach zu übertragen. Denn die Literatur nach 1720 verändert sich sehr. Als wichtige Beispiele dafür gelten Barthold Heinrich Brockes *Irdisches Vergnügen in Gott* (1721) und die Reform der Regelpoetik in der Frühaufklärung durch Johann Christoph Gottsched (*Versuch einer Critischen Dichtkunst*, 1730).

Wenn wir in der Germanistik die Frühe Neuzeit meist erst um 1500 beginnen lassen, ist das im Vergleich mit anderen wichtigen Literatursprachen spät. In der Germanistik wurde auch hier das Epochenkonzept der deutschen Geschichtswissenschaft übernommen, das in dieser Zeit die Trennung zwischen Mittelalter und Neuzeit ansetzt. Sie wird auf zwei Ereignisse der deutschen Geschichte zurückgeführt: auf die Erfindung des Buchdrucks mit beweglichen Lettern durch Johannes Gutenberg (1455) und auf die von Wittenberg ausgehende, Europa gänzlich verändernde und von Martin Luther initiierte Reformation (seit 1517).

Abb. 1: Johannes Gutenberg (um 1400-1468), fiktives Porträt von 1584

Da beide Ereignisse die Herausbildung einer deutschen Schriftsprache befördert haben – als entscheidend dafür gilt Luthers Bibelübersetzung ins Deutsche –, wird die Zeit um 1500 als Beginn der Neuzeit verstanden. Alternativ zu ‚Frühe Neuzeit' wird nahezu synonym von ‚Protoneuzeit' oder ‚Frühmoderne' gesprochen. Mit ‚Frühe Neuzeit' wird also das Verständnis einer ‚Neuzeit', die auf das ‚Mittelalter' folgt, differenziert.

Ergänzend zu diesem Verständnis benennt die vorliegende Einführung im Untertitel die drei wesentlichen literaturgeschichtlichen, diesen Zeitraum in etwa umfassenden Epochen der Frühen Neuzeit: Reformation, Späthumanismus und Barock (die Begriffe und die dahinter stehenden Konzepte werden zu Beginn der entsprechenden Aufbaumodule präzisiert). Auch diese Begriffe sind auf Widerspruch gestoßen und in den letzten zwei Jahrzehnten in der Forschung durch den umfassenderen Begriff ‚Frühe Neuzeit' zurückgedrängt worden. Insgesamt ist es der Germanistik bisher nicht gelungen, sich auf ein Konzept und eine Begrifflichkeit zu einigen.

1.2 Säkularisierung und Konfessionalisierung – Perspektiven aus der Geschichtswissenschaft

Ergänzend ist es hilfreich, sich zwei geschichtswissenschaftliche Perspektiven auf die ‚Frühe Neuzeit' zu vergegenwärtigen, was sich anbietet, weil die Frühneuzeit-Germanistik wesentliche Impulse der Geschichte verdankt. Das zeigt sich an den Konzepten ‚Säkularisation' bzw. ‚Säkularisierung' und ‚Konfessionalismus' bzw. ‚Konfessionalisierung', die Albrecht Schöne[2] und Hans-Georg Kemper[3] aus der Geschichtswissenschaft entlehnt und als zentrale Kategorien für die frühneuzeitliche Literatur eingeführt haben.

Säkularisierung

Das Konzept der Säkularisierung hat der Historiker und Religionssoziologe Max Weber als die ‚Entzauberung der Welt' umschrieben. Fluchtpunkt seiner Überlegungen ist ein Vorgang, der auf eine Entsakralisierung und Verweltlichung des Denkens zielt und der wesentlich ist für die Hervorbringung von neuzeitlicher Philosophie, Politik und Literatur. Terminologisch empfiehlt es sich, ‚Säkularisierung' als Prozessbegriff vom juristischen Begriff der ‚Säkularisation' (im Sinne einer Enteignung von kirchlichem Besitz) zu unterscheiden.

Die moderne Literatur mit ihren Vorstellungen vom Autor und der autonomen Ästhetik gilt in der Literaturwissenschaft vielfach als Fluchtpunkt der Säkularisierung. Zu Beginn der Frühen Neuzeit ist die Literatur stark religiösen Zwecken verpflichtet. Die enge Bindung zwischen Literatur und Religion löst sich im Verlauf der Frühen Neuzeit. Die Literatur wird wesentliches Ausdrucksmedium des modernen Individuums. Hinter ‚Säkularisierung' steht ein Konzept, das von einem Übertragungsgedanken von einem System (hier der Theologie) in einer anderes (hier der Literatur) ausgeht. Problematisch ist daran, dass innerhalb der Säkularisierungsforschung oft die Frage nach dem ‚Rest' nicht gestellt oder von einer ‚restlosen' Überführung ausgegangen wird – so im Konzept der Politischen Theologie Carl Schmitts (die Kritik daran wurde primär von Hans Blumenberg formuliert).[4] Zudem hat die jüngere Forschung nachgewiesen, dass ‚Säkularisierung' ein Begriff ist, der in zentralen theoretischen Studien dazu immer schon vorausgesetzt wird und sich deswegen gewissermaßen selbst generiert.[5]

Konfessionalisierung

Mitte des 16. Jahrhunderts, also nach der Hochphase der Reformation, bricht sich die Konfessionalisierung Bahn, wobei der Begriff selbst auf die zentralen Bekenntnisschriften (zuerst *Confessio Augustana*, dt. ‚Augsburger Bekenntnis' von 1530) zurückgeht.

In Folge dieser Entwicklung spricht man heute in der Geschichtswissenschaft vom ‚Konfessionellen Zeitalter'. Damit wird betont, dass sich nach der Reformation aus der einen alten Kirche des Mittelalters drei Konfessionskirchen, die lutherische, die katholische und die reformierte, herausbilden. Im letzten Drittel des 16. Jahrhunderts liegen von allen drei Konfessionskirchen Bekenntnisschriften vor. Konfessionalisierung versucht also stärker Entwicklungen innerhalb der Frühen Neuzeit zu fassen, während Säkularisierung deutlich in die Moderne verweist.

Exkurs

Das Epochen-Problem in der Geschichtswissenschaft

In der Geschichtswissenschaft hat Leopold von Ranke mit seiner zwischen 1839 und 1847 publizierten *Deutschen Geschichte im Zeitalter der Reformation* die Epochengrenze 1555 durchgesetzt. Bei Ranke endet die Reformationszeit mit dem Augsburger Religionsfrieden 1555 und der Abdankung Kaiser Karls V. im folgenden Jahr. Bei ihm findet sich die Benennung der folgenden Epoche als Gegenreformation, die Moriz Ritter mit der *Deutschen Geschichte im Zeitalter der Gegenreformation und des Dreißigjährigen Krieges* (1889-1908) aufgriff und einbürgerte. Der Begriff ‚Gegenreformation' geriet in die Kritik, weil er das reaktiv-destruktive Moment der Entwicklungen der zweiten Jahrhunderthälfte betonte. So setzte sich das von Joseph Lortz eingeführte Begriffspaar katholische Reform und Gegenreformation durch. Ernst Walter Zeeden hat diese Überlegungen in Frage gestellt, indem er den Zeitraum von 1517-1648 als Einheit begriff und Zeitalter der Glaubenskämpfe nannte. Gegenwärtig folgen zahlreiche Historiker Zeeden. Sie kritisieren aber, dass dieser die Reformation bereits als Auftakt des Zeitalters versteht. Sie grenzen die frühe Reformationszeit aus und sprechen statt dessen vom Konfessionellen Zeitalter. Dagegen wird die Reformationszeit entweder als eigenständige Epoche oder als Kulminationspunkt spätmittelalterlicher Entwicklungen verstanden.

Die Überlegungen der Geschichtswissenschaft berühren Phänomene, die ebenso für die Literaturwissenschaft wichtig sind. Zunächst muss die Sonderstellung der Reformationszeit bedacht werden. Zu berücksichtigen ist einerseits die enge Verbundenheit der Literatur dieser Zeit mit der des Spätmittelalters und des Humanismus. Sodann ergibt sich der grundlegende Befund, dass die deutsche Literatur der Frühen Neuzeit konfessionell strukturiert ist. Hans-Georg Kemper hat deswegen den Begriff ‚Konfessionalismus' primär für die Literatur seit der zweiten Hälfte des 16. Jahrhunderts und des frühen 17. Jahrhunderts zu etablieren versucht.[6] Doch ist das Wort im Unterschied zu ‚Konfessionalisierung' missverständlich, weil es das Prozesshafte unterschlägt. Außerdem legt es nahe, dass die Ausdifferenzierung des literarischen Systems nach konfessionellen Kategorien im frühen 17. Jahrhundert weitgehend abgeschlossen ist, was nicht richtig ist. Deswegen sollte besser, wie in der Geschichtswissenschaft, von ‚Konfessionalisierung' gesprochen werden.[7]

Oberdeutsche Literatur

Mitte der 70er Jahre des letzten Jahrhunderts wurde von Dieter Breuer gezeigt, dass in der Frühen Neuzeit in den katholischen Territorien Deutschlands die Literatur sprachhistorisch und ästhetisch relativ unabhängig von den Veränderungen im protestantischen Deutschland war. Die sog. Oberdeutsche Literatur war nicht auf die süddeutschen katholischen Territorien beschränkt. Sie wurde ebenso in norddeutschen katholischen Bistümern wie Münster oder Paderborn gepflegt. Breuers Entdeckung der Oberdeutschen Literatur kann als Folge der Auseinandersetzung mit der Konfessionalisierungsforschung der Geschichtswissenschaft betrachtet werden.[8]

1.3 Der frühneuzeitliche Literaturbegriff

Imitatio-Gedanke

Die Frühe Neuzeit verfügt, das deuten die Ausführungen zu Breuer, Kemper und Schöne bereits an, nicht über einen Begriff von Literatur, der dem der Moderne entspricht. Das heißt nicht, dass es keine Literatur gibt. Selbstverständlich werden Dramen, Romane und Gedichte geschrieben. Doch verdeutlicht die Literatur der Frühen Neuzeit vielleicht besser als die jeder anderen Epoche, wie sehr der Begriff ‚Literatur' von seiner Zeit und seiner Kultur abhängig ist. In der Frühen Neuzeit geht mit ‚Literatur' kein Konzept einer literarischen oder gar genialischen Schöpfung einher. Statt dessen dominiert der *Imitatio*-Gedanke. Der Autor stellt sich in eine Tradition, indem er deren Werke nachahmt und sich in der Regel damit zufrieden gibt, die Spielräume der literarischen Form zu erproben oder diese weiterzuentwickeln.

Rhetorik und Poesie

Die frühneuzeitliche Literatur ist weitgehend gelegenheitsgebunden und von der Rhetorik geprägt. Sie ist also nicht einer autonomen Ästhetik verpflichtet. Die Rhetorizität der frühneuzeitlichen Literatur ist ein Epochenspezifikum, das weder für die mittelalterliche noch für die neuzeitliche Literatur in dieser Art gilt. Daraus folgt für die Literaturwissenschaft, dass sie sich nicht nur mit Literaturformen befassen muss, die ihr sonst bekannt sind – also verkürzt gesprochen mit der auf Johann Wolfgang Goethe zurückgehenden Gattungstrias Lyrik, Dramatik und Epik –, sondern auch mit Briefen, Reden, Gedichten zu Anlässen wie Heirat oder Tod, religiöser Andachtsliteratur oder Streitschriften zwischen theologischen Gegnern. Wir sprechen deswegen vom ‚erweiterten Literaturbegriff'. Angesichts der Zweckgebundenheit der Literatur verwundert es auch nicht, dass sie Kontrollinstanzen und –mechanismen wie der Zensur unterliegt.

1.4 Opitz' Poetik als Zäsur innerhalb der frühneuzeitlichen Literatur

Martin Opitz

Dass die Literaturgeschichte nicht ausschließlich den Kategorien der Geschichtswissenschaft folgen muss, verdeutlicht die Sonderstellung von Martin Opitz' *Buch von der Deutschen Poeterey* aus dem Jahr 1624. Mit der *Poeterey* nahm Opitz eine entscheidende Reform der deutschen Literaturgeschichte vor, mit Übersetzungen von wesentlichen antiken und zeitgenössischen Literaturwerken ergänzte er sein Reformprogramm.

Während die Geschichtswissenschaft die wesentliche Zäsur der Frühen Neuzeit im Westfälischen Frieden von 1648 sieht, wird von literaturwissenschaftlicher Seite betont, dass dieser Einschnitt weniger wichtig war als der, den Opitz' kleines Büchlein zu Beginn des Dreißigjährigen Krieges setzte.

Wichtig für das Verständnis der opitzschen Reformen ist ihre konfessionelle Dimension und ihr späthumanistisches Fundament. Opitz selbst ist seinen intellektuellen Ursprüngen nach Späthumanist. Durch ihn wird der zunächst weitgehend lateinisch geprägte Späthumanismus zu einer Zeit des Übergangs, in der wesentliche Reformen angebahnt und in der die Internationalisierung der deutschen Literatur durch Rezeption und Nachahmung

MARTINI
OPITII
Buch von der Deutschen
Poeterey.
In welchem alle ihre eigenschafft vnd zugehör gründtlich erzehlet/ vnd mit exempeln außgeführet wird.
Gedruckt in der Fürstlichen
Stadt Brieg/ bey Augustino
Gründern.
In Verlegung David Müllers Buchhändlers in Breßlaw. 1624.

Abb. 2: Martin Opitz: *Buch von der Deutschen Poeterey* (1624)

(*imitatio*) samt wetteifernder Überbietung (*aemulatio*) der ausländischen Literaturen vorbereitet werden.

In Anbetracht dieses komplexen Ineinanders von historiographischen und literaturgeschichtlichen Epochenkonzepten ist es nicht weiter erstaunlich, dass zahlreiche literaturgeschichtliche Darstellungen in ihrem Titel auf einen Epochenbegriff verzichten und statt dessen schlicht den Zeitraum nennen, der behandelt wird. So verfahren die beiden für die Frühe Neuzeit einschlägigen Bände aus *Hansers Sozialgeschichte der Literatur*, die die Titel *Die Literatur im Übergang vom Mittelalter zur Neuzeit* und *Die Literatur des 17. Jahrhunderts* tragen.

Das 16. Jahrhundert als literaturgeschichtliches Problem 1.5

Bereits die Ausführungen zum erweiterten Literaturbegriff dürften deutlich gemacht haben, dass bis Ende der 1960er Jahre gültige Einschätzungen der Literaturgeschichtsschreibung in den 70er Jahren einer grundlegenden Revision unterzogen wurden. Zudem war die Frühe Neuzeit Objekt zahlreicher ideologischer Projektionen. Deswegen ist die wissenschaftsgeschichtliche Aufarbeitung der frühneuzeitlichen Literaturgeschichte nachgerade geboten. Das wurde allerdings bisher nur punktuell unternommen, obwohl die Wissenschaftsgeschichte der Germanistik insgesamt fortgeschritten ist.

Kein anderes Jahrhundert stellt sich in der germanistischen Literaturwissenschaft derart disparat dar wie das sechzehnte. Das zeigt sich schon an der im vorliegenden Buch vorgenommenen Differenzierung zwischen Reformation und Späthumanismus. Die Zweiteilung der Germanistik an den Universitäten in Mediävistik und Neugermanistik stellt die literaturhistorische Darstellung des 16. Jahrhunderts vor Schwierigkeiten. Das wird beim Blick in Gesamtdarstellungen deutlich. In ihnen wird die Literatur des 16. Jahrhunderts gezielt an die mittelalterliche Literaturgeschichte angebunden – erst mit dem Barock scheint die ‚echte' Neugermanistik ihren Forschungsgegenstand zu erhalten. Das wiederum steht der für die deutsche Nationalgeschichte wichtigen These, mit der Reformation beginne sowohl geistesgeschichtlich als auch nationalsprachlich die Neuzeit, entgegen.

Bereits der Titel von Wolfgang Stammlers *Von der Mystik zum Barock 1400-1600* (zuerst 1927) vertritt den Zusammenhang zwischen der spätmittelalterlichen Literatur und der der Reformationszeit. Problematisch ist bei Stammler die zweite Hälfte des

Jahrhunderts. Er unterteilt das 16. Jahrhundert in die Zeit der ‚Lutherischen Pause', in der die Literatur nach seiner Meinung nicht stattgefunden habe, und die folgende Zeit des ‚Künstlerischen Anstiegs'. Die Jahre vor 1600 werden zur Vorbereitungsphase des Barock. Letztlich bewertet Stammler das 16. Jahrhundert durch eine ‚barocke Brille'.

Hans Rupprichs Literaturgeschichte *Vom späten Mittelalter bis zum Barock* (Tl. 1: 1970, Tl. 2: 1973) umfasst die Zeit von 1370-1570. Er betont wie Stammler die Abhängigkeit der Literatur des 16. Jahrhunderts von ihren Vorläufern und nennt im Titel wie Stammler den Fluchtpunkt (die Barock-Epoche). Rupprich endet 1570. Sein Buch ist eingebettet in das Gesamtkonzept der bis heute immer wieder aktualisierten *Geschichte der deutschen Literatur,* die von Helmut de Boor und Richard Newald konzipiert wurde. Auf Rupprichs Buch folgt Richard Newalds umfassende Darstellung *Die deutsche Literatur vom Späthumanismus bis zur Empfindsamkeit 1570-1750.* Damit findet der von Erich Trunz in die Germanistik eingeführte Begriff ‚Späthumanismus' Aufnahme in die Literaturgeschichte.[9]

Das Schlagwort Gegenreformation ließ sich dagegen trotz zahlreicher Versuche nicht endgültig in Stellung bringen. Einzig der von Harald Steinhagen herausgegebene Sammelband *Zwischen Gegenreformation und Frühaufklärung: Späthumanismus, Barock 1572-1740* ist so verfahren und hat damit abermals einen Begriff der Geschichtswissenschaft entlehnt (die ihn freilich zum Zeitpunkt des Erscheinens von Steinhagens Buch längst verabschiedet hatte). Außerdem – das bestätigt nur das Uncharakteristische von ‚Gegenreformation' für das letzte Drittel des 16. Jahrhunderts – wurde der Begriff von Paul Hankamer für das katholische Schrifttum des 17. Jahrhunderts in Anspruch genommen. Steinhagens Literaturgeschichte ist in der Reihe *Deutsche Literatur. Eine Sozialgeschichte* des Rowohlt-Verlags erschienen. In dieser Reihe ist auch ein Band zum Spätmittelalter, der Reformation und dem Humanismus publiziert worden. Ingrid Bennewitz und Ulrich Müller stellen im Titel programmatisch die Medienrevolution der Zeit um 1500 in den Mittelpunkt: *Von der Handschrift zum Buchdruck.*

Die Stellung der Literatur des 16. Jahrhunderts zwischen Mittelalter und Barock zum Programm gemacht hat der literaturgeschichtliche Sammelband von Werner Röcke und Marina Münkler: *Die Literatur im Übergang vom Mittelalter zur Neuzeit* (2004) aus der Reihe *Hansers Sozialgeschichte der Literatur.* Ein weiteres Mal belegt das Buch, wie sehr Literatur und Kultur der Reformationszeit ihr Fundament im Spätmittelalter haben. Zudem werden zentrale methodische Überlegungen des Fachs zur epochalen Gliederung berücksichtigt. Auch finden neuere Erkenntnisse der historischen Forschung Eingang in die Einzelbeiträge. Der in der Reihe folgende Band *Die Literatur des 17. Jahrhunderts* von Albert Meier hält sich dann recht strikt an die Jahrhundertwende. Daher ergibt sich manchmal eine Darstellungslücke zwischen dem Band von Röcke/Münkler und dem Meiers, wodurch die literaturgeschichtliche Sonderstellung des 16. Jahrhunderts – gewiss unfreiwillig – betont wird. Trotzdem bilden die beiden Bände aus *Hansers Sozialgeschichte der Literatur* gemeinsam zur Zeit die kompetenteste und zuverlässigste literaturgeschichtliche Darstellung zur Frühen Neuzeit.

Wissenschaftsgeschichtliche Voraussetzungen 1.6

Die Germanistik des späten 19. Jahrhunderts, die zu dieser Zeit noch eine junge Disziplin war, akzeptierte lediglich die drei von Goethe „Naturformen“ genannten Gattungen (Lyrik, Dramatik, Epik) und grenzte alle anderen Literaturformen aus.[10] Dementsprechend konnte Wilhelm Scherer, einer der Gründungsväter der deutschen Literaturgeschichtsschreibung, in der Einleitung zu seiner erfolgreichen *Geschichte der Deutschen Literatur* (zuerst 1880-1883) feststellen, in der Zeit, „in welcher Luther die Bibel übersetzte“, sei nicht „ein großes literarisches Kunstwerk“ hervorgebracht worden.[11] Die moderne Literatur entwickelt sich bei Scherer erst nach dem Dreißigjährigen Krieg. Er nennt zwar die Reformen von Opitz, schätzt ihn jedoch kaum: „Aber nie hat ein unbedeutender Dichter mit so geringem Recht eine bedeutende Stellung in der Literaturgeschichte errungen, wie Opitz.“[12]

Die Barockliteratur fand um 1900 noch weniger akademische Aufmerksamkeit als die des 16. Jahrhunderts. Die Literatur der Reformationszeit war immerhin aus nationalen Gründen wichtig, weil Luther als der erste nicht nur theologische, sondern auch nationale Befreier Deutschlands galt. Dagegen harrte die Barockliteratur einer unvoreingenommenen Erschließung, die mit dem Ersten Weltkrieg erfolgte. Argumentativ wichtig wurden die Überlegungen von Fritz Strich. Er betonte in *Der lyrische Stil des 17. Jahrhunderts* (1916) die Eigenständigkeit der Barocklyrik zwischen Renaissance und Aufklärung. Das führte dazu, dass der literarische Kanon ausgeweitet und der Blick in benachbarte Disziplinen wie die Philosophie und die Geschichtswissenschaft geworfen wurde, um die Leistungen der Epoche würdigen zu können.[13]

Barockliteratur und Expressionismus

Die Barockliteratur galt wegen des Dreißigjährigen Krieges als Ausdruck für Erfahrungen von Gewalt, Sittenverfall und Zerrissenheit. Deswegen wurde eine Ähnlichkeit zwischen der expressionistischen Literatur und der des Barock konstatiert – grundlegend ist dieser Gedanke für Walter Benjamins Studie *Ursprung des deutschen Trauerspiels* von 1928. Doch war er ein Außenseiter des akademischen Betriebs (und ist es für weite Teile der Frühneuzeit-Forschung bis heute geblieben). Deswegen bedeutete Benjamins Buch auch keinen Paradigmenwechsel.

Von der Idee der Über-Gestalten Goethe und Shakespeare erfüllt, wandte sich in den 20er Jahren der Literaturhistoriker Friedrich Gundolf gegen die Barockliteratur. Er pflegte eine Literaturwissenschaft, die beeinflusst war vom messianischen Dichtungsverständnis des Schriftstellers Stefan George. Da die Barock-Schriftsteller – Gundolf schrieb Monographien über Opitz und Andreas Gryphius – sich allesamt nicht dazu eigneten, seinen Ansprüchen gerecht zu werden, fiel Gundolfs Urteil insgesamt negativ aus. Einzig ihre Leistung, der deutschen Sprache zwischen Luther und Lessing einen Zusammenhang gegeben zu haben, erkannte er an.[14]

Von Gundolf waren Mitte der 20er Jahre zahlreiche Studenten begeistert. Deswegen bemühten sich viele, in Heidelberg zu studieren. Einer von ihnen war Richard Alewyn, der als der erste ‚echte' Frühneuzeit-Germanist gelten kann. Alewyn legte 1926 seine Dissertation zur *Antigone*-Übersetzung von Martin Opitz unter dem Titel *Vorbarocker Klassizismus und griechische Tragödie* vor. Sechs Jahre später erschien die Habilitation zum bis dahin gänzlich unbekannten Roman-Schriftsteller Johann Beer. Damit legte Alewyn beide Qualifikationsschriften zur Literatur des 17. Jahrhunderts vor.

1932 wurde er zum Nachfolger Gundolfs in Heidelberg berufen. Doch die Chance, die in diesem Wechsel lag, wurde durch die historischen Veränderungen zunichte gemacht. Nach der Machtübertragung an die Nationalsozialisten 1933 emigrierte Alewyn in die USA. Die germanistische Frühneuzeitforschung wurde endgültig zu einem Steigbügelhalter nationaler und nationalistischer Literaturgeschichtskonzepte, die immer stärker rassische und rassistische Überlegungen berücksichtigten.

Neuanfang im Zeichen von Rhetorik und Sozialgeschichte

Trotz Alewyns früher Rückkehr 1947 nach Deutschland erfuhr die germanistische Frühneuzeitforschung einen wirklichen Neuanfang erst Mitte der 60er Jahre. Obwohl es schon in den Forschungen der Weimarer Republik wiederholt angeklungen war, setzte sich erst jetzt im Bewusstsein durch, was heute ein Gemeinplatz ist: Die frühneuzeitliche Literatur ist elementar abhängig von der Rhetorik und von den sozialen Rahmenbedingungen, was wiederum weitreichende Konsequenzen für den Literaturbegriff hat. Entscheidend waren Joachim Dycks *Ticht-Kunst. Deutsche Barockpoetik und rhetorische Tradition* (1966) und Wilfried Barners *Barockrhetorik. Untersuchungen zu ihren geschichtlichen Grundlagen* (1970).

Mit Barners bahnbrechender Studie wurde zugleich offenkundig, wozu die nun zunehmend sich etablierende Sozialgeschichtsschreibung der Literatur in der Lage war. Barner machte nicht nur deutlich, wie elementar die Rhetorik-Ausbildung in der Frühen Neuzeit war und dass deswegen alle Schriftsteller der Zeit rhetorisch ausgebildet waren. Zugleich zeigte er umfassend, dass wesentliche Teile der Literatur des 17. Jahrhunderts konkreten Anlässen geschuldet waren und deswegen ihre Produktion den erlernten rhetorischen Gesetzmäßigkeiten folgte. Solche Anlässe konnten privater Natur (Geburten, Hochzeiten oder Todesfälle), akademischer Natur (Promotionsfeiern oder Schultheateraufführungen) oder politischer Natur sein (höfische oder städtische Feierlichkeiten).

Von der Barock- zur Frühneuzeit-Forschung

Mitte der 70er Jahre geriet der eh schon wenig geschätzte Barock-Begriff endgültig in die Kritik, so dass das geschichtswissenschaftliche Konzept einer ‚Frühen Neuzeit' in den Blick geriet. Diese Öffnung versprach mehrere Vorteile. Erstmals wurde auf diese Weise versucht, das 16. mit dem 17. Jahrhundert sinnvoll zu verbinden. Gleichzeitig versprach es interdisziplinären Anschluss an die Geschichtswissenschaft, und es erlaubte eine Internationalisierung. Im Ausland dominierten schon länger ähnliche Konzepte etwa in Gestalt der ‚Early Modern Studies' oder der ‚Renaissance-Studies'.

Gegenwärtige Forschungsfelder 1.7

Weiterhin dominieren in der literaturwissenschaftlichen Frühneuzeitforschung Fragestellungen, die sich aus der Hinwendung zur Rhetorik und Sozialgeschichte ergeben. Unter dem Schlagwort des literarischen ‚Spielraums' (lat. *licentia*) ist das schwierige Verhältnis von poetisch-rhetorischer Norm und schriftstellerischer Freiheit in den Blick geraten.[15] Durch die Überlegungen zum Spielraum wurde die These vom Systemcharakter der barocken Literatur kritisch ausdifferenziert.[16] Die Untersuchung der Spielräume greift mit der ‚Lizenz' des Poeten bzw. Redners eine Kategorie auf, die an der Schnittstelle von Poesie und Rhetorik liegt.

Bei den Studien zum Spielraum zeigt sich freilich ein Problem der germanistischen Frühneuzeit-Forschung. Sie ist hoch differenziert, ist aber faktisch stark disziplinär orientiert. So fehlt eine Auseinandersetzung mit dem älteren Spielraum-Begriff vom Komparatisten Wolfgang Iser, der ihn am Beispiel frühneuzeitlicher Romane aus Spanien und England entwickelt hat.[17]

Jenseits dessen geriet die Vielfalt der rhetorischen Praxis in den Blick, die in der Frühen Neuzeit umfassenden Einfluss auf die Literaturproduktion hatte. Als wegweisend hat sich die Untersuchung der Hofberedsamkeit erwiesen.[18] Daneben umfangreich vertreten sind Forschungen zum Gelegenheitsschrifttum. Sie belegen die anhaltende Wirkungskraft der Sozialgeschichte. Das Gelegenheitsschrifttum kann genutzt werden, um soziale Netzwerke und kulturelle Räume zu rekonstruieren. Zudem gilt die Erforschung des Gelegenheitsschrifttums als Beitrag für die Kulturgeschichte als Memorialwissenschaft.[19]

Während die feministische Literaturwissenschaft der 70er Jahre danach fragte, welche schreibenden Frauen von der Literaturgeschichte vergessen wurden und wie Literatur genutzt wurde, um Frauen zu diskriminieren, hat die neuere Geschlechterforschung den Fokus verschoben. Sie untersucht, inwieweit Geschlechterbilder und –entwürfe (also auch Männlichkeitsentwürfe)[20] kulturell bedingt sind. Dazu eignen sich Studien zum im Drama der Zeit beliebten *gender-crossing*.

Da die Frühe Neuzeit überall in Europa und insbesondere in Deutschland wegen des Dreißigjährigen Krieges durch die Erfahrung von Krieg und Gewalt geprägt war, waren und sind diese Themen vielfach bearbeitete Forschungsgebiete.[21] Literatur ist nicht nur ein geeignetes Medium, um diese Erfahrungen zu verarbeiten, sondern auch um kriegerisches oder friedliches Verhalten zu propagieren.

Wegen der Verankerung der Literatur in gelehrten Kontexten hat sich die Forschung mit Fragen der Wissensordnung, -bereitstellung sowie -aussonderung vielfach beschäftigt. Die Grenzen disziplinären Arbeitens sind in diesen Bereichen freilich hinfällig. So können sich etwa mit den Praktiken der Gelehrsamkeit Historiker, Literaturwissenschaftler oder Philosophen befassen.[22] Ein Beispiel für die in der Frühneuzeitforschung etablierte Interdisziplinarität sind die Forschungen zum 1728 gestorbenen Juristen und Philosophen Christian Thomasius.[23] Er steht wie kaum ein anderer für die vielfältigen Perspektiven der kulturellen (Um-)Orientierungen um 1700,[24] denen mit ausschließlich disziplinärer Arbeitsweise kaum beizukommen ist und die auch immer wieder die Frage aufwerfen, ob Epochengrenzziehung ein sinnvolles Unterfangen ist. Die meisten Überlegungen von Thomasius rechtfertigen es, ihn der Frühaufklärung zuzurechnen. Andererseits ist er für die Vermittlung der zeitgenössischen Literatur wichtig, die entschieden spätbarocke bzw. galante Züge trägt. Die wissensgeschichtliche Aufarbeitung der Frühen Neuzeit nähert sich dabei der Erforschung der Wissenschaftsgeschichte an.

Die Frühe Neuzeit ist die Epoche, in der die europäischen Menschen neue Erfahrung mit ‚den' Fremden machten. Durch die Entdeckung Amerikas und weiter Teile Asiens vervielfältigte sich nicht nur das Wissen über die Unterschiede der Kulturen. Zudem erlebte man in Europa durch die Türkeninvasionen, dass die Fremden der eigenen Kultur überlegen sein konnten. Auch verfestigten sich in dieser Zeit kulturelle Stereotypen und Gegenüberstellungen wie das Bild von Okzident und Orient.[25]

Institutionen, Forschung und Lehre 1.8

Anfang der 70er Jahre setzte ein Aufschwung der Frühneuzeit-Forschung ein, der einher ging mit einer Institutionalisierung. An der Herzog-August-Bibliothek in Wolfenbüttel, auf Grund ihrer reichhaltigen Bestände ohnehin ein Mekka der Forschung, wurden in den 70er Jahren Arbeitskreise gegründet, die Wolfenbüttel zum wohl wichtigsten Forschungszentrum für die Epoche in der Bundesrepublik gemacht haben (vgl. http://www.hab.de).

Wolfenbüttel war und ist ein reiner Forschungsstandort, und die Bibliothek ist im Rahmen der Sammlung Deutscher Drucke[26] auf das 17. Jahrhundert spezialisiert. Das hatte einen Nachteil. Forschungen zur Frühen Neuzeit, die sich nicht mit dem 17. Jahrhundert befassten, drohten ins Hintertreffen zu geraten. Deswegen wurden die Fragestellungen auf die gesamte Frühe Neuzeit ausgeweitet. Ein Ergebnis davon war die Gründung des Wolfenbütteler Arbeitskreises für Renaissanceforschung 1978 als Ergänzung zum seit 1972 existierenden Internationalen Arbeitskreis für Barockforschung.

Zusätzlich wurden seit den 80er Jahren weitere Institutionen nun direkt an Universitäten gegründet, die die Frühneuzeitforschung stärken sollten, ohne dass dies auf Kosten Wolfenbüttels geschah. Gegenwärtig existieren im deutschsprachigen Raum folgende, für die universitäre Frühneuzeitforschung wesentliche Institutionen:

Institut für Europäische Kulturgeschichte der Universität Augsburg
(http://www.uni-augsburg.de/institute/iek/)
Interdisziplinäres Zentrum *Mittelalter – Renaissance – Frühe Neuzeit* an der Freien Universität Berlin
(http://www.geisteswissenschaften.fu-berlin.de/izma/)
Zentrum zur Erforschung der Frühen Neuzeit an der Johann-Wolfgang-Goethe-Universität Frankfurt/M.
(http://www.zfn.uni-frankfurt.de)
Zentrum für Mittelalter- und Frühneuzeitforschung an der Georg-August-Universität Göttingen
(http://zmf.uni-goettingen.de)
Interdisziplinäres Zentrum für Pietismusforschung der Martin-Luther-Universität Halle-Wittenberg in Verbindung mit den Franckeschen Stiftungen Halle
(http://www.pietismus.uni-halle.de/)
Interdisziplinäres Institut für Kulturgeschichte der Frühen Neuzeit an der Universität Osnabrück
(http://www.ikfn.uni-osnabrueck.de)
Institut für die Erforschung der Frühen Neuzeit an der Universität Wien
(http://www.univie.ac.at/iefn/).

Ein ähnlich konzipiertes Institut zur Erforschung der Aufklärung befindet sich in Potsdam. Dort werden immer wieder Fragestellungen erörtert, die auch die Zeit vor 1700 berühren. Die Institutionalisierung ist nicht die einzige Möglichkeit, die Forschung zu stärken. So verfügt die Ludwig-Maximilians-Universität München zwar über kein entsprechendes Institut. Sie darf trotzdem als ein wesentliches Zentrum der deutschen Frühneuzeitforschung gelten, was nicht zuletzt daran liegt, dass die Bayerische Staatsbibliothek München innerhalb der Sammlung Deutscher Drucke den Schwerpunkt für die Zeit bis 1600 hat. In München wird gegenwärtig zudem projektbezogen in einem Sonderforschungsbereich gearbeitet (vgl. http://www.sfb-frueheneuzeit.uni-muenchen.de/).

Die vorgestellten Institutionen haben allein schon wegen ihres Forschungsengagements ein Interesse an der Nachwuchsförderung. Hier sind thematisch unterschiedlich ausgerichtete Graduiertenkollegs, Forschernachwuchsgruppen, Forschergruppen und Sonderforschungsbereiche angesiedelt, was in der Regel ein breites Lehrangebot nach sich zieht. Die Modularisierung stellt für die Frühneuzeitforschung allerdings eine Herausforderung dar, weil sie eine gezielte Nachwuchsförderung unterhalb der Graduiertenförderung notwendig macht. Als erste deutsche Universität hat Osnabrück darauf reagiert und einen Masterstudiengang Renaissance- und Reformationsstudien konzipiert (vgl. http://www.ikfn.uni-osnabrueck.de/pages/ma-inhalt.html). Das Zentrum an der FU Berlin und das in Göttingen haben ähnliche Studiengänge angekündigt. In anderen Ländern Europas und in Nordamerika sind vergleichbare Studiengänge seit einiger Zeit etabliert.

Orientierungshilfen und Informationsquellen 1.9

Bibliographien und weitere Hilfsmittel

Goedeke, Karl, Grundrisz zur Geschichte der Deutschen Dichtung aus den Quellen, 2. ganz neu bearb. Aufl., Bd. 2: Das Reformationszeitalter. Dresden: Ehlermann 1886; Bd. 3: Vom dreissigjährigen bis zum siebenjährigen Kriege. Dresden: Ehlermann 1887.

Dünnhaupt, Gerhard, Personalbibliographie zu den Drucken des Barock, 6 Bde., Stuttgart: Hiersemann 1990-1993.

Jaumann, Herbert, Handbuch Gelehrtenkultur der Frühen Neuzeit, Bd. 1: Bio-Bibliographisches Repertorium, Berlin: de Gruyter 2004.

Literaturgeschichten und Lehrbücher

Newald, Richard, Die deutsche Literatur vom Späthumanismus bis zur Empfindsamkeit 1570-1750, 6. Aufl., München: Beck 1967.

Rupprich, Hans, Vom späten Mittelalter bis zum Barock, 2. Tle., München: Beck 1970-1973 [Tl. 1: 2., überarb. Aufl. von Hedwig Heger, München: Beck 1994].

Steinhagen, Harald (Hg.), Zwischen Gegenreformation und Frühaufklärung: Späthumanismus, Barock 1572-1740, Reinbek bei Hamburg: Rowohlt 1985.

Bennewitz, Ingrid, Ulrich Müller (Hg.), Von der Handschrift zum Buchdruck: Spätmittelalter, Reformation, Humanismus 1320-1572, Reinbek bei Hamburg: Rowohlt 1991.

Meier, Albert (Hg.), Die Literatur des 17. Jahrhunderts, München: Hanser 1999.
Röcke, Werner, Marina Münkler (Hg.), Die Literatur im Übergang vom Mittelalter zur Neuzeit, München: Hanser 2004.
Niefanger, Dirk, Barock. Lehrbuch Germanistik, 2. überarb. Aufl., Stuttgart: Metzler 2006.

Historische Überblicksdarstellungen

Klueting, Harm, Das Konfessionelle Zeitalter 1525-1648, Stuttgart: Ulmer 1989.
Reinhard, Wolfgang, Probleme deutscher Geschichte 1495-1806. Reichsreform und Reformation 1495-1555, Stuttgart: Klett-Cotta 2001.
Lanzinner, Maximilian, Gerhard Schormann, Konfessionelles Zeitalter 1555-1618. Dreißigjähriger Krieg 1618-1648, Stuttgart: Klett-Cotta 2001.
Burkhardt, Johannes, Vollendung und Neuorientierung des frühmodernen Reichs: 1648-1763. Stuttgart: Klett-Cotta 2006.

Fachzeitschriften

Daphnis. Zeitschrift für Mittlere deutsche Literatur und Kultur der Frühen Neuzeit, Amsterdam: Rodopi 1972ff. [mit umfangreichem Rezensionsteil].
Wolfenbütteler Barock-Nachrichten, Wiesbaden: Harrassowitz 1974ff. [mit einem knappen Rezensionsteil und einer thematisch gegliederten Bibliographie].
Wolfenbütteler Renaissance-Mitteilungen, Wiesbaden: Harrassowitz 1977ff. [mit umfangreichem Rezensionsteil].
Zeitsprünge. Forschungen zur Frühen Neuzeit. Frankfurt/M.: Klostermann 1997ff.

Internet

Da die deutsche Literatur der Frühen Neuzeit vielfach nicht bibliographisch erschlossen ist und da viele Werke weiterhin einer grundlegenden Erforschung harren, ist man immer wieder auf die beiden Verzeichnisse der deutschen Drucke des 16. und 17. Jahrhunderts verwiesen:
http://www.vd16.de bzw. http://www.vd17.de

Die beste Übersicht über digitale Quellen und Editionen, Online-Bibliothekskataloge, biographische Datenbanken und Ver-

zeichnisse, Fach- und Sachdatenbanken sowie zu einschlägigen Institutionen und Portalen bietet die Datenbank Frühe Neuzeit Digital der Herzog-August-Bibliothek Wolfenbüttel:
http://www.hab.de/bibliothek/fachinfo/fnd/index.htm

Daneben betreiben Arbeitskreise und literarische Gesellschaften eigene Zeitschriften und Homepages. Allerdings werden einige dieser Seiten nur sporadisch gepflegt, so dass es wenig sinnvoll ist, hier eine Liste anzubieten. Verwiesen sei statt dessen auf die Wolfenbütteler Seite, mit deren Hilfe man zu einer raschen und je aktuellen Orientierung gelangt. Insgesamt wendet sich das Online-Angebot vor allem an das Fachpublikum; es versteht sich nicht als erste Orientierungshilfe.

Zusammenfassung

Es gibt keine Einigkeit über die Epochengrenzen der Frühe Neuzeit. In diesem Buch wird ein enges Verständnis der Frühen Neuzeit für die Zeit von etwa 1500 bis 1720 vorgeschlagen. Auch wenn das inhaltlich problematisch bleibt, bietet es sich an, weil die Frühe Neuzeit in der Germanistik faktisch weitgehend auf diese Zeit beschränkt ist. Die Germanistik war lange Zeit gekennzeichnet von einem Unverständnis für die frühneuzeitliche Literatur. Mit der Intensivierung der Rhetorikforschung und der Integration der Sozialgeschichte fand eine Neuorientierung der germanistischen Frühneuzeitforschung statt.

Fragen

1. Welchen Zeitraum umfasst die Frühe Neuzeit und welche Argumente lassen sich aus literaturwissenschaftlicher Sicht für die Makroepoche benennen?
2. Was meint aus literaturwissenschaftlicher Sicht Säkularisierung und was ist daran problematisch?
3. Was sind wesentliche Merkmale des frühneuzeitlichen Literaturbegriffs?

Aufbaumodul 1: Die Reformationszeit 1500-1570 — 2.

Das Aufbaumodul 1 gibt einen Überblick über die Zeit von ca. 1500 bis 1570. Es berücksichtigt aber, wo geboten, auch vorherige Entwicklungen – insbesondere den früher einsetzenden Humanismus, der bis weit ins 16. Jahrhundert hinein wirkungsmächtig bleibt. Bedingt durch die Reformation geraten literarische Zweckformen in den Blick, die in der Frühen Neuzeit einen wesentlichen Teil der Literatur ausmachen. Auch die anderen Gattungen werden von der Reformation erfasst und bilden in deren Folge neue Darstellungsformen aus.

Anfänge der Frühen Neuzeit — 2.1

Die Reformation

Abb. 3: Martin Luther (1483-1546) als Augustinermönch

Unter ‚Reformation' werden die Ereignisse verstanden, die aus dem Aufbegehren Martin Luthers (1483-1546) gegen das päpstliche Ablasswesen resultierten. Luther gehörte einem Bettelorden an, den Augustinereremiten, und war seit 1512 Professor für Bibelauslegung in Wittenberg, einer vergleichsweise jungen Universität von geringem Ruf. Im Herbst 1517 stellte Luther 95 lateinische Thesen gegen das Ablasswesen seinen gelehrten Kollegen zur Diskussion. Ob Luther die Thesen tatsächlich an die Tür der Schlosskirche in Wittenberg schlug, wie man lange Zeit meinte, ist umstritten. Die Thesen argumentierten gegen den inflationären Verkauf von Ablassbriefen – einer Art käuflicher Sündenvergebung. Luther zielte damit nicht auf die Herausbildung einer ‚neuen' Kirche oder Konfession, sondern auf innerkirchliche Reformen. Erst die folgenden Ereignisse führten zu einer radikalen Zuspitzung der Situation.

Luther wurde verurteilt, doch schützte ihn sein Landesherr, der sächsische Kurfürst Friedrich der Weise (1463-1525). Das konnte er sich leisten, weil er durch Bergbauvermögen finanziell und faktisch auch politisch autonom war. Anfang 1521 trat die päpstliche Bannbulle in Kraft, die Luther nicht nur exkommunizierte, sondern ihn auch für vogelfrei erklärte. Im Jahr zuvor publizierte Luther seine drei wesentlichen Reformationsschriften *An den christlichen Adel deutscher Nation von des christlichen Standes Besserung, Von der Freiheit eines Christenmenschen* und *De captivitate Babylonica ecclesiae* (dt. ‚Von der babylonischen Gefangenschaft der Kirche'). Damit war das theologische Fundament der Kirchenspaltung formuliert, noch bevor Luther offiziell aus der Kirche ausgeschlossen war. Der Papst war nach Meinung Luthers der personifizierte ‚Antichrist', Luther nach Meinung des Papstes ein Ketzer.

Die drei Bücher machten Luther endgültig bekannt. Er sollte zudem ein erfolgreicher Verfasser von Kirchenliedern werden und die wichtigste deutsche Bibelübersetzung vorlegen, wie wir noch sehen werden. Allein *An den christlichen Adel* hatte eine Erstauflage von 4000 Stück. Sie war nach wenigen Tagen ausverkauft und wurde immer wieder nachgedruckt. Im deutschen Reich kursierten bis zum Jahresende 1520 ca. 500.000 Exemplare von Luthers Schriften.

Erfindung des Buchdrucks

Voraussetzung für Luthers publizistische Erfolge war die Erfindung des Buchdrucks mit beweglichen Lettern. Johannes Gutenberg (um 1400-1468) löste mit seiner genialen Idee von 1455 eine Medienrevolution aus, die, wenn überhaupt, nur mit der gegenwärtigen Veränderung der medialen Welt durch die elektronische Virtualisierung vergleichbar ist.

Lautes Lesen

Doch erklärt das allein Luthers Erfolg nicht. Denn die überwiegende Mehrheit der Menschen dieser Zeit konnte nicht lesen. Trotzdem erfuhren viele Menschen von Luthers Gedanken, weil in der Reformationszeit normalerweise laut gelesen wurde. Angesichts dessen lassen die für sich schon beeindruckenden Zahlen der Luther-Drucke auf einen gewaltigen Rezipientenkreis schließen. Luther erkannte das mediale Potential des Buchdrucks und verfasste Texte, in denen er prägnant, klar und durch einen Stil, der das laute Lesen berücksichtigte, seine Argumente vorbrachte. In kurzen Flug- und Streitschriften griff er seine Gegner an, stellte sie

Abb. 4: Zwei Drucker und zwei Setzer bei der Arbeit, Holzschnitt von 1568.

bloß und gab sie dem Spott preis. Dadurch wurde er zu einer prominenten Persönlichkeit, die vielen Menschen für die religiöse, moralische und politische Erneuerung Deutschlands stand.

Reformatorische Öffentlichkeit

Luthers gut verständliche Sprache in den Flugschriften, der mal kämpferische, mal zärtliche Ton in den Kirchenliedern und die Bibelübersetzung beförderten die Ausbildung einer frühneuhochdeutschen Gemeinsprache. Auch entstand in der Folge der Streitigkeiten um die Reformation eine „reformatorische Öffentlichkeit".[1] Das hatte zur Folge, dass zahlreiche Literaturformen religiös funktionalisiert wurden und gleichzeitig die literarischen Ausdrucksmöglichkeiten rasant zunahmen. Kaum eine Epoche war literarisch produktiver als die Reformation. Neben der dezidiert rhetorischen Literatur (Predigten, Konversionsberichte, Streitschriften, Katechismen und Flugblätter) erlebten Literaturformen einen beeindruckenden Aufschwung, denen auch Gegner des erweiterten Literaturbegriffs nicht ihr ‚Literatur-Sein' absprechen werden – etwa das Kirchenlied oder die Dramen dieser Zeit.

Der Reformator konnte mit seiner Polemik gegen kirchliche und politische Verhältnisse an eine breite Kritik anknüpfen. Trotzdem lässt sich der Erfolg der Reformation nicht einfach erklären, indem Luther zu einem Katalysator der Unzufriedenheit in Deutschland gemacht wird. Die Frömmigkeit, um die es Luther in erster Linie ging, war um 1500 nicht in einer Krise. Die Bereitschaft, für viel Geld die Ablassbriefe zu erwerben, zeugt von einem großen Sündenbewusstsein und einem Bemühen um die eigene Frömmigkeit und das individuelle Seelenheil. Die Institution Kirche aber war in einer Krise, weil sie sich ihre Pracht nicht leisten konnte und weil die Geistlichkeit es war, die vielfach ‚unchristlich' etwa in Konkubinat lebte und schlecht ausgebildet war. Außerdem vernachlässigte die Kirche um 1500 vielerorts die Armenpflege und das Schulwesen, was jedoch vom städtischen Rat oft aufgefangen wurde.

Humanismus und Reformation

Wie wenig die Ansprüche der Kirche der Wirklichkeit entsprachen, trat zusätzlich zutage, weil sich um 1500 im Humanismus ein Gelehrtenstand entwickelt hatte, der nicht ausschließlich von der Kirche getragen wurde. Der Humanismus war die wesentliche Voraussetzung der Reformation, er wurde durch sie nicht einfach abgelöst. Er blieb ihr Wegbegleiter.

Der Humanismus ging einher mit der Wiederbelebung der Antike zunächst in der italienischen Renaissance. Er zielte auf die Rückkehr zu den antiken Quellen und dem daraus resultierenden Interesse an antiker Bildung und Kultur. Das zentrale Anliegen wurde deswegen mit dem traditionskritischen, gegen die mittelalterliche Scholastik gerichteten Schlagwort „*ad fontes*" (‚(zurück) zu den Quellen') zusammengefasst. Der Humanismus führte zu einer fundamentalen Veränderung der Gelehrsamkeit. In Deutschland konnte er sich seit Mitte des 15. Jahrhunderts etablieren. Er blieb an deutschen Universitäten während der Reformationszeit maßgeblich und erlebte um 1600 eine weitere Hochphase im Späthumanismus (vgl. Aufbaumodul 2).

Programmatisch wirkte sich der Humanismus an den Universitäten in den *studia humanitatis* im *Trivium* aus: Die Studien waren in die sieben ‚freien Künste' (*artes liberales*) gegliedert – in das sprachliche *Trivium* (der dreigeteilten Basis des gelehrten Unterrichts aus Grammatik, Rhetorik und Dialektik) und dem mathematischen *Quadrivium* (der viergeteilten Erweiterung aus Arithmetik, Geometrie, Musik(-theorie) und Astronomie). Die Absolvierung der *artes liberales* war die Basisausbildung an der nach diesen benannten Artistenfakultät. Nur wenige Männer studierten im Anschluss daran an einer der drei darauf aufbauenden Fakultäten Theologie, Rechtswissenschaften oder Medizin.

Humanismus vs. Reformation?

Die theologischen Konfrontationslinien verliefen in der Reformationszeit quer durch die Reihen der Humanisten. So geriet die Zentralfigur des europäischen Humanismus, Erasmus von Rotterdam (gest. 1536), nach anfänglicher Neugier für die reformatorischen Anliegen in der Frage des freien Willens in Konflikt mit Luther.

Auch deutsche Humanisten wie Hieronymus Emser (1478-1527), bei dem Luther während seines Studiums in Erfurt eine Vorlesung gehört hatte, oder Johannes Cochlaeus (1479-1552) wurden Gegner der Reformation. Andererseits war der junge Wittenberger Rhetorikprofessor und Humanist Philipp Melanchthon (1497-1560) wichtigster Wegbegleiter Luthers. Er

Abb. 5: Erasmus von Rotterdam (gest. 1536)

machte aus der Reformation eine Bildungsbewegung, indem er nicht nur die Theologenausbildung, sondern die gesamte Schulausbildung in den protestantischen Teilen Deutschlands reformierte. Nur wenige Jahre später setzte der papsttreue und 1534 gegründete Jesuitenorden humanistische Bildungsreformen im katholischen Deutschland durch.

res publica litteraria

Da der Humanismus auf den lateinischen Unterricht ausgerichtet war, war auch seine Literatur lateinisch. Das hat seine Integration in die Germanistik erschwert. Da sie bei ihrer Formierung im 19. Jahrhundert nationalphilologische Ziele verfolgte, fordert sie der Humanismus und die Erforschung der *res publica litteraria*, der Gelehrtenrepublik, heraus. Denn diese war wegen ihres Anliegens und ihrer Latinität international ausgerichtet und widersetzt sich jeder nationalen Einordnung.

Abb. 6:
Philipp Melanchton (1497-1560)

Angesichts des Humanismus verwundert es nicht, dass Luthers Forderungen bei vielen Gelehrten auf ein breites Echo stießen. Das wurde dadurch begünstigt, dass es zunächst nicht das Ziel des Reformators war, eine neue Kirche zu begründen oder die Abspaltung von der alten Kirche zu betreiben. Das zeigt sich auch begriffsgeschichtlich. ‚Reformation' verweist auf weitreichende, nicht nur theologische, sondern auch gesellschaftliche Erneuerungsbestrebungen, die zu einem früheren, vermeintlich ‚reinen' und unbelasteten Zustand zurückführen. Dementsprechend war die Reformation dem Selbstverständnis nach kein epochales Ereignis. Dazu wurde sie erst später gemacht.

Das Ende der Reformationszeit gilt literaturgeschichtlich als offen. Nur selten versteht man sie als direkte Vorgängerin der Barock-Epoche. Mal beschränkt man sie in Anlehnung an die Geschichtswissenschaft auf das erste Jahrzehnt nach Luthers Thesen, alternativ auf die Zeit bis zum Augsburger Religionsfrieden (1555). In den zur Zeit aktuellsten Literaturgeschichten wird die Reformationszeit auf die ersten beiden Drittel des 16. Jahrhunderts beschränkt, was deswegen sinnvoll ist, weil sich der Späthumanismus ungefähr ab 1570 zu formieren begann.

Konfessionalisierung

Wie ausgeführt (vgl. Kap. 1.2.), bevorzugen viele Historiker – im Unterschied zu den meisten Literaturhistorikern – eine Beschrän-

Ausdifferenzierungen der Reformation

kung der Reformationszeit auf das erste Jahrzehnt nach den 95 Thesen. Dann beginnt nach ihrer Meinung das Konfessionelle Zeitalter. Dafür sprechen zwei Ereignisse:

1. Nachdem sich die Reformation in Deutschland ausgebreitet hatte, verselbständigte sich die Bewegung rasant. Die Folge waren zunehmende Lehrstreitigkeiten zwischen den lutherischen Theologen sowie die Ausbildung eines radikalen Flügels der Reformation, der sich 1525 im Bauernkrieg und in der Formierung des Täufertums äußerte. Angesichts dessen und der zunehmenden Polemik von altgläubiger, propäpstlicher Seite sahen sich die Reformatoren 1530 auf dem Reichstag in Augsburg veranlasst, positiv ihr Religionsverständnis in der *Confessio Augustana* (‚Augsburger Bekenntnis') niederzulegen. Damit wurde erstmals eine Bekenntnisschrift formuliert. Sie zog Erwiderungen und weitere Bekenntnisschriften der anderen Kirchen nach sich.
2. Dafür spricht zusätzlich, dass sich in der Schweiz unter Führung Ulrich Zwinglis (1484-1531) eine zweite Reformationsbewegung durchzusetzen begann. Die Schweizer Reformation berührte sich an vielen Stellen mit der lutherischen, doch konnte man in zentralen Fragen – u.a. in der Bewertung des Abendmahls – keine Einigkeit erlangen. Das war der Beginn der zweiten protestantischen, später ‚reformiert' genannten Kirche, deren intellektuelles Zentrum unter Leitung von Johannes Calvin (1509-1564) sich Mitte des Jahrhunderts nach Genf verschieben sollte.

Katholische Reformen

Angesichts der immer weiter um sich greifenden Reformationen in Europa sah sich Rom genötigt zu handeln. Zwei Entscheidungen waren für die katholischen Reformen, die teilweise an spätmittelalterliche Reformbemühungen anknüpften, maßgeblich.

1. Der Papst approbierte 1539 den Jesuitenorden (*Societas Jesu*, S.J.) unter Leitung des ehemaligen Soldaten Ignatius von Loyola (1491-1556). Der neue Orden war direkt dem Papst unterstellt und entwickelte sich rasch wegen seiner strengen Führung und der präzisen humanistischen, ganz auf Eloquenz und Wissenschaftlichkeit einerseits und umfassende Intensivierung der Frömmigkeit andererseits setzenden Ausbildung zur Speerspitze der Papst-Kirche. Bereits nach wenigen Jahren wurden überall in Europa und gerade auch im Stammland der Reformation, in Deutschland, die ersten Jesuitenkollegien gegründet.
2. Der Papst berief 1542 das Konzil von Trient ein, das ab 1545 in drei Tagungsperioden seine Arbeit aufnahm. Als das Konzil 1563 beendet wurde, waren fundamentale Kirchenreformen auf den Weg gebracht, die Rahmenausbildung für die Kleriker war beschlossen und auch die alte Kirche hatte ihr Bekenntnis.

Aus der einen Kirche des Mittelalters war eine unter mehreren Bekenntniskirchen geworden, die römisch-katholische Kirche.

Augsburger Religionsfrieden

In Deutschland war 1555 auf dem Reichstag in Augsburg mit dem Religionsfrieden der konfessionelle *Status quo* reichsrechtlich festgelegt worden. Das Reich wurde in katholische und lutherische Fürstentümer aufgeteilt. Die Reformierten waren von dieser Regelung nicht betroffen. Sie galten weiterhin als Ketzer, so dass Deutschland seit 1555 *de jure* zweikonfessionell war. Mit dem Reichstag wurde auch die von Protestanten durchgeführte Säkularisation von Kirchengütern – die Überführung von kirchlichem Besitz in weltlichen – legalisiert. Das stieß auf katholischer Seite auf Widerstand. Auch auf publizistischer Ebene kehrte kein Frieden ein. In zähen und langwierigen Streitschriftenwechseln, den sog. Religionsstreitigkeiten, polemisierten Theologen gegeneinander. Die konfessionellen Fronten verhärteten sich. Trotzdem muss man dem Augsburger Religionsfrieden eine gewisse Tragkraft zubilligen. Denn auch wenn die konfessionellen Auseinandersetzungen immer wieder zu lokalen Konfrontationen führten, herrschte im Reich – anders als in vielen Ländern Europas – bis zum Beginn des Dreißigjährigen Krieges 1618 militärisch weitgehend Frieden.

Die deutschen Kaiser im 16. Jahrhundert

1493-1519:	Maximilian I. (* 1459)
1519-1556:	Karl V. (*1500, Enkel Maximilians I.)
1556-1564:	Ferdinand I. (*1503, Bruder Karls V., 1531 zum römischen König gewählt)
1564-1576:	Maximilian II. (*1527, Sohn Ferdinand I.)
1576-1612:	Rudolf II. (*1552, Sohn Maximilians II.)

Kaiser Karl V.

Dass es zum Augsburger Religionsfrieden kommen konnte, war nicht selbstverständlich. Mit Kaiser Karl V. stand ein bekennender Katholik dem Reich vor, der die Verteidigung des Glaubens als eine seiner vornehmsten Aufgaben betrachtete. Allerdings war das eine gewaltige Aufgabe, denn das Heilige Römische Reich Deutscher Nation war ein riesiges Gebiet.

Faktisch regierten in Deutschland die jeweiligen Fürstengeschlechter, während der Kaiser außerhalb seiner Territorien nur bedingt Macht hatte. Imposant war das Gebiet, das Karl V. als Oberhaupt der Familie der Habsburger beherrschte, trotzdem. Es erstreckte sich über weite Teile der iberischen

Abb. 7:
Kaiser Karl V. (1500-1556)

Halbinsel, über Sizilien und Süditalien, Österreich und Teile Südwestdeutschlands und des Elsaß sowie die Niederlande, das heutige Belgien und Nordfrankreich. Völkerrechtlich betrachtet, unterstand ihm zudem der amerikanische Kontinent – allerdings waren dessen Ausmaße kaum absehbar.

Das gewaltige Gebiet, über das Karl V. herrschte, repräsentierte in keiner Hinsicht seine Macht. Seine Herrschaft war geprägt von eklatanter Finanznot, weil er sich gleich zwei Gegnern gegenübersah, die ihn militärisch immer wieder forderten: die Türken und Frankreich. Der französische König war auch ein wesentlicher Grund dafür, dass sich der Kaiser nicht gegen die deutschen protestantischen Fürsten durchzusetzen vermochte. Sie schlossen, da ihre militärische Niederlage gegen den Kaiser beinahe schon besiegelt schien, 1552 mit Heinrich II. von Frankreich einen Vertrag, der das Wiedererstarken der Lutheraner in Deutschland einleitete. 1556 dankte Karl V. ab und teilte sein Weltreich auf: Spanien samt der dazugehörigen Länder übergab er seinem Sohn Philipp II., die österreichischen Teile Habsburgs sowie das Kaisertum trat er seinem Bruder Ferdinand I. ab.

Kulturgeschichtliche Voraussetzungen

Sprache

Deutschland war in der Frühen Neuzeit sprachlich weit vielfältiger als heute. Was gerne als Verlust beklagt wird, hatte im praktischen Umgang miteinander viele Nachteile, denn oftmals konnte man sich nur schwer verständlich machen, wenn nicht auf die internationale Verkehrssprache der Gelehrten, Latein, oder auf Dolmetscher zurückgegriffen werden konnte.

Es gab keine allgemein verbindliche Hochsprache wie das gegenwärtige Hochdeutsch. In den nördlichen Territorien des Reichs sprach man Niederdeutsch. Durch die Ausbreitung der Hanse an der Küste vom Baltikum bis zur Nordsee und im Landesinneren bis nach Westfalen herrschte eine weitgehend überregional verankerte Verkehrssprache, die zwar wie Latein ebenfalls eine Trägerschicht hatte, die aber viel weitreichender zum Einsatz kam und eine vergleichsweise normierte Schriftsprache ausgebildet hatte. Angesichts der Blüte des Niederdeutschen in der Mitte des 15. Jahrhunderts spricht viel dafür, dass ihm der Weg zu einer modernen Kultursprache offengestanden hat. Doch setzte um 1500 der Niedergang der Hanse ein, so dass es dazu nicht kam.

In den übrigen Teilen des Reichs dominierte Frühneuhochdeutsch, das sich durch die Tendenz zur Monophthongierung und durch eine Vereinfachung des Vokalsystems von 24 auf 17 Phoneme auszeichnete. Insgesamt verlief die Entwicklung vom Mittelhochdeutschen zum Frühneuhochdeutschen regional unterschiedlich. Die dialektalen Differenzierungen blieben weiter bestehen. Allerdings hatte sich seit Mitte des 13. Jahrhunderts Deutsch als amtliche Schriftsprache zu etablieren begonnen. Im 14. und 15. Jahrhundert näherten sich im süd- und mitteldeutschen Gebiet die graphematischen Gewohnheiten an, es entstand die hochdeutsche Kanzleisprache. Die Schriftsprache war aber nicht reglementiert. Deswegen konnten sich Schriftsteller nicht sicher sein, ob ihre Texte ihren Manuskripten entsprechend gesetzt wurden. Da die Drucker für einen regional begrenzten Markt arbeiteten, passten sie den Lautstand der Texte dem regionalen Sprachgebrauch an. Andererseits wirkte der Buchdruck normierend auf die Sprache, denn zumindest entschieden dialektale Wendungen wurden vermieden – weil sie leicht missverstanden wurden und weil sie zunehmend als unschicklich galten.

Mitte des 16. Jahrhunderts hatten sich im gesamten Reich Druckzentren für das Frühneuhochdeutsche herausgebildet: im Südosten (Wien, Ingolstadt, München), in Schwaben (Augsburg, Ulm, Tübingen), am Oberrhein (Straßburg, Basel), in der Eidgenossenschaft (Zürich), im Fränkischen (Nürnberg, Bamberg) und in Mitteldeutschland (Köln, Frankfurt/M., Mainz, Wittenberg, Leipzig, Dresden).

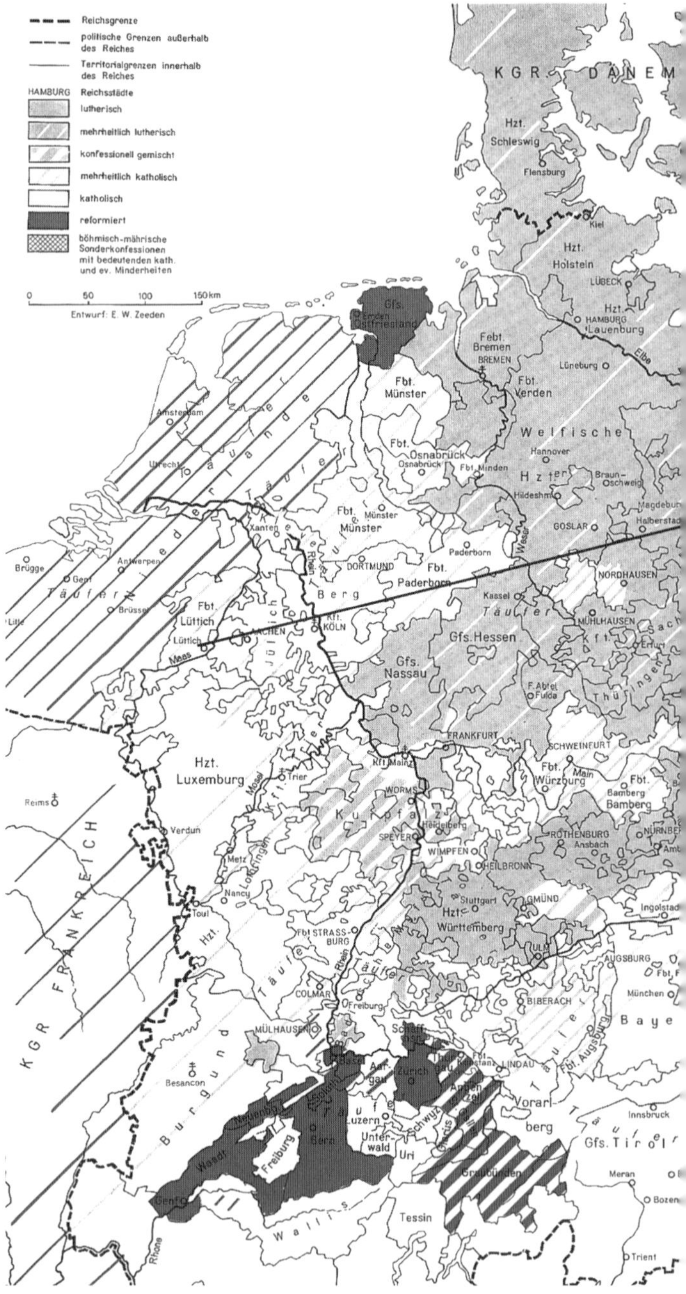

Abb. 8: Karte des Heiligen Römischen Reichs Deutscher Nation um 1500.
Die Linie zeigt ungefähr die Grenze zwischen Hochdeutsch (südlich) und N

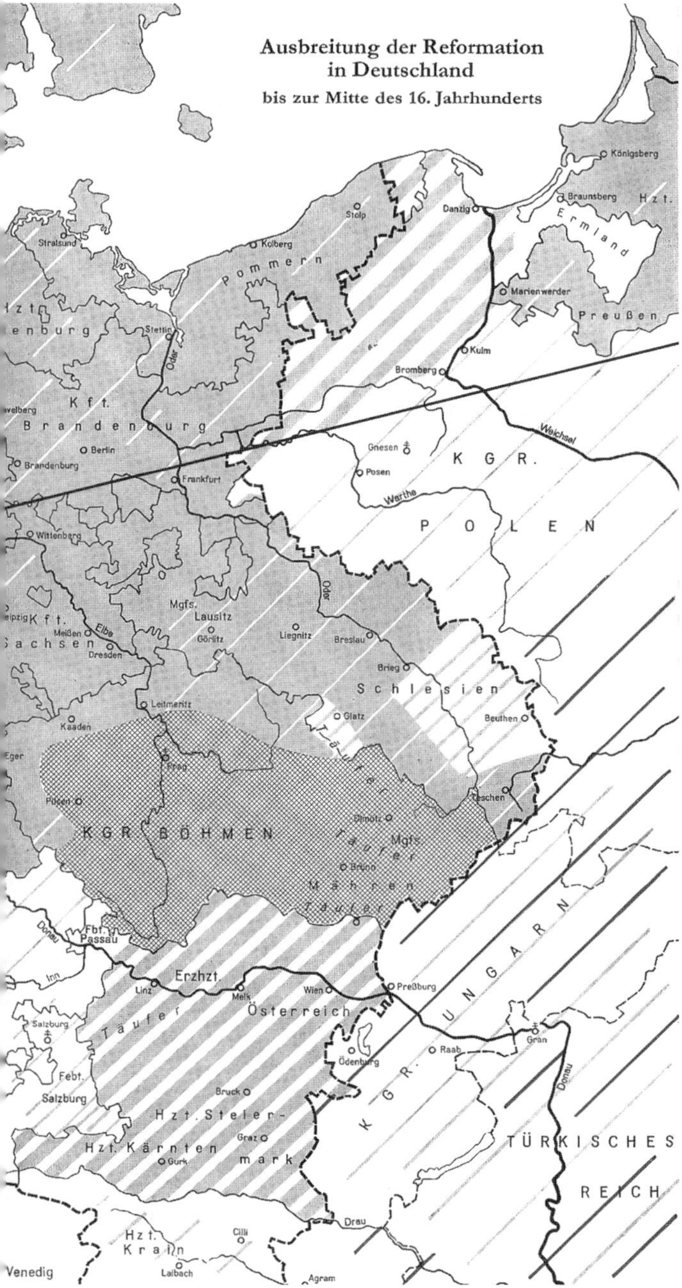

utsch (nördlich) an.

Weit stärker normierend als die Kanzleisprache wirkte Luthers Bibelübersetzung auf die Schriftsprache. Das lag an seinem Übersetzungsstil (vgl. Kap. 2.2.). Luthers Ziel war es, dass alle Deutschen seine Bibelübersetzung verstehen sollten – auch die, die Niederdeutsch sprachen. In der Praxis setzten sich im Niederdeutschen eigenständige Bibelübersetzungen durch, die sich an der Luthers orientierten. Luther selbst brachte für sein Übersetzungsvorhaben gute Voraussetzungen mit, denn er war gewissermaßen zweisprachig sozialisiert. Seine Eltern dürften ursprünglich ein thüringisches Mittelneuhochdeutsch gesprochen haben. Aufgewachsen ist der Reformator aber im niederdeutschen Mansfeld.

Da Luthers Deutsch nicht nur das der Bibelübersetzung war, sondern auch das der Reformation, wurde das von ihm zur Schriftsprache gemachte Mittelhochdeutsch nicht überall als Norm akzeptiert. In den katholischen Ländern entwickelte sich eine oberdeutsche Schriftsprache, die wesentlich die Herausbildung der oberdeutschen Literatur beförderte (vgl. Kap. 1.2.).

Spracheinfluss

Dass Latein für die Sprache entscheidend blieb, ergab sich schon deswegen, weil ein Großteil der Menschen mit Schreibfähigkeiten eine akademische Ausbildung besaß. Das führte in der Schriftsprache zu einem heute nicht selten irritierend wirkenden In- und Nebeneinander von deutschen und lateinischen Worten. Die Drucker haben darauf reagiert, indem sie vermeintlich ‚deutsche' von ‚lateinischen' Wörtern typographisch abgehoben haben. ‚Deutsche' Wörter wurden in Fraktur gesetzt, lateinische in Antiqua. ‚Fremdwörter' waren im Druckbild also gekennzeichnet.

Das thůt der Bapst nit/ Ergo ist er nit der Antichrist.

Abb. 9: Beispiel für das Nebeneinander von Fraktur und Antiqua

Ständische Gesellschaft

Die Frühe Neuzeit kennt nominell drei Stände. Geistlichkeit und Adel bildeten den ersten und zweiten Stand, ihnen unterstellt war der dritte Stand. Allerdings geht diese Dreiteilung an der gesellschaftlichen Realität vorbei, wenn man den dritten Stand undifferenziert zusammenfasst. Zu ihm zählten zunächst Stadtbewohner. Sie muss man wiederum unterteilen in die städtische Führungsschicht, das Patriziat, das weitere Bürgertum und die nicht mit Bürgerrechten ausgestatteten Einwohner. Daneben gab es die Landbevölkerung, die mit Abstand den größten Anteil der Bevölkerung ausmachte. Deutschland war bis zur Industrialisierung im 19. Jahrhundert ein agrarisch geprägtes Land. Außerhalb der Ständeordnung standen Berufsgruppen, die keinen festen Wohnsitz hatten (‚fahrende Leute'), Juden und Bettler.

Bürgertum

Dementsprechend muss die Frage nach der sozialen Trägerschicht von Literatur differenziert beantwortet werden. Alle Bevölkerungsschichten, die eine Schriftkultur hatten, haben Literatur produziert – allerdings nicht kontinuierlich und aus unterschiedlichen Gründen. Bäuerliche Literatur ist wegen der geringen Schreibfähigkeiten in dieser Schicht selten – vielmehr ist der Bauer vielfach Spottobjekt als Beispiel für unmanierliches und tumbes Verhalten. Alle anderen Bevölkerungsschichten produzierten Literatur bzw. ließen sie schreiben. Da Literatur in den meisten Fällen an bestimmte Gelegenheiten gebunden war, diente sie oft der gesellschaftlichen Selbstvergewisserung und war ein Repräsentationsmedium.

Innerhalb der germanistischen Frühneuzeitforschung schwelt ein Streit, ob es sinnvoll ist, Teile der barocken Literatur als ‚bürgerlich' zu begreifen.[2] Aus Sicht der Reformationszeit ist diese Frage überflüssig. Selbstverständlich gibt es eine bürgerliche bzw. städtische Literatur. Da die Reformation ein städtisches Ereignis war, ist die bürgerliche Literatur des 16. Jahrhunderts entschieden proreformatorisch. Wir werden für das 17. Jahrhundert auf diese Frage zurückkommen (vgl. Kap. 4.3.).

Frauen und Literatur

Autorinnen sind in der Literatur der Frühen Neuzeit die Ausnahme. Auch sind nur wenige Literaturformen an Frauen als Leserinnen adressiert. Die wichtigste wird der Roman im 17. Jahrhundert. Viele Frauen konnten nicht schreiben oder lesen. Überall dort, wo es Ausnahmen gab, entstand ‚Frauenliteratur'. So kennen wir etwa die Berichte von Nonnen, die im Verlauf der Reformation aus dem Kloster austraten oder deren Klöster säkularisiert wurden.[3]

Patriarchale Gesellschaft

Hintergrund dieser Situation war, dass die Frühe Neuzeit eindeutiger noch als das späte Mittelalter eine patriarchale Epoche war. Durch die Säkularisationen der Klöster fiel in den protestantischen Territorien für Frauen die etablierte Alternative zur Ehe, das Klosterleben, weg. Außerdem sah die kirchliche Soziallehre die Ehe als Abbild der Gesellschaft und dementsprechend den Hausvater als Oberhaupt der Familie, die neben der Ehefrau und den Kindern die Alten, das Gesinde sowie Gesellen (so denn der Hausvater einen Betrieb führte) umfasste. Sexualität wurde stärker auf die Ehe beschränkt, die im Mittelalter nicht unüblichen städtischen ‚Frauenhäuser', Bordelle, wurden verboten. Da die

Protestanten der Ehe anders als die Katholiken den Sakramentscharakter absprachen, wurde die Scheidung möglich. Gründe dafür waren neben Ehebruch Impotenz und Verweigerung des Geschlechtsverkehrs. Die Ehe war viel stärker als heute ein Zweckbündnis, das von Pragmatismus geprägt war. Allerdings darf davon ausgegangen werden, dass zumindest eine gewisse Sympathie zwischen Mann und Frau bestand, wenn sie heirateten bzw. verheiratet wurden.

Volkskultur

Die Literaturforschung meinte lange, sie untersuche die ‚Volkskultur' der Zeit. Das ist problematisch, weil geklärt werden muss, was ‚Volk' eigentlich meint. Auch wurden die in der Frühen Neuzeit äußerst vielfältigen Formen der Magie als Ausdruck der Volkskultur verstanden. Dämonologie oder Hexenverfolgung waren Realität. In der frühneuzeitlichen Kultur hatte die Magie einen festen Sitz, weswegen es für Gelehrte selbstverständlich sein konnte, sich mit ihr zu befassen. Dementsprechend war die Astronomie des Quadriviums nicht primär Sternenkunde im modernen Sinne, sondern Sternendeutung. Auch die Alchemie war eine anerkannte wissenschaftliche Praxis, weswegen all diese kulturellen Phänomene nicht *per se* als Widerspruch zur Religiosität der Zeit verstanden werden dürfen und gewiss kein Ausdruck von ‚Volkskultur' sind.

Zusammenfassung

Die Reformation war keine Ereignis, das von Beginn an darauf zielte, eine eigene Konfessionskirche zu begründen. Das sieht man an den Humanisten, die teils Luther unterstützten, teils ihn bekämpften. Im Verlauf der Auseinandersetzungen um die Reformation setzte sich immer mehr eine von Luthers Schriften geprägte Sprache durch, so dass die Zeit nach 1517 elementar wurde für die deutsche Schriftsprache, obwohl die Reformatoren selbstverständlich als Gelehrte in erster Linie gelernt hatten, Latein zu schreiben und zu sprechen.

Literatur

Bernstein, Eckhard, Humanistische Standeskultur, in: Die Literatur im Übergang vom Mittelalter zur Neuzeit, hg. von Werner Röcke, Marina Münkler, München: Hanser 2004, S. 97-129.

Hahn, Gerhard, Literatur und Konfessionalisierung, in: Die Literatur im Übergang vom Mittelalter zur Neuzeit, hg. von Werner Röcke, Marina Münkler, München: Hanser 2004, S. 242-262.

Kartschoke, Erika, Einübung in bürgerliche Alltagspraxis, in: Die Literatur im Übergang vom Mittelalter zur Neuzeit, hg. von Werner Röcke, Marina Münkler, München: Hanser 2004, S. 446-462.
Moeller, Bernd, Die frühe Reformation als Kommunikationsprozeß, in: Kirche und Gesellschaft im Heiligen Römischen Reich des 15. und 16. Jahrhunderts, hg. von Hartmut Boockmann, Göttingen: Vandenhoeck & Ruprecht 1994, S. 148-164.
Polenz, Peter von, Geschichte der deutschen Sprache, 9., überarb. Aufl., Berlin, New York: de Gruyter 1978.

Fragen

1. Weswegen unterscheidet die Geschichtswissenschaft zwischen der Reformationszeit und dem Konfessionellen Zeitalter?
2. Wie konnten Luthers reformatorische Schriften derart rasch populär werden, obwohl die meisten Menschen nicht lesen konnten?

Luthers Bibelübersetzung und literarische Zweckformen 2.2

Anders als Luthers Bibelübersetzung wurde das rhetorische Schrifttum (Predigten und didaktische Dialoge etwa) von der Literaturwissenschaft lange stiefmütterlich behandelt. Heute nimmt man diese Ausgrenzung nicht mehr vor und untersucht diese Literaturformen, weil sie einerseits einen Einblick in die Kulturgeschichte der Zeit erlauben und andererseits die Geschichtlichkeit des modernen Literaturbegriffs zu verstehen helfen.

Literarische Zweckformen

Mit dem Humanismus wurde die akademische Ausbildung grundlegend reformiert. Das betraf gerade den Rhetorikunterricht. Schon seit dem 15. Jahrhundert gab es in Italien eine breite Auseinandersetzung mit der antiken Rhetorik. Zu Beginn des 16. Jahrhunderts wurde in Erfurt, wo Luther studierte, die humanistische Beschäftigung mit der Rhetorik geschätzt. Luther kannte die Arbeiten des Rhetorikprofessors Laurentius Valla aus Padua. In Wittenberg dann wurde 1518 eine Universitätsreform durchgeführt, in deren Folge Quintilians berühmtes Lehrbuch *Institutio oratoria* in den Lehrplan aufgenommen wurde.

Doch war die Beschäftigung mit der Rhetorik nicht nur theoretischer Natur. Die Literatur der Reformationszeit muss auch deswegen als rhetorisch begriffen werden, weil sie konkrete Wirkungsabsichten verfolgte. Die Erforschung einer Epoche wie der Reformationszeit kann aus literaturwissenschaftlicher Sicht nur dann sinnvoll erfolgen, wenn die literarischen Zweckformen untersucht werden. Dabei sind die Grenzen zwischen den verschiedenen Zweckformen sowie den dramatischen, lyrischen und epischen Texten nicht eindeutig.

Bibelübersetzung

Bis heute gilt vielen Menschen Luthers Bibelübersetzung als seine wichtigste reformatorische Tat. Als er sich im Dezember 1521 auf der Wartburg an die Übersetzung des *Neuen Testaments* machte, war die Reformation in vollem Gange. Luther war – anders als immer wieder behauptet wird – nicht der Erste, der die *Bibel* ins Deutsche übersetzte. Trotzdem war die *Luther-Bibel*, wie sie trotz zahlreicher Überarbeitungen bis heute genannt wird, ein bahnbrechender Erfolg.

Empathie und Sakralstil

Luther pflegte einen Übersetzungsstil, der nach Wegen suchte, um Intellekt und Herz der Gläubigen gleichzeitig zu erreichen. Kennzeichnend für seinen Stil ist zum einen seine empathische, also auf Einfühlung oder zumindest Mitfühlen setzende Annäherung an die Sprache der *Bibel*. Worte wie ‚Jammer' oder ‚Leid' nutzte er gezielt. Er erfand Neologismen und Komposita, die zur Empathie regelrecht herausforderten, wie „Herzeleid" – ein Wort, das die *Luther-Bibel* (Gen 44,31) bis heute nicht aufgegeben hat. Daneben hat Luther in der Übersetzung einen Sakralstil gepflegt. Manche Wendungen verletzen gezielt die grammatische Korrektheit, wenn etwa die Engel in der Weihnachtsgeschichte statt „Sehet" „Siehe, ich verkündige euch große Freude" sagen (Lk 2,10). Durch die „Abweichung von der Norm"[4] kennzeichnet „Siehe" eine außerordentliche Sprechsituation, die die Einzigartigkeit der folgenden Engelserscheinung andeutet und die weniger an die Hirten auf dem Feld, sondern vielmehr an alle Gläubigen adressiert ist – auch an den gläubigen Leser, der Luthers Bibelübersetzung rund 1500 Jahre später in den Händen hielt.

Literaturkenntnis

Luther war außerdem gut mit der zeitgenössischen Literatur vertraut. 1530 hatte er *Etliche Fabeln aus dem Esopo verdeudscht*

Abb. 10:
Titelblatt von Luthers Vollbibel (1534)

veröffentlicht und damit einen wichtigen Beitrag zur frühneuzeitlichen Geschichte der Äsopischen Fabel geleistet, die seit Heinrich Steinhöwels Übertragung von 1476/80 zu den wichtigen Prosaformen zählte. Luther konnte dabei die einprägsame und präzise Gestaltung von Dialogen einüben.

Nachdem Luther auf der Wartburg die Übersetzung des *Neuen Testaments* abgeschlossen hatte, folgte in enger Zusammenarbeit mit anderen Gelehrten, allen voran Melanchthon, in den nächsten Jahren in Etappen die Übersetzung des *Alten Testaments*. 1534 erschien Luthers Vollbibel in der Druckerei von Hans Lufft mit dem Titel *Biblia/ das ist/ die gantze Heilige Schrifft Deudsch*.

Katholische Bibelübersetzungen

Um die Reformation einzugrenzen, wurde von Luthers Gegnern versucht, seine Bibelübersetzung in katholischen Ländern des Reichs zu verbieten. Allerdings gelang das kaum, so dass man sich entschloss, Gegen-Übersetzungen anfertigen zu lassen. Eine wichtige Übersetzung des *Neuen Testaments* legte Luthers Kontrahent Emser 1527 in Dresden vor. Es folgten weitere katholische Übersetzungen.

Dass sie niemals den Rang von Luthers Übersetzung erreicht haben, hat zwei Gründe. Zum einen war Luther mit seiner Übersetzung stilbildend. Verbesserungen konnten Luthers Nachfolger nur punktuell erreichen. Deswegen haben es *Bibel*-Übersetzer bis heute nicht leicht. Zum anderen waren gerade die katholischen Übersetzungen verfasst, um eine eigene Übersetzung für die konfessionellen Auseinandersetzungen zur Hand zu haben. Das war deswegen geboten, weil die Übersetzung Luthers und ihre Übersetzungsgrundlage, die *Vulgata* (die lateinische Bibelübersetzung), nicht durchgängig zuverlässig waren. Aber anders als in der evangelischen Glaubenspraxis blieb die deutsche Sprache im katholischen Kultus ein Randphänomen, so dass die katholischen

Bibelübersetzungen niemals derart identitätsstiftend wurden wie die Luthers.

Predigt

Die Predigt ist eine vergleichsweise gut erforschte rhetorische Zweckform der Frühen Neuzeit. Das liegt daran, dass sie nicht nur für Literaturwissenschaftler von Interesse ist, sondern auch für Kirchen- und Sozialhistoriker sowie für Volkskundler. Gut untersucht sind Leichenpredigten, die aus Anlass von Beerdigungen geschrieben und zur Erinnerung an den Toten gedruckt wurden.

Keine ausschließlich protestantische Domäne

Ähnlich wie die Bibelübersetzung gilt die Predigt als protestantische Domäne. Doch ist das nicht richtig. Schon im 15. Jahrhundert bemühte man sich um die Reform der Predigt und um volkssprachliche Belehrung der Gläubigen. Der bekannteste Prediger in den Jahrzehnten vor der Reformation war der am Straßburger Münster tätige Johannes Geiler von Kaysersberg (1445-1510). Er war wie viele erfolgreiche Prediger kein herausragender Theologe seiner Zeit. Vielmehr popularisierte er theologisches Wissen und christliche Moralvorstellungen. Auch predigte er engagiert gegen kirchliche Missstände. Geilers Predigten erfreuten sich großen Zuspruchs. Vielfach wurden sie mitgeschrieben und gedruckt. Autorisiert hat er freilich nur wenige. Geiler hat in seinen Predigten die Zuhörer mit humanistischer Literatur vertraut gemacht. Er wählte das *Narrenschiff* Sebastian Brants (vgl. Kap. 2.5.) als Vorlage für moralisierende Reihenpredigten. Damit leistete er einen frühen Beitrag zur Literarisierung der Gattung.

Große Teile der Predigt sind wie Gebet und Kirchenlied zur geistlichen Gelegenheitsdichtung zu zählen. Die Kasualpredigten, Predigten zu bestimmten Anlässen, orientieren sich entweder am Verlauf des Kirchenjahres und an weiteren Anlässen – Todesfälle, Hochzeiten, Fürstenfeiern oder Kriegsbeginn. Teilweise erschienen dezidiert polemische Predigten, die ihren konfrontativen Anspruch schon im Titel führten. So publizierte der Ingolstädter Theologe Martin Eisengrein 1575 eine *Streittpredig*, in der die Protestanten angegriffen wurden. Jenseits der Kasualpredigt gibt es auch Predigten zu den Perikopen, den im Gottesdienst gelesenen Bibelabschnitten, die festgelegt waren und sind.

Rhetorik der Predigt

Seit der christlichen Antike existiert die rhetorische Predigtlehre, die Homiletik, die auch die Auslegung umfasst (vgl. Kap. 4.2.). Durch die Konfessionalisierung gewann die Homiletik an Bedeutung. Sie wurde zu einem wichtigen Teilgebiete der Rhetorik, das früh den Weg in die Volkssprache fand. Vom Aufbau her folgt die Predigt einem rhetorisch geregelten Muster. Zunächst erfolgt das *exordium* (die Einführung in die Rede). Dann wird die *argumentatio* (die Beweisführung) vorgenommen. Es folgen die *applicatio* (die Anwendung auf die Zuhörer) und zuletzt die *peroratio* (die abschließende Zusammenfassung). Bei kontroverstheologischen Predigten kann die *argumentatio* um eine *refutatio* (eine Widerlegung der Gegenargumente) ergänzt werden.

Gesprochene und gedruckte Predigt

Dass die Predigt heute vergleichsweise gut erforscht ist, liegt nicht zuletzt daran, dass sie zwar ihrem Anlass nach eine Gattung der mündlichen Rede ist, dass sie andererseits aber nicht nur durch die Homiletiken gründlich rekonstruiert werden kann, sondern auch durch eine Vielzahl gedruckter Predigten, die oftmals vermutlich direkt aus dem Predigtmanuskript hervorgegangen sind. Dafür sprechen die direkten Anreden an die Hörer, die in vielen Predigttexten zu finden sind. Andererseits darf man nicht die gedruckte Predigt mit der gesprochenen gleichsetzen. Die gedruckte Predigt konnte für eine imaginierte Redesituation als Mustertext verfasst sein, als *exemplum*, als Beispiel, das der Veranschaulichung diente.

Den Regeln der Rhetorik entsprechend, galt es auch für Predigten, die ideale Mischung aus Belehrung und Unterhaltung zu finden. So stellte der jesuitische Prediger Georg Scherer (1540-1605) in seiner Homiletik fest:

> DIe Prediger sollen auch nicht Possenreisser/ Mährleinsager vnnd FabelHansen sein/ sondern GOttes Wort mit gezimlicher grauitet vnd Majestat tractieren. Zu weilen die müden Zuhörer mit einem kurtzweiligen zu der Sachen dienstlichen Historien oder Spruch zu erlustigen vnnd zuermuntern/ ist vnuerwehret/ Aber auff die lächerlichen vnd lamen Zotten vnnd Narrenthedigung sich mit fleiß ergeben/ vnnd dadurch die Leut an sich zihen/ vnd ihm ein stattliches Auditorium machen wollen/ das soll durchauß nicht sein/ vnd gehöret solchs Gespay nicht auff die Cantzel/ sondern an andere ort.[5]

Scherers Warnung vor den Possenreißern thematisiert ein Problem, mit dem offensichtlich konfessionsübergreifend die Prediger zu kämpfen hatten. Einerseits wussten sie, dass die Inszenierung und die abwechslungsreiche Gestaltung der Rede für die Aufmerksamkeit der Zuhörer bedeutend sind. Andererseits warnt Scherer davor, die Lehre zu kurz kommen zu lassen. Die Zuhörer mit einem kleinen Scherz zu belustigen, das lehnt der Wiener Hofprediger nicht ab. Insgesamt aber gilt es, Ernsthaftigkeit und Würde der Predigtsituation nicht zu gefährden.

Gebet

Neben der Predigt ist das Gebet während des Gottesdienstes entscheidend. Gebete stehen in Mess-, Gebet- und Meditationsbüchern und sind neben dem geistlichen Lied die wichtigste Textsorte für die häusliche Frömmigkeitspraxis. Jedes Gebet kennt die Anrufung Gottes zu Beginn und das Bekräftigungs- und Schlusssignal „Amen" (dt. ‚So sei es'). Man kann zwei Gebetstypen unterscheiden. Das Prosa-Gebet wie das *Vater Unser* verzichtet nicht gänzlich auf Redeschmuck. Es finden sich beispielsweise Inversionen und Elisionen. In religiösen Sprüchen oder in Stundengebeten, in Vers-Gebeten, sind darüber hinaus Stilmittel wie Anapher oder Vers-Wiederholungen zentral. Daneben kommt eine reiche Metaphorik zum Einsatz, auch werden gerne rhetorische Fragen gestellt. Im Vers-Gebet des 16. Jahrhunderts dominiert der Knittelvers, der meistens acht oder neun Silben lang ist und im Paarreim steht. Auf der Textebene kann ein Vers-Gebet von einem geistlichen Lied kaum unterschieden werden. Die Bestimmung ergibt sich meist aus dem Kontext – wenn etwa Noten beigegeben sind oder wenn sich ein Hinweis finden lässt, der eine bekannte Melodie nennt, nach der der vorliegende Liedtext zu singen sei („Nach der Melodie von..."). Diesen Hinweis findet man oft, denn in vielen Liederbüchern der Reformationszeit wurden Noten nicht gesetzt.

Gebet und Glaubenspropaganda

Gläubige können allein für sich, in einer Gruppe zuhause oder in der Gemeinde während des Gottesdienstes beten. Gebete dienen der Erbauung oder Tröstung des Gläubigen und dem Zwiegespräch mit Gott oder einem Heiligen. Da das Gebet auf die Stärkung des Glaubens zielt, haben sich die konfessionellen Streitigkeiten in den Gebeten der Frühen Neuzeit niedergeschlagen. Das Spektrum reicht von um Ausgleich bemühter Milde bis zu scharfer Indoktrinierung. Dabei operiert das Gebet meist undifferenziert, was sich aus seiner Kürze ergibt. Beispielsweise findet sich in einem Stundengebet des vergleichsweise moderaten Georg Witzel (1501-1573) die Bitte: „Wir glauben stracks nach heiliger Schrifft/ | Jud/ Türck vnd Sect ist tödtlich gift."[6]

Gebet und Predigt sind während der Frühen Neuzeit die wichtigsten Erscheinungsformen der geistlichen Gelegenheitsdichtung. Im Unterschied zur weltlichen Gelegenheitsdichtung muss die geistliche nicht permanent neu formuliert werden, weil durch das Kirchenjahr eine gewisse Stabilität der Anlässe gegeben ist.

Polemisches Schrifttum und Flugblatt

Eng mit der Predigt verwandt ist die breite konfessionelle Kontroversliteratur, die sowohl in lateinischer als auch in deutscher Sprache seit Beginn der Reformation den Buchmarkt regelrecht überschwemmte. Die Kontroversliteratur ist weit weniger gut erforscht als die Predigt. Das hat zwei Gründe. Zum einen ist die Polemik zwar eine Teildisziplin der Rhetorik. Doch kann sie nicht eindeutig einer Redeform wie der Gerichtsrede oder der Gelegenheitsrede zugewiesen werden. Die Polemik ist deswegen meist nicht positiv in den rhetorischen Lehrbüchern dargelegt. Sie ergibt sich nur indirekt aus der Negation. Zum anderen ist sie schlechter erforscht, weil sie in einem dialogischen Kontext steht: Einer Kontroversschrift geht normalerweise ein anderer Text oder eine Handlung voraus, auf die Bezug genommen wird. Oft folgt sodann eine Erwiderung des Gegners. Das macht die Rekonstruktion eines Streits nicht einfach. Zudem bleiben die Ergebnisse meist unbefriedigend, weil nicht abschließend gesagt werden kann, ob eine Kontroverse tatsächlich als Streitschriftenwechsel rezipiert werden konnte, da gerade die Streitschriften oft der Zensur zum Opfer fielen.

Titelsignale

Oft signalisiert schon der Titel, welche Tendenz verfolgt wird. So weist das ‚von' im Titel von Luthers *Von der Freiheit eines Christenmenschen* auf die Traktat-Form. Die Adressierung ‚an', etwa in *An den christlichen Adel deutscher Nation*, deutet auf einen Briefzusammenhang – hier auf den Sendbrief, einen öffentlichen Brief meist ohne konkreten Adressaten. Die Titelwahl der deutschen Kontroversliteratur ist stark vom Lateinischen geprägt. Das liegt daran, dass sich die Verfasser vielfach an etablierten lateinischen Textsorten aus dem akademischen Kontext orientieren.

Doch ist das Titelsignal nicht bindend. Ein Traktat kann ebenso wie ein Sendbrief der Schafspelz sein, in den sich der polemische Wolf hüllt. Um gesichert sagen zu können, ob es sich um eine Streitschrift handelt, ist deswegen eine inhaltliche Beurteilung jeder einzelnen Schrift notwendig. Textsorten der Gerichtsrede, etwa die Anklageschrift (*accusatio*), die Verteidigungsschrift (*defensio* bzw. *apologia*) oder die Rettung (*vindicatio*), finden sich dem Titel nach in der Frühzeit der Reformation seltener als am Ende des 16. Jahrhunderts.

Das gilt gleichfalls für Schriften mit sprechenden Titeln, wie etwa den als *Triumph* oder *Warnung* betitelten Streitschriften, oder für Texte mit ironischen Titeln. Ein Beispiel dafür stammt vom lutherischen Hofprediger in Stuttgart, Lucas Osiander: *Ein schöner wolriechender Rosenkrantz. Zusamen gebunden/ auss dem köstlichen/ vbertrefflichen Buch der Franciscaner Mönch/ welches sie*

Librum confirmatum nennen (1591). Schon dem auf dem Titelblatt genannten Druckort Tübingen konnten aufmerksame Zeitgenossen entnehmen, dass es sich dabei um eine Spottschrift gegen die Franziskaner handelte. Tübingen war eine Hochburg der Lutheraner. Da auf den ‚Duft' des Rosenkranzes angespielt wird, steht zu vermuten, dass der Text in zeittypischer Weise grob die katholische Rosenkranzverehrung als Gestank diffamieren wird.

Widmungs- und Privilegpraxis

Da die Streitschriften meist von der Zensur der je gegnerischen Konfession bedroht waren, bemühte man sich um fürstlichen oder kirchlichen Beistand von der eigenen Seite. Deswegen gingen dem eigentlichen Text oft Widmungen an Fürsten oder Bischöfen voraus. Die Wertschätzung des Drucks von fürstlicher Seite wurde durch ein Druckprivileg signalisiert, das den Nachdruck im Einflussgebiet des Fürsten verbieten sollte. Die Jesuiten optimierten dieses Verfahren und stellten beinahe jeder Streitschrift eine Widmung voran. Die jesuitischen Streitschriften beanspruchten damit in Verbindung mit dem Hinweis auf die ‚kaiserliche Freiheit' – dem Druckprivileg des Kaisers – höchste Wertschätzung. Mit dem kaiserlichen Druckprivileg wurden nur katholische Schriften unterstützt. Als Reaktion begannen die lutherischen Fürsten, Landesprivilegien auszustellen.

Beispiel

Flugblatt *Anatomia Martini Lutheri* (1567)

Wer die Leiche ist, kann man dem Titel des Flugblatts entnehmen: *Anatomia Martini Lutheri*. Das Flugblatt zeigt die Sezierung von Luthers Leib – eine Kulturtechnik, die sich von Italien aus rasch in Europa ausgebreitet hatte. Sie faszinierte die Menschen und ließ sie zugleich schaudern. Gleichzeitig ist dem Bild ein Kannibalendiskurs eingeschrieben, der durch die außereuropäischen Expeditionen populär geworden war. Die durch ihre Kleidung als Theologen ausgewiesenen Männer werden durch ihr kannibalisches Verhalten als ‚Wilde' und ‚Unzivilisierte' markiert. Erst wenn man den Text unter dem Bild hinzunimmt oder aber mit der antireformatorischen Ikonographie gut vertraut ist, erkennt man, wer da Luther zerstückelt und verspeist. Es sind seine Wegbegleiter und Vertreter der Theologengeneration nach ihm. Das Bild ist also brutal wörtlich zu nehmen: Jeder Protestant nimmt sich das, was ihm ‚schmeckt'. Statt gemeinsam das Erbe anzutreten und dem Toten Ehre zu erbieten, zerfleddern die Reformatoren die Leiche und schänden mit ihrem Verhalten das Andenken Luthers. Damit ruft das Flugblatt einen dritten Diskurs auf, nämlich die aktuelle Ketzerpolemik selbst. Nach herrschendem Verständnis ist die wahre Kirche Gottes einig und nicht zerstritten. Hier aber wird dem Rezipienten vor Augen geführt, dass die sich vermeintlich modern und wissenschaftlich gebenden Reformatoren in Wirklichkeit Wilde sind, die nur um den eigenen Vorteil bemüht sind und keinesfalls Vertreter der Kirche Gottes sein können, weil sie nicht einig handeln.

ANATOMIA M. LVTHERI.

EXPLICATIO HVIVS TYPI PER IACOBVM VITELLIVM.

AN noua suspensam tenet admiratio mentem,
Atq; huius tacitè meditaris imaginis usum?
Accipe, quas fallax exerceat hæresis artes.
Islebius uates ubi uitæ tempora clausit,
Omnia quæ peperit sectarum monstra per orbem,
Ipsius occipiunt sæuire in corporis artus.
Caluin. CALVINVS miro caput hic sibi uendicat astu,
Cuspide transfigit pectus, crinesq; sinistra
Prensat, & intorto trahit in sua fœdera collo.
Omnia namq; sibi subiecit regna Lutheri.
Quid Caluine furis? cur tantas concipis iras?
Est tibi sors eadem quondam expectanda, tuorum
Discerptus rabie, cum uanas ibis in auras.
Ingratos etenim cuculos, similesq; relinques.
Zuingl. ZVINGLIVS arrepta duo brachia trunca bipen-
Auellit, sæuitq; animis in turpe cadauer. (ni
Iniecit miseræ qui stuppea uincula prædæ,
Viret. Cui VIRVS nomen tribuit, uirosaq; lingua,
Strangulat inflexum præcluso gutture collum,
Viq; trahit miserum contorta in uerba Lutherum.
BRETTIADES astat, Caluiniq; annuit ausis,
Melanth. Doctus ad hos fœdos obitus premere ora MELãchton:
Leucorei at quondam fuerat quia uatis Achates,
Interitus secum tristes deplorat amici.
Hinc fuit impositum qua parte ab utraq; cadauer,
Distinctos picta gestans in ueste colores
Schmidel. Vulcani soboles, gibboq; insignis EBERVS,
Eberus. Vibratam stringunt serram, fœdantq; membra,
Oraq; Caluino miserè lacerata relinquunt.
Postremis prædæ socijs pars ultima cedit,
Nil etenim spirant aliud, nisi spurca Lutheri
Stercora, mendaces buccas quæis sordibus explent.
Sese omnes prædæ accingunt, dapibusq; futuris.
Spangenber. Quos inter primus se SPANGENBergius offert,
Propexam barbæ mulcens ad pectora syluam,
Is pede præmanso, coclearibus usus & aptis,
Aspergit tabo barbamq; comamq; cruento.
Tantáne te rabies famis insatiabilis urget?
Sarcer. Hinc cum SARCERII stomachũ sitis improba ue-
Ambabus manibus, pleno se proluit auro. xet,
Nam docuit uates sic uos sua pignora quondam
Ex hoc ut biberent OMNES, & sanguine fauces
Explerent, æquum est igitur parere Magistro.
Imperio superûm fuerat qui raptus ad Orcum,
Huc etiam uectus uilloso uenerat hirco,
Illyr. Illyricis olim Cuculus nutritus in antris.
Ille ut flagrantem cordis testetur amorem,
Oscula stercoribus libat, natibusq; pudendis:
Vltima quandoquidem fuit hæc fortuna laborum.
Gallus. Terribilis ro,iro Gallus, cristisq; superbus
Istriadas resonat qui uoce elatus ad undas,
Balsama puluino redolenti mystica gestat,
Relliquias uatisq; suas reuerenter adorat.
Quam bene conueniunt impuro hæc pharmaca Gallo.
At quia præreptos uidet omnes corporis artus,
Et sibi nil aliud nisi stercora fœda relinqui,
Desperans animis abitum meditatur ad umbras.
Iustus Koch. Nam uidet, ad magnæ COQVVS ut cõuiuia cœnæ,
Tergora diripiat, uerubusq; trementia figat.
Apostrophe ad Chorum Prædicabilium. Ludite uos reliqui lacera de ueste Lutheri:
Suspensum est femorale tholo, quod numinis instar
Suspicitis, profugus Monachus quo Iura, fidemq;
Fregit, & ambiuit uetitos monialis amores.

Alia Reuerendi cuiusdã & docti uiri.

QVis furor iste nouꝰ? diros quo stringitis enses,
O Euangelij proceres? quid lamina ferri
Vult dentata sibi? quid acuta cuspide contus?
Ac utraq; manu sublata bipennis ad ictum?
Non aliquis de gente Papæ (ne forte putetis)
His petitur, neq; Pæonio de more secandum
Exanimi corpus. Vestrum uestrum ista Lutherum
Carnificina manet sceleri uix debita summo.
Parcite Doctori. Quod enim tam grande patrauit,
Dicite, uos contra facinus? quo crimine tandem
Ille suum uobis meruit præbere cruorem,
Supplicio, quo non Grombacchus atrocius ullum
A uictore tulit gladio iam uindice carptus
Quatuor in partes, pendensq; uolucribus esca?
Gratia Doctoris si parua est, parcite uati,
Qui uerus mundi ad finem properantis Helias
E cœlo cecidit, quò caligantia longis
Pectora sub tenebris in apricum proferat, atq;
Calcatum pedibus, nec non post scamna sepultum
Quintum Euangelium perituro nunciet orbi.
At neq; tam uester dicendus nempe Magister
Ille erat, Elysio uatesúe remissus ab horto,
Quam fidus genitor. Quia partu scilicet uno
Omnes fœcunda cecidistis ab illius aluo.
Mox idem soboles ut co uitalior esset,
Doctrinæ immulsit sugentibus ubera labris,
Nilq; operæ reliquum fecit sibi, nilq; laborum,
Solliciti præstant quod prolis amore parentes.
Infelix animi, sæuos qui nutriat ursos,
Vipereosq; sinu catulos, quiq; impete magno
In caput ipse suum carbones addat, & ignem:
Vnde nisi inflictos dolituro uulnere morsus,
Vnde nihil possit præter sperare uenena,
Atq; dolorificum gemebundo in corpore sensum.
Ergo Luthere iaces tristi exporrectus arena,
Carnificesq; tui circum (miserabile) gnati
Assistunt ferro instructi, tua uiscera ferro
Scrutantur, contisq; adipale abdomen aduncis,
Et magnam uentris molem, barathrumq; macelli,
Pannonij bouis in morem, lacerantq; secantq;.
Nec benè te meritum, nec prodest esse parentem.
Ecce autem procerum conuentu primus in isto
Inchoat has epulas, iugulum Caluinus adortus,
Cui ciuile nefas, atq; intrà mœnia bellum
Sanguine tincta suo male credula Gallia debet.
Zuinglius huic alter collega, alterq; Viretus:
Quorum ille agricolas furijs accendit, & ira,
Ac titulo fidei uitaq; & morte tuendæ,
Induit heu miseris damnosa agrestibus arma,
Hortator scelerum tantorum. Ego primus in hostem,
Inquit, ero (uanos excludite corde timores)
Ipse actas plumbi uiolento sulphure glandes
Excipiam hac manica (manicam ostendebat:) in ipsum
Protinus authorem se tela reciproca uertent.
Sed tua te, Zuingli, certè præsagia fallunt,
Qui cadis hostili primus superatus ab ense,
Pro manica (oblitus manicæ) præcordia ferro
Obijciens. Fatum consultor tale mereris.
Quis porrò hic, curuo latebras qui pectoris unco
Perquirit? nunquid Faber est, qui fulmina quondam
Profectura nihil Gœppingæ cudit in antro,
Te Staphyle aduersum? cui se coniungit Eberus
Alter Atlas, montemq; humeris fert: tuq; Melanthon
O linguæ nimium nimium confise disertæ.
Hinc alia de parte nates, tua prandia, Flacce,
Percupidè tractas: sordes, ipsamq; medullam
Intestinorum tantum non Gallus adorat,
Relliquiasq; colit, Diuûm plus ossibus, istas.
Et colat, & centum, quoties lubet, oscula figat,
Non equidem inuideo. Sed pars tibi cedere debet
Sarceri meritò, tibi Spangenberge secunda,
Qui uates Euangelicos non ultimus inter,
Barbæ habitas syluam, ueluti pigra cochlea testam.
Ergo iaces (miserûm) natis epulande Luthere,
Nilq; tui superest. Sic gloria fluxa fatiscit
Hæreseon, semperq; prior fit præda sequenti.
Sola mori nescit, stabili moderamine sola
Hæreseon uictrix Petrina Ecclesia regnat.

Abb 11: Flugblatt *Anatomia M. Lutheri* (1567)

Anonyme Polemik

Die Widmungspraxis und die Zensurbemühungen waren nicht nur entstanden, weil sie dazu dienten, die je eigenen Schriften und Bücher zu unterstützen. Sie waren gleichzeitig der (aussichtslose) Versuch, die daneben existierende anonyme Polemik in den Griff zu bekommen. Grundsätzlich justiziabel war der Pasquill, eine anonyme, radikal diffamierende Schrift. Da es aber in der Frühen Neuzeit schon schwierig war, überhaupt den Drucker einer solchen Schrift sicher zu erkennen, scheiterte die Anklage der Pasquillanten meist. War tatsächlich einmal der Verfasser eines solchen Textes bekannt, war der Strafvollzug trotzdem nicht leicht, da der Verfasser sich meist außerhalb des juristischen Einflussbereichs des Klägers befand.

Weniger umfangreich als die Streitschrift war das Flugblatt. Flugblätter konnten ganz unterschiedliche Themen zum Gegenstand haben: Berichte von Kriegen, Monstern oder Missgeburten etwa. Das Flugblatt war der Vorläufer der ersten Zeitungen, die im 17. Jahrhundert entstanden (sog. ‚Neue Zeitung'), und setzte durch die Verbindung von Bild und kurzem, oft einfach gereimten Text Maßstäbe für die Vermittlung von populärem Wissen. Das Flugblatt wurde in den konfessionellen Streitigkeiten eingesetzt. Es kursierten auch lateinische Flugblätter, wie das Beispiel zeigt.

Konversionsberichte, bürgerliche Autobiographie und höfische Genealogien

Das Aufkommen des neuzeitlichen Verständnisses dessen, was ein Individuum ausmacht, zeitigte in der Literatur Spuren. In der Folge der Reformation sahen sich viele Menschen zur Konversion genötigt, wobei bei den Zeitgenossen *conversio* nicht unbedingt ‚Konversion' im modernen Sinne eines Konfessionswechsels bedeuten musste, sondern Buße oder Umkehr. Der frühe nachreformatorische Konversionsbericht folgt – und das mag zunächst überraschen – im Aufbau und Duktus vielfach den Streitschriften. Auch findet man Widmungsvorreden und ähnliche Argumentationstechniken, die allerdings ergänzend durch einen „Bekenntnisdrang"[7] und die Neigung, sich zu rechtfertigen, gekennzeichnet sind.

Buße und Bekenntnis

Typisch für die frühen Konversionsberichte ist, dass die *conversio* im direkten Rekurs auf die *Bibel* und als göttliche Tat dargestellt wird – als Beweis für Gottes Handeln in der Geschichte. Die eigene Erfahrung wird zum erbaulichen Ereignis für den Leser. Biblische Wendungen wie „klopft an, so wird euch aufgetan" (Mt 7,7; Lk 11,9) werden im Konversionsbericht wörtlich genommen. Dadurch wird die Konversion zum Gnadenakt Gottes, der nicht ohne Einsicht und Bußbereitschaft des Gläubigen denkbar ist, so dass der Konversionsbericht immer auch ein Bekenntnis, eine *confessio*, ist.

Wiederholt wurde vermutet, dass der Weg von den Konversionsberichten zur frühneuzeitlichen Autobiographik führt. Das scheint aber nicht der Fall zu sein. Die Tendenz zum Bekenntnisdrang und zur Betonung des Ichs geht im Verlauf des 16. Jahrhunderts zurück. Durch die bekenntnishaften Konversionsberichte spricht kein Individuum. Vielmehr gehorchen sie rhetorischen Normen.

Figuration von Tugendkonzepten

Außerdem kann der Weg von den Konversionsberichten nicht direkt zur Autobiographik führen, weil Ansätze dazu schon seit dem Spätmittelalter existierten. In der Selbstbiographie wurden Tugendkonzepte präsentiert. Es haben sich in der Umbruchzeit um 1500 zwei Varianten herausgebildet: einmal die Autobiographie, in der sich der Erzähler in einer Gesellschaft, die unterschiedliche Handlungsoptionen anbietet, verortet und seine Entscheidungen als Tugendweg darlegt. Ergänzend hinzu kommt mit der Entdeckung Amerikas und Asiens der Reisebericht, in dem dem Schreibenden die ‚fremde' Welt bewusst wird. Der Reisebericht wurde seinerseits zur Voraussetzung für die im 16. Jahrhundert einsetzende Utopie-Literatur (nach der 1516 in Basel erschienenen *Utopia* von Thomas Morus), mit der die Grenze zur fiktionalen Literatur durchbrochen wurde.

Höfische Literatur

Die autobiographische Literatur wurde von gebildeten und vermögenden Bürgern gepflegt. Adelige Autoren waren selten, weil sie meist nicht selbst schrieben, sondern schreiben ließen. Im Verlauf des Mittelalters hatten sich zahlreiche Literaturformen herausgebildet, die für das höfische Selbstverständnis wesentlich waren. Da der Hof einer der Orte des Mittelalters war, an dem die Schriftkultur hatte Fuß fassen können, wurden viele literale Praktiken mit dem Aufkommen des Buchdrucks nicht umgehend geändert, da dazu keine Notwendigkeit bestand. Zwar wurde der Buchdruck genutzt, um Erlasse und Bekanntmachungen zu verbreiten, doch höfische Praktiken wie das Sammeln von kostbaren Handschriften waren von Gutenbergs Revolution nicht berührt.

Das betraf auch prächtig ausgestaltete Genealogien, die Adelige und vermögende Patrizier wie die Fugger als Repräsentationsmedium anfertigen ließen, um einerseits das Alter und damit die Würde des Hauses und andererseits seinen gegenwärtigen Reichtum – die Anfertigung war ein kostspieliges Unterfangen – zu dokumentieren. Genealogien konnten Stammbaum-Zeichnungen etwa mit Wappen oder Porträtvorläufern sein. Die Anfertigung einer Genealogie war mit der Betonung des Abstammungsprinzips als gesellschaftlich determinierendem Prinzip verbunden.

Neben den Genealogien existierten weitere Literaturformen, die dem adeligen Selbstverständnis zuträglich waren. Es finden sich Beschreibungen von Turnieren und Festen sowie weitere historische Darstellungen, die oft die Abstammung des Fürsten unter Beweis stellen sollten.

Katechismen und didaktische Literatur

Wie eng die verschiedenen Gattungen in der Frühen Neuzeit miteinander in Verbindung standen, zeigen Katechismuspredigten. Das sind Predigten, in denen der Katechismus dar- und ausgelegt wurde. Diese Predigten dienten der Begleitung des Katechismusunterrichts, nahmen den Gläubigen in die Pflicht, es nicht beim bloßen Auswendiglernen zu belassen, sondern sich mit dem Gelernten auseinanderzusetzen und es zu verstehen.

‚Katechismus' meint eigentlich nicht mehr als den fragenden, auf Glaubensfestigkeit zielenden ‚Unterricht'. Ein Katechismus ist ein dialogisch verfasster Text, in dem nach konfessionell weitgehend normierten Abläufen zentrale Lehrsätze des Glaubens in einem Frage- und Antwort-Modus dargelegt werden. Auf protestantischer Seite stammten die wichtigsten Katechismen von Luther. Sie waren normsetzend und orientierten sich am Publikum; es gab ‚kleine' und ‚große' Katechismen.

Petrus Canisius

Dieser Unterscheidung folgten die katholischen Katechismen. 1555 veröffentlichte der Jesuit Petrus Canisius (1521-1597) die lateinische Erstausgabe der *Summa doctrinae christianae*, den katholischen Musterkatechismus, von dem rasch deutsche Übersetzungen, ‚kleine' und ‚große' Varianten vorgelegt wurden. *Der Canisius*, wie er kurz hieß, wurde zu dem, was für die Protestanten Luthers Katechismus war.

In einigen jesuitischen Katechismen wurde berücksichtigt, dass der Katechismusunterricht vor einer Schülergruppe vorgenommen wurde. Deswegen kalkulierten die Verfasser immer wieder einmal körperliche Reaktionen der Schüler ein, indem sie in ihre Katechismen quasi Regieanweisungen einbauten und die emotionale Betroffenheit der Schüler zu steigern versuchten. Der

Katechismusunterricht wurde so zu einer regelrechten Performance, die die Mitschüler berühren sollte, weswegen auch Katechismuslieder zum Einsatz kamen.

Didaktische Literatur

Nicht erst durch die Reformation, sondern schon durch den Humanismus war im deutschen Sprachraum der Bedarf an Büchern für den Unterricht stark gewachsen. Erste geographische Werke und historische Überblickswerke entstanden, wobei das Weltbild und die Geschichte in solchen Werken in Einklang gebracht waren mit der *Bibel*. Die Dominanz der Theologie betraf auch naturwissenschaftliche Werke und ebenso die zahlreichen moralisierenden Bücher wie die Ehelehren, die im 16. Jahrhundert insbesondere von protestantischen Theologen geschrieben wurden. Sie lehnten einerseits die Ehe als Sakrament ab, favorisierten anderseits die Ehe gegenüber der katholischen Wertschätzung der Jungfräulichkeit. Luther leitete aus der Schöpfungsgeschichte gar eine regelrechte Pflicht zur Ehe als von Gott gewollte Daseinsform ab.

Doch war die Dominanz der Theologie nicht überall in der didaktischen Literatur gleich stark, denn die verfolgten Anliegen waren schließlich ganz unterschiedlicher Art. Die Humanisten entwarfen Bücher, die an der Schnittstelle zwischen Repräsentation und Bildungsvermittlung standen. Ein besonders bekanntes Beispiel dafür ist die 1544 in Basel unter der Federführung von Sebastian Münster (1488-1552) publizierte *Cosmographia* – ein monumentales Gemeinschaftsprodukt führender Humanisten und Buchmacher, das seinem Titel nach eine ‚Beschreibung der Welt' liefert, dabei vor allem ein Lob der städtischen Kultur ist.

Die verantwortungsvolle Stellung des Adels berücksichtigten die Fürstenspiegel, eine didaktische Literaturform, die ihren Ursprung in der römischen Antike hat, im Mittelalter fortgeführt und im Humanismus erneut populär wurde. Schon im späten 15. Jahrhundert erschienen erste Bücher dieser Art, die von humanistisch gebildeten Lehrern für junge Fürsten verfasst waren. Der bekannteste Fürstenspiegel ist die *Institutio principis Christiani* (1516), die Erasmus von Rotterdam für den damals 16 Jahre alten Karl V., den späteren Kaiser, geschrieben hatte. Erasmus nahm Karl in dem Buch, das vielfach nachgedruckt wurde, in die Pflicht, Frieden und Eintracht zu sichern.

Fachprosa

Doch musste der Adel nicht nur mit humanistischen und christlichen Werten vertraut gemacht werden, sondern ebenso mit Fachwissen. In frühneuzeitlichen Fürstenbibliotheken finden sich neben den erwähnten Werken zur Genealogie und Geschichte Bücher aus den Bereichen Rechts- und Staatslehre, Mensch-

und Tiermedizin, angewandte Mathematik (Astronomie und Landvermessung) sowie Literatur zur Tier- und Pflanzenzucht, zum Kriegs- und Befestigungswesen sowie zum Bergbau.

Fachprosa erschien zunehmend auch für bürgerliche Leser. Schon im 15. Jahrhundert kursierte medizinische Ratgeberliteratur für einen gesunden Lebenswandel, gesunde Ernährung und mit Verhaltenshinweisen etwa bei Pest und Schwangerschaft. Die Grenzen zu dem, was heute als ‚Aberglauben' gilt, waren dabei fließend. So erfreute sich die Kalenderliteratur großer Beliebtheit, in der u.a. die Mondphasen bekannt gegeben wurden, die wichtig waren für medizinische Praktiken wie den Aderlass. Hinzu traten Lebensweisheiten und horoskopähnliche Texte. Die Kalenderliteratur war während der gesamten Frühen Neuzeit eine beliebte Literaturform. Sie erfuhr von den Zeitgenossen auch deswegen große Aufmerksamkeit, weil im Jahr 1582 Papst Gregor XIII. die bis heute gültige Kalenderreform durchführte. Am 4. Oktober 1582 musste die Zeitrechnung um zehn Tage übersprungen werden. Diese sinnvolle Reform wurde in der katholischen Welt akzeptiert. Auch im Reich hatte der Kaiser die Kalenderreform erlassen. Doch hatte er zuvor nicht die Erlaubnis der Reichsstände eingeholt, was dazu führte, dass die Protestanten die gregorianische Kalenderreform nicht akzeptierten und nicht umsetzten: Deutschland war von nun an nicht nur in konfessionellen, sondern auch in Fragen der Zeitrechnung gespalten. Dieser Zustand währte die gesamte Frühe Neuzeit. Erst im Jahr 1700 holten die letzten Protestanten die gregorianische Kalenderreform endgültig nach.

Dialogliteratur

Wie wenig sinnvoll die konventionelle Trennung zwischen ‚Gebrauchsliteratur' und ‚schöner' Literatur für die Frühe Neuzeit ist, zeigt die Dialogliteratur. Der Anlass, einen Dialog zu verfassen, konnte sehr unterschiedlich sein. Es gab Dialoge, in denen das seelsorgerliche Gespräch zwischen Geistlichem und Laien nachgeahmt wurde. Ein solcher Text hatte primär ein didaktisches Anliegen. Es gab Dialoge, die zur Unterhaltung geschrieben waren und kaum ein didaktisches oder moralisches Ziel hatten. Solche Dialoge können faktisch kaum mehr von einem Drama unterschieden werden. Oftmals lässt sich lediglich aus dem Kontext rekonstruieren, ob ein solcher Text primär zur Lektüre oder zur Aufführung vorgesehen war.

Beispiel

Eckius dedolatus

Besonders brisant waren Dialoge, wenn sie zu einer *ad-personam*-Polemik genutzt wurden. Der Dialog *Eckius dedolatus*, den mit großer Wahrscheinlichkeit der Nürnberger Humanist Willibald Pirckheimer (1470-1530) im Jahr 1520 publizierte, ist in Latein geschrieben. Er pflegt einen Humor für humanistische Gelehrte, der unheimlich anspielungsreich ist. *Eckius dedolatus* ist eine aberwitzige Kontrafaktur aus antiken Zitaten, die immer wieder verdreht und metrisch inkorrekt wiedergegeben werden – eine beliebte humanistische Form der satirischen Karikierung behaupteter, aber nicht erfüllter Gelehrsamkeit.

Der bekannte Luther-Gegner Johann Eck (1486-1543) wird im *Eckius dedolatus* als Theologe vorgeführt, der seine Bildung nur vorgibt. Außerdem wird er übel diffamiert. Ihm werden Trunksucht, fehlender Realitätssinn, sexuelle Ausschweifungen mit jungen Mädchen und Nähe zur Zauberei unterstellt. Als Ecks Dienstbote die Hexe Candida ruft, glaubt diese schon zu wissen, was Eck fehlt, und antwortet: „Ich weiß, warum er mich ruft: natürlich damit ich ihm jenes hübsche kleine Mädchen durch Zaubersprüche verschaffe. Es soll also geschehen, einem so großen Theologen soll man seinen Willen tun."[8] Doch soll die Hexe Eck dies Mal kein Mädchen besorgen. Er ist erkrankt, was seine Trunksucht befördert – Unmengen Alkohol stürzt er herunter. Zuletzt wird Eck von einem Chirurgen völlig deformiert, indem ihm allegorisch all seine ‚Geschwüre' ausgebrannt, all seine gelehrten ‚Auswüchse' abgeschlagen und all seine spitzfindigen Rechthabereien abgeschoren werden – kurz: Eck wird fürchterlich gequält, ‚enteckt'. Mitleid kennt der Dialog nicht – wer den Schaden hat, braucht für den Spott nicht zu sorgen.

Zusammenfassung

Die Vielfalt der rhetorischen Zweckformen in der Frühen Neuzeit ist beeindruckend. Mittels des Buchdrucks konnte erstmals ein größeres, volkssprachliches Publikum erreicht werden, so dass die Reformationszeit zu einem Literatur-Laboratorium wurde. Die Grenzen zwischen den Textsorten waren im Fluss, so dass letztlich jeder Ordnungsversuch zum Scheitern verdammt ist.

Literatur

Bauer, Barbara, Jesuitische *ars rhetorica* im Zeitalter der Glaubenskämpfe, Frankfurt/M., Bern, New York: Lang 1986.

Bremer, Kai, Religionsstreitigkeiten. Volkssprachliche Kontroversen zwischen altgläubigen und evangelischen Theologen im 16. Jahrhundert, Tübingen: Niemeyer 2005.

Eybl, Franz M., Gebrauchsfunktionen barocker Predigtliteratur. Studien zur katholischen Predigtsammlung am Beispiel lateinischer und deutscher Übersetzungen des Pierre de Besse, Wien: Braumüller 1982.
Kampe, Jürgen, Problem ‚Reformationsdialog'. Untersuchungen zu einer Gattung im reformatorischen Medienwettstreit, Tübingen: Niemeyer 1997.
Moser, Dietz-Rüdiger, Verkündigung durch Volksgesang. Studien zur Liedpropaganda und –katechese der Gegenreformation, Berlin: Erich Schmidt 1981.
Stolt, Birgit, Martin Luthers Rhetorik des Herzens, Tübingen: Mohr Siebeck 2000.
Wolf, Herbert, Martin Luther, Stuttgart: Metzler 1980.

Fragen

1. Warum kann man die vorgestellten Textsorten auch schon vor den großen, die Rhetorik direkt betreffenden Bildungsreformen als rhetorisch verstehen?
2. Nennen sie zwei wichtige rhetorische Textsorten des Gottesdienstes und nennen sie Möglichkeiten, sie weitergehend zu differenzieren.

2.3 Dramatik: alte Spielformen und neue Herausforderungen

Das Drama kennt in der Frühen Neuzeit ganz unterschiedliche Ausprägungen. Für die Reformationszeit steht das aus der Tradition des Fastnachtspiels kommende Reformationsdrama. Daneben wird das Schuldrama bedeutend. In der Frühen Neuzeit ist die Schule eine zentrale Theaterinstitution, weil das Theater ein pädagogisches Mittel des Rhetorikunterrichts ist. Das lateinische Drama der Jesuiten setzt sich im katholischen Deutschland gegen Ende der Reformationszeit durch, darauf wird ausführlich im Aufbaumodul 2 eingegangen.

Das Drama um 1500

Das Drama um 1500 kannte drei wesentliche Ausformungen: das geistliche Spiel, das humanistische Schultheater und das Fastnachtspiel. Im Mittelalter dominierte das geistliche Spiel, das zu verschiedenen kirchlichen Feiertagen (Weihnachten, Fastenzeit,

Ostern, Pfingsten) auf öffentlichen Plätzen und in Kirchen, dann meist im liturgischen Kontext, inszeniert wurde. Es war zugleich ein städtisches und kirchliches Phänomen. Darsteller waren Kleriker, doch spielten im ausgehenden Mittelalter auch Bürger der Stadt mit (vor allem Patrizier). Die Geistlichen waren die Autoren der Stücke.

Die Aufführung war wichtig für das Prestige der Stadt. Folglich waren die geistlichen Spiele ein Wirtschaftsfaktor, da die Handwerker durch Bühnenbauten und Kostüme gut verdienen konnten. Im geistlichen Spiel gab es nicht nur eine Bühne. Nicht selten wurden mehrere Bühnen errichtet, auf denen sukzessive gespielt wurde. Die Zuschauer waren in Bewegung und zogen mit den Schauspielern um. Das resultierte daraus, dass die geistlichen Spiele meist durch eine Prozession eröffnet wurden und etwa an den Kreuzweg Christi erinnerten. Der Zug des Publikums von Bühne zu Bühne ahmte das nach – die Grenze zwischen Bühne und Publikum war nicht eindeutig. Unterstützt wurde das Spiel durch Figuren wie den Spielleiter, der das Volk zur Ruhe rief und den Handlungsverlauf schilderte.

Inszeniert wurden nicht nur die sich je aus der Gelegenheit ergebenden biblischen Erzählungen (Geburt, Passion oder Auferstehung Christi). Integriert wurden weitere biblische Erzählungen. Beliebt waren Präfigurationsszenen – Erzählungen aus dem *Alten Testament*, die als Vorausdeutung Christi verstanden wurden. Vorlagen waren das Opfer Abrahams oder Hiob, aber auch stärker moralische Erzählungen wie die neutestamentliche Geschichte vom reichen Mann und armen Lazarus. Die Spieltexte selbst sind selten erhalten geblieben, allerdings sind zahlreiche Lesehandschriften überliefert, die für den Privatgebrauch angefertigt wurden und durch die die Rekonstruktion der Inszenierungen möglich ist. Die Dialoge waren schlicht, die Volkssprache dominierte. So brachte das geistliche Spiel die *Bibel* dem Publikum näher und unterwies es moralisch – nicht selten, indem kommentierende Figuren die inszenierte Erzählung deuteten und, wo geboten, auf die christliche Heilsgeschichte ausrichteten.

Kein Ende mit der Reformation

Das Aufkommen anderer Spielformen zu Beginn der Reformation lässt oftmals den Eindruck entstehen, dass die geistlichen Spiele in dieser Zeit ihr Ende fanden. Dem ist nicht so. Luther hatte keine grundsätzlichen Einwände dagegen. Lediglich die Darstellung der Leiden Christi lehnte er ab. Dementsprechend fanden nicht nur in katholischen Städten weiterhin geistliche Spiele statt.

Humanistisches Schultheater

Ähnlich wie das geistliche Spiel kennt das humanistische Schultheater den Appell an die Zuschauer, Ruhe einkehren zu lassen: „Beherrscht nun, ihr Zuschauer, Herz und Zunge! | Schweige Versammlung, wenigstens kurze Zeit still“[9] – mit diesen Worten wird die *Comoedia de optimo studio iuvenum* (‚Über die beste Art des Studiums für junge Leute‘) des schwäbischen Humanisten Heinrich Bebel (1472-1518) eröffnet. Das Stück wurde 1501 an der Universität Tübingen aufgeführt – der Begriff Schultheater ist also missverständlich, er umfasst Theateraufführungen an Schulen, Kollegien und Universitäten.

Jenseits des Eingangsappells zur Ruhe hat das Schultheater mit dem geistlichen Spiel wenig gemein. Der Aufführungsort war kein öffentlicher, auch war das Publikum ein anderes. Darsteller waren Schüler und Lehrer, was auf die grundlegend andere Funktion dieser Theaterform hinweist. Durch das Spiel sollten nicht nur die Zuschauer belehrt und unterhalten werden. Die Schüler standen im Zentrum des Interesses, denn die Inszenierung war eingebettet in den Rhetorikunterricht. Als Zuschauer kamen neben Mitschülern und Lehrern die Angehörigen der Schüler und Förderer der Bildungsinstitution in Betracht, die sich durch die Aufführung von der Qualität der Bildungseinrichtung einen Eindruck verschaffen konnten. Nur in Ausnahmefällen wurde auf öffentlichen Plätzen gespielt. Einer breiten Rezeption des Schultheaters stand seine Sprache entgegen. Wie Bebels *Comoedia* sind alle humanistischen Schuldramen in lateinischer Sprache gehalten.

Oft wurde in der Frühen Neuzeit eine Aufführung zum Herrscherlob genutzt. Das gilt auch für Bebels Stück: Hintergrund ist die Erhebung Bebels zum *poeta laureatus* – der Dichterkrönung durch den Kaiser, der den schwäbischen Humanisten zu Pfingsten 1501 in Innsbruck geehrt hatte. Nach Bebels Rückkehr nach Tübingen wurde sein Stück aufgeführt, das gleich in mehrfacher Hinsicht an die Begebenheiten in Innsbruck erinnert und den Kaiser preist, der nicht nur ein guter Herrscher, sondern auch ein Förderer der Künste und Wissenschaft sei.

Beispiel

Heinrich Bebel: *Comoedia*

Das Stück handelt vom eifrigen Schüler Vigilantius. Er wird von seinem Vater zu einem Philologen gebracht, der schnell merkt, dass Vigilantius‘ bisherige Lateinausbildung schlecht war. Deswegen wird der Junge einem Magister zur Ausbildung anvertraut, der ihn auch ethisch schult: „Liebe die sittliche Vollkommenheit,

laß dich von der Vernunft leiten und hüte dich am meisten vor der Prahlerei; sei bei Gelagen ein seltener Gast, im Essen und Trinken maßvoll und sparsam, dafür im Reden um so gewandter, im Lesen um so eifriger."[10] Im 4. Akt begegnet Vigilantius Lentulus, einem Freund von früher. Der hat ebenfalls studiert, spricht aber schlechtes Latein und denkt ganz pragmatisch an die Karrieremöglichkeiten, die sich aus dem Studium ergeben. Das führt zum Streit zwischen ihnen, der darin mündet, dass ein Poet die Szene betritt und Lentulus überzeugt. Der Poet lobt das zwischen den Freunden ernsthaft und nach akademischen Regeln geführte Streitgespräch, die Disputation. Zur Verdeutlichung wird im 5. Akt ein weiteres Streitgespräch inszeniert, das ostentativ unentschieden ausgeht.
Wichtig ist die ethische Dimension des Streits: Die Kontrahenten können nach der Disputation wieder Freunde sein. Das Stück schließt also mit einem Spiel im Spiel, das die akademischen Umgangsformen dem Tübinger Publikum in Erinnerung ruft. Zuletzt spricht eine Dichterfigur: „Lebt wohl und klatscht Beifall! | Ich, Bebel, habe es verfaßt."[11] Die Bühnenfigur und der Autor fallen ineinander, ohne dass der Autor tatsächlich der Schauspieler sein muss.

Obwohl das Schuldrama gänzlich anders gebaut ist als das geistliche Spiel, zeigt sich ein übergreifender Aspekt des Dramas um 1500. Die Grenze zwischen Bühnenfiktion und Zuschauerrealität ist durchlässiger als im Theater der Moderne.

‚Komödie' ist in dieser Zeit nicht besonders eng gefasst: *Comoedia* steht alternativ für *Dialogus* oder *Ludus* (‚Spiel'). Diese Bezeichnungen weisen ein Stück primär als einen lateinischen Text mit Figurenrede in Prosa aus. Trotzdem ist es nicht so, dass die Gattungsbezeichnung willkürlich ist, vielmehr stehen die nicht tödlich endenden und nicht versifizierten Stücke in der Palliata-Tradition: Sie sind der Komödie der römischen Schriftsteller Plautus und Terenz nachempfunden. Bebel war auch sonst mit der antiken, vor allem römischen Dramentradition vertraut. Er signalisiert das, indem er sein Stück in fünf Akte unterteilt und wiederholt Hinweise auf den römischen Dichter Seneca einbaut, der wesentlich für das humanistische Tragödienverständnis und durch seine Schriften zum Stoizismus und zur Morallehre für die meisten Humanisten eine Art Mode-Autor war.

Fastnachtspiel

Das Fastnachtspiel kann neben dem geistlichen Spiel als bekannteste Dramenform des späten Mittelalters und der Frühen Neuzeit gelten. Anlass für die Aufführungen war, wie der Name schon sagt, die Fastnachtszeit, in der die kurzen, oft derben Stücke von Laien zur Belustigung an öffentlichen Orten und in Gasthäusern aufgeführt wurden. Das Fastnachtspiel steht im Zentrum der bürgerlich-städtischen Festkultur. Auch wenn seine regionale Ausdehnung beeindruckend ist, muss doch daran erinnert werden, dass es nur einzelne Städte und Regionen waren, die eine eigene Spieltradition ausbildeten: Lübeck, Nürnberg und Tirol etwa, so dass das Fastnachtspiel regional deutlich unterschiedliche Ausformungen erfuhr. Die frühen Fastnachtspiele haben einen Reihenspielcharakter. Figuren treten auf und wieder ab, der Schauplatz ist entweder fix oder existiert gar nicht. Wie wir im Folgenden sehen werden, ändert sich das im 16. Jahrhundert.

Das Drama seit der Reformation

Das Drama hat in der Reformationszeit einen großen Auftrieb erfahren. Nicht nur wegen seiner Möglichkeiten zur Förderung der rhetorischen Kompetenz war es beliebt, sondern auch als Medium zur Popularisierung biblischen und theologischen Wissens und zur Moraldidaxe. Auf existierende dramatische Formen zurückgreifend, wurden zahlreiche Dramenformen für den Schulunterricht, für kirchliche Feierlichkeiten, aber auch für Aufführungen in Gast-, Rats- und Zunfthäusern oder auf Marktplätzen und für die Lektüre entwickelt.

Anders als die eben erwähnten Reihenspiele folgen die Fastnachtspiele von Hans Sachs (1494-1576, vgl. zu ihm ausführlicher Kap. 2.4.) einer knappen, in sich geschlossenen Dramaturgie. Seine Stücke kennen zudem Szenenwechsel, so dass davon ausgegangen werden kann, dass sie für eine Simultanbühne geschrieben wurden, auf der nebeneinander zwei Szenen angedeutet wurden. Dominierend im Fastnachtspiel ist wie in der übrigen volkssprachlichen Dramatik der Zeit der Knittelvers, der acht oder neun Silben lange Paarreim-Vers. Das Personal ist sehr klein, die Texte sind kurz. Ähnlich wie Bebel ‚signiert' Sachs das Ende seiner Stücke meistens: Der vorletzte Vers endet fast immer mit einem Wort, das im letzten Vers als Reim „Hans Sachs" ermöglicht.

Beispiel

Hans Sachs: *Das Kälberbrüten*

Gern nimmt Sachs in seinen Stücken die Landbevölkerung aufs Korn. Durch stark typisierende Darstellung macht er den Bauern zu einem Tölpel, während die Bäuerin diejenige ist, die den Hof vor dem Niedergang bewahrt.
In dem auf das Jahr 1551 datierten Spiel *Das Kälberbrüten* mahnt die Bäuerin, ehe sie zum Markt geht, ihren Mann, den Hof recht zu führen. Erwartungsgemäß

schläft er, während ein Kalb in den Brunnen fällt. Der Bauer beschließt, ein neues Kalb ‚auszubrüten', indem er sich auf einen Käse setzt und sich wie ein Huhn verhält. Ein Geistlicher (der „Pfaff") kommt hinzu. Er nimmt das Handeln von Bauer Hans ernst und unterstellt ihm, schwarze Magie zu beherrschen: „Hans, ich wolt geren von dir wissen | Wer dich die kunst [die schwarze Kunst, Magie] geleret het." Der Bauer antwortet wahrheitsgemäß und zugleich den Geistlichen missverstehend: „Forcht, sorg und angst mich lehren thet, | Welche ich het zu meiner Frauen."[12] Erst die Bäuerin kann das Missverständnis auflösen und gibt zudem zu verstehen, was sie von dummen Pfaffen hält: „Pfaff schweig! und drol dich baldt hienauß! | Du hast gar nichts hinnen zu schaffen, | Allers laussing [lausig], stincketen Pfaffen! | Fetsch dich [Pack dich], eh ich dir geb den segen." Die Bäuerin vertauscht die Hierarchie zwischen Geistlichkeit und drittem Stand, indem sie das Segen-Spenden zur Gewaltandrohung verkehrt. Dem eigenen Mann vergibt sie bei einem Glas Wein. Sie sitzen beisammen „Und vergessen als ungemachs. | Glück bringt als [alles] wider/ spricht H<ans> Sachs."[13]

Polemik

Aus dem energischen Umgang mit dem ‚Pfaffen' in *Das Kälberbrüten* darf nicht gefolgert werden, das sei Folge der Reformation. Antiklerikalismus war ein wichtiges Strukturelement des Fastnachtspiels schon vor der Reformation. Auch im Spätmittelalter wurde das Drama genutzt, um den Gegner bloßzustellen und um Klagen zu formulieren. Dieses klare Ziel korrespondiert mit der oft nur wenig entwickelten dramatischen Struktur der Stücke. Deswegen bot sich das Fastnachtspiel als Ausgangspunkt für theatrale Agitationen in der Reformation an. Wesentliche Teile des Reformationsdramas haben sich aus dem Fastnachtspiel entwickelt. Das zeigt sich am Reihencharakter, der in beiden Dramenformen anzutreffen ist, und daran, dass Verfasser von Fastnachtspielen vielfach auch religionspolemische Stücke geschrieben haben.

Im kurzen Reihenspiel *Die Totenfresser* des Basler Verlegers Pamphilus Gengenbach (um 1480-1524/25), der auch Fastnachtspiele publiziert hat, wird die Kirchenkritik auf makabre Weise auf die Spitze getrieben. Nacheinander treten – die Hierarchie der Kirche von oben nach unten abbildend – der Papst, Priester und andere Geistliche bis hin zur ‚Pfaffenmagd' als Nutznießer des bestehenden Systems auf. Sie alle sind ‚Totenfresser', weil sie sich durch die Ablässe und weitere Geldgaben rund und fett mästen. So stellt eine Nonne fest: „Die todtenbain schmecken unß wol | Dobey wir tag und nacht sind vol | Und mögen unser faulkeyt triben | Beym irdischen gott wellen wir bliben."[14] Die Klosterfrau freut sich, wie bequem es für sie sei, die Knochen der Toten („todtenbain") abzunagen und sich mit Faulheit den Tag zu vertreiben. Was zählt, ist die Botschaft des Stücks und die Eingängigkeit des Textes, weswegen auf drastische Metaphorik und auf den Knittelvers zurückgegriffen wird.

Nach den gierigen Kirchenleuten treten die auf, die von diesem Verhalten den Schaden tragen: die Seelen selbst und die Bettler, denen die Almosen eigentlich vorbehalten waren. Abschließend formulieren die drei Stände in Gestalt eines Pfarrers, eines Edelmanns und eines Bauern für die Gesellschaft die Klage. Gengenbachs Stück ist damit ein energischer Angriff gegen die Auswüchse der Papstkirche mit den Ausdrucksformen des Fastnachtsspiels. Durch die abschließende Klage macht er deutlich, dass nicht alle Geistlichen verfallen sind.

Schuldramatik

In der Schuldramatik dominierten im 16. Jahrhundert die Bibeldramen, die Moralitäten und die *Jedermann*-Dramatik, wobei erstere bei den Protestanten beliebter waren, während die Moralitäten zu ‚der' frühen Spielform auf dem jesuitischen Schultheater werden sollten. Im Gegensatz zu ihrer humanistischen Vorgängerin war die Schuldramatik der Protestanten nicht mehr ausschließlich lateinisch. Schon in den 1530er Jahren wurden von ihnen erste deutschsprachige Bibeldramen publiziert. In katholischen Lehranstalten wurde dagegen weiterhin kategorisch Latein auf der Bühne gesprochen.

Beispiel

Sixt Birck: *Judith*

Einer der wichtigsten protestantischen Schuldramatiker dieser Zeit war der Humanist Sixt Birck (1501-1554), der seine Dramen in Deutsch und Latein vorlegte. Seine Stücke wurden mehrfach nachgespielt und gedruckt. Seine deutsche *Judith* wurde vermutlich zur Fastnacht 1534 von ihm in Basel aufgeführt.
Birck integriert einen Chor, der auch den deutschen Text gliedert, und ergänzt den die Figurenrede dominierenden Knittelvers metrisch. Er hat in seiner deutschen *Judith* versucht, im Chor antiken Versbau nachzuahmen, was eine Besonderheit ist. Die deutsche, zuerst entstandene Dramatisierung der biblischen Erzählung ist, anders als die lateinische Fassung, allerdings nicht in Akte gegliedert. Jeder Szene voran steht statt dessen die Angabe des entsprechenden Kapitels aus der *Bibel*.
Das Personal entspricht der Vorlage, ist aber – gemäß den Ansprüchen der Schuldramatik, möglichst viele Schüler in die Aufführung zu integrieren – sehr umfangreich. Birck aktualisiert das Szenario: Judiths Heimatstadt Bethulia ist verfasst wie

eine Stadt des 16. Jahrhunderts. Es gibt einen Rat, Beschlüsse werden erörtert, typische städtische Schichten sind repräsentiert – Judith ist offensichtlich eine Patrizierin. Auch vergegenwärtigt Birck die Handlung dahingehend, dass er die Befreiung Bethulias vom assyrischen Heer auf die Bedrohung durch die Türken bezieht. Aus dieser heidnischen Gefahr leitet er seinen Appell zur religiösen Geschlossenheit und Frömmigkeit ab: Sein Stück nimmt deswegen nicht nur Bezug auf die Gefahr von außen, sondern auch auf die zeitgenössischen Religionsstreitigkeiten, denen Birck mit seinem irenischen, um Versöhnung bemühten Drama begegnet.[15]

Bircks *Judith* ist im Hinblick auf die im Stück dargelegte Geschlechterordnung mit der handelnden Titelheldin, die den assyrischen Heerführer Holofernes enthauptet, und den passiven Bürgern ein Sonderfall. Die meisten Bibeldramen bilden die patriarchale Gesellschaft lediglich ab. Das bestätigt die aus dem 13. Kapitel des biblischen *Buchs Daniel* genommene Geschichte von der schönen und frommen Susanna – einem zweiten, in der Reformationszeit sehr beliebten Sujet. Sie wird beim Baden von zwei Alten sexuell angegangen. Da sie sich wehrt, verunglimpfen die beiden Männer sie als Ehebrecherin. Susanna erträgt die Verleumdungen still und duldsam. Es ist der Prophet Daniel, der dafür sorgt, dass Susanna Recht erfährt.

Die Frau als gehorsames und unterwürfiges Mitglied der Gesellschaft – dieses Ideal propagierten nicht nur die meisten Dramen der Frühen Neuzeit, sondern ebenso die erwähnten Ehelehren (vgl. Kap. 2.2). Jedoch war dieses Frauenbild nicht Abbild der Realität. Die Weiblichkeitsentwürfe in den Dramen waren, wenn überhaupt, nur indirekt an Mädchen und Frauen adressiert. Sie nährten vielmehr idealisierte Vorstellungen von Weiblichkeit bei jungen Männern.

Moralitäten

In den Moralitäten dominieren männliche Helden. Hier werden keine biblischen Erzählungen oder christliche Legenden dramatisiert. Trotzdem verfolgen sie religiös-erbauliche Zwecke. Sie versuchen nicht, durch ein positives Beispiel den Zuschauer zur Frömmigkeit und zu einem moralisch vorbildlichen Leben zu animieren. Die Moralität setzt auf Abschreckung und eindringlichen Appell. Sie entsteht im späten Mittelalter in Westeuropa (Frankreich, England) und ist eine verbreitete allegorische Spielform, die im Jesuitenorden auf große Beliebtheit stößt.

Auf dem frühen Jesuitentheater war besonders der *Euripus* aus dem Jahr 1549 von Levin Brecht (1502/03-1560) erfolgreich. Euripus ist ein Jüngling, der vom Pfad der Tugend abkommt und eben nicht zu einem gottesfürchtigen Leben bekehrt wird, sondern sündig jung stirbt. Damit aber endet das Stück nicht. Im letzten Akt wird das Gespräch zwischen der Personifikation der Seele des Verstorbenen und den beiden Allegorien Cupido und Venus gezeigt. Sie schildern der Seele die Qualen, die ihr bevorstehen.

Vergegenwärtigt man sich, dass die Schauspieler wie die Zuschauer von *Euripus*-Aufführungen Jünglinge wie der Titelheld waren, so wird der didaktische Impuls des Stücks sofort klar. Der Schlusschor erinnert an die Beispielhaftigkeit des Dramas. Zugleich wird betont, dass die Gefahr für alle jungen Menschen gilt – wiederholt wird im Schlusschor kollektivierend von „wir" und „uns" gesprochen.

Jedermann-Dramatik

Den Moralitäten ähnlich sind die *Jedermann*-Stücke, die wegen ihrer ebenfalls allegorischen Anlage manchmal mit zur Moralität gezählt werden. Dagegen spricht, dass sie und die Moralitäten strukturell entgegengesetzt funktionieren. Jedermann ist eine international, vor allem in der germanischen Literatur weit verbreitete Figur. Berühmt sind der niederländische *Elckerlijc* und der englische *Everyman*.

In den *Jedermann*-Dramen wird ein reicher und angesehener Mann vorgestellt, der zuletzt – im Angesicht des Todes – verlassen vor dem Zuschauer steht. Seine Zweifel an Gott führen nicht, wie in den Moralitäten, zu einer Abkehr vom Glauben. Vielmehr intensiviert sich der Glaube. Die *Jedermann*-Dramatik war bei Protestanten wie Katholiken beliebt. Die im deutschen Sprachraum populärste Variante war der lateinische *Hecastus* des Niederländers Georg Macropedius (1487-1558) aus dem Jahr 1539, von dem Bearbeitungen und Übertragungen ins Deutsche – u.a. von Sachs – erschienen.[16]

Zusammenfassung

Bemerkenswert an der Entwicklung der Dramatik im 16. Jahrhundert ist, wie rasch sich die Reformation auf sie auswirkte. Sie provozierte mit dem Bibeldrama eine neue Ausdrucksform. Die Konfessionalisierung zeigt sich daran, dass die Protestanten Bibeldramen bevorzugten, während die Jesuiten auf die Moralitäten setzten. In der Hochphase der Reformation existierte zudem das polemische Reformationsdrama, das sein Ausdrucksrepertoire aus dem Fastnachtspiel nahm.

Literatur

Röcke, Werner, Literarische Gegenwelten. Fastnachtspiel und karnevaleske Festkultur, in: Die Literatur im Übergang vom Mittelalter zur Neuzeit, hg. von Werner Röcke, Marina Münkler, München: Hanser 2004, S. 420-445.
Wuttke, Dieter (Hg.), Fastnachtspiele des 15. und 16. Jahrhunderts, 4. Aufl., Stuttgart: Reclam 1989.
Thomcke, Hellmut (Hg.), Deutsche Spiele und Dramen des 15. und 16. Jahrhunderts, Frankfurt/M.: Deutscher Klassiker-Verlag 1996.

Fragen

1. Üblicherweise wird betont, dass die Reformation für die Dramatik einen Neuanfang bedeutet hat. Was kann dieser Einschätzung entgegen gehalten werden?
2. Was sind strukturell die Gemeinsamkeit und der Unterschied zwischen den Moralitäten und den *Jedermann*-Dramen?

Geistliche und weltliche Lieddichtung 2.4

Wird von frühneuzeitlicher Lyrik gesprochen, meint das zunächst Lieddichtung. Die ist vielfach in religiöse bzw. kirchliche Kontexte eingebunden. Auch das weltliche Lied steht im 16. Jahrhundert in Blüte. Mit ihm rückt der Meistersang in den Mittelpunkt. Nicht berücksichtigt werden im Folgenden die lateinischen Gedichte der Humanisten, auf sie wird im Aufbaumodul 2 eingegangen.

Geistliches Lied und Kirchenlied

Geistliche Lieder sind für die persönliche und private Erbauung komponiert, sie haben deswegen oft meditativen Charakter. Das Kirchenlied ist eine Sonderform des geistlichen Lieds. Es wird im Gottesdienst von der Gemeinde gesungen. Dass das Kirchenlied bis heute als eine kulturelle Domäne der Lutheraner gilt, geht auf die Wittenberger Reformation zurück. Luther hatte innerhalb eines Jahres (1523/24) 24 geistliche Lieder verfasst, mit denen das Kirchenjahr begleitet werden konnte. Damit legte er den Grundstein für die lange kirchenmusikalische Tradition innerhalb des deutschen Luthertums, die durch die Frühe Neuzeit hindurch prägend sein sollte, im 18. Jahrhundert mit Johann Sebastian Bach ihren Höhepunkt erreichte und bis heute anhält.

Wittenberger Gesangbuch

Luthers Bemühungen führten zu den ersten Gesangbüchern. Noch 1524 wurde das erste mehrstimmige Gesangbuch für einen Schülerchor publiziert. 1526 folgte das erste einstimmige, also für Laien geeignete Gesangbuch. Mit dem 1529 in der Druckerei von Joseph Klug erschienenen Wittenberger Gesangbuch wurde ein letztlich bis heute gültiger Maßstab gelegt. Auf eine Einleitung Luthers folgten gezielt sortiert die Kirchenlieder, die um Gebete ergänzt wurden, seltener auch um Illustrationen.

Kirchenlied und mittelalterliche Tradition

Luthers Liedschaffen gilt als Ausgangspunkt für das geistliche Lied der Frühen Neuzeit. Erfolgreich konnte der Wittenberger Reformator aber nur sein, weil er auch auf existierende Lieder zurückgriff. Ein Beispiel für die vielschichtigen Rezeptionswege des Kirchenlieds in der ersten Hälfte des 16. Jahrhunderts ist das Lied *Mitten wir im Leben sind*, das auch heute im lutherischen Gottesdienst gesungen wird. Bei Luther lautet die erste Strophe:

> Mitten wyr im leben sind
> mit dem tod umbfangen,
> Wen suchen wyr der hulffe thu,
> das wyr gnad erlangen?
> Das bistu Herr alleyne,
> uns rewet unser missethat,
> die dich Herr erzurnet hat.
> Heyliger herre Gott,
> Heyliger starcker Gott,
> Heyliger barmhertziger Heyland,
> du ewiger Gott,
> las uns nicht versincken ynn des bittern todes not.
> Kyrieleyson.[17]

Diese Strophe geht auf die mittelalterliche Antiphone *Media vita in morte sumus* zurück, von der schon im 15. Jahrhundert verschiedene Übertragungen ins Deutsche vorlagen. Sowohl der Strophenstruktur als auch der Wortwahl dieser Übertragungen folgt Luther weitgehend. Lediglich einzelne Worte werden ausgetauscht. Das Wort „gnad“ ersetzt im vierten Vers die Wörter „huld“ bzw. „trost“ in den spätmittelalterlichen Vorbildern. Luther schuf also nicht ausschließlich neue Lieder. Wiederholt beschränkte er sich auf Aktualisierungen.

Weltliche Lieddichtung des Spätmittelalters

Die deutschsprachige, weltliche Lieddichtung erfuhr im 15. Jahrhundert einen deutlichen Modernisierungsschub. Sie erhielt von Italien aus Anregungen von der volkssprachlichen Renaissancelyrik. Das zeigt das Werk des 1445 gestorbenen Lieddichters Oswald von Wolkenstein, der als zentrale Figur für die Lieddichtung im Übergang vom Mittelalter zur Neuzeit gilt.

Oswald übernahm in seine Lieder einerseits Motive aus dem mittelalterlichen Minnesang. Andererseits gelang es ihm, auf der Ebene der Einzelwörter neue Impulse zu geben, indem er Neologismen bildete und vor derben Ausdrücken nicht zurückschreckte. Dabei reichte seine Ausdrucksweise bis zu „manirierter Künstlichkeit".[18] Er beschränkte sich nicht auf Liebeslieder, sondern schrieb Lieder, die auf Städtelob zielen oder eine Schlacht schildern. In seinen späten Liedern nahm er auch geistliche Themen auf.

Kein Volkslied

Die Lieddichtung des 15. und 16. Jahrhunderts wurde in der Romantik als volkstümlich interpretiert. Man sprach lange Zeit (und teilweise bis heute) vom ‚Volkslied', vom ‚volkstümlichen Singlied' oder von der ‚Volksballade' und stellte die spätmittelalterlichen und frühneuzeitlichen Liedformen dem ‚Kunstlied' der Romantik gegenüber. Diese Begrifflichkeiten sind missverständlich. Sie suggerieren, dass die ‚Volkslieder' Produkte einer breiten mündlichen Liedtradition des Volkes sind, dass in ihnen Themen und Sorgen des ‚einfachen' Volkes behandelt werden und dass sie gewissermaßen einen Volkscharakter widerspiegeln. Gegen ein solches Verständnis sprechen verschiedene Gründe. Zum einen waren die Verfasser wenn nicht niedere Adelige wie Oswald so doch zumindest gehobene Bürger. Zum anderen waren viele Lieddichter offensichtlich mit Liedtraditionen vertraut und setzten sich mit ihnen produktiv auseinander, indem sie Motive und Formen aufgriffen und weiterentwickelten. Das aber geht über elementare Lese- und Schreibkompetenzen eindeutig hinaus und setzt Literatur-Wissen sowie Momente der Muße voraus.

Exkurs

Der Knittelvers

Auch wenn der Begriff schon im 16. Jahrhundert bekannt war, setzte er sich doch erst im Barock durch. Nun stand er abwertend für die Kunstlosigkeit der vorbarocken Poesie. ‚Knittel' ist eine Diminutivform von ‚Knoten'. Der Knittelvers ist also dem Namen nach ein ‚verknoteter' oder ‚verknorrter' Vers, ein ‚ungehobelter' Vers. Der Knittelvers existierte im 16. Jahrhundert in zahlreichen Varianten. Man versteht unter ihm einen vierhebigen, nicht zwingend alternierenden Reimpaarvers mit männlichem oder weiblichem Ausgang. Neben diesem ‚freien' kennen wir den ‚strengen' Knittelvers, der acht- oder neunsilbig ist und der zur Alternation neigt. Faktisch existierte dieser Verstyp schon in der mittelhochdeutschen Dichtung.

Lieddichtung im 16. Jahrhundert

Das Städtelob Oswalds von Wolkenstein ist kein Einzelfall. Das nach Meinung des Musikhistorikers Martin Stählin schönste Lied der zweiten Hälfte des 15. Jahrhunderts, *Innsbruck, ich muss dich lassen*, verfasste Heinrich Isaac (ca. 1450-1517). Er war nicht nur Komponist zahlreicher deutschsprachiger Lieder. Isaac schrieb bedeutende Messen, Motetten und eine dem Kaiser gewidmete Hymne. Eine qualitative Trennung zwischen E- und U-Musik, wie sie heute vorgenommen wird, war der Frühen Neuzeit unbekannt – sie unterschied die Gelegenheit, wie Isaacs Kompositionen zeigen, und leitete daraus Forderungen an die Form und den Ausdruck ab.

Die Menschen des Spätmittelalters und der Frühen Neuzeit müssen sehr musikalisch gewesen sein. Zumindest haben sie gerne gesungen. Das lassen die vielen Lieddrucke vermuten. Neben dem aufwendigen und nur wenige Reproduktionen gestattenden Blockdruck, bei dem das Blatt gewissermaßen wie mit einem Stempel bedruckt wurde, kam der von Gutenberg erfundene Typendruck für den Notendruck zum Einsatz. Dadurch ergaben sich unterschiedliche Möglichkeiten für den Lieddruck:

1. Einblattdruck, bei dem meistens der Liedtext ohne vollständigen Abdruck der Noten vorliegt;
2. kleine Oktav-Hefte, die meist reine Textdrucke sind;
3. vollständige Liederbücher meist für drei oder vier Stimmen und für ein Begleitinstrument.[19]

Zentren der Lieddruck-Produktion waren Orte, die viele Druckereien beheimateten, Nürnberg etwa, Leipzig oder Straßburg. Bereits 1512 erschien bei Erhart Ögelin in Augsburg das erste Liederbuch. *Ögerlins Liederbuch* war prototypisch: Es enthielt deutschsprachige, aber auch lateinische Lieder und war für vier Stimmen ausgelegt. Etwa zwei Jahrzehnte später avancierte Nürnberg, das durch Hans Sachs eh ein literarisches Zentrum war, auch in der Liedbuch-Produktion zur Metropole. 1534 erschien der erste Teil von Johann Otts Liederbuch, in dem 121 Lieder versammelt waren und das zudem für fünf Stimmen vorgelegt wurde. Die Liedkunst vervielfältigte sich rasant.

In der zweiten Hälfte des 16. Jahrhunderts intensivierte sich diese Entwicklung. Maßgeblich dafür war der niederländische Komponist Orlando di Lasso (1532-1594), der seit 1562 die Münchener Hofkapelle leitete und im Rahmen seiner Tätigkeiten zahlreiche Liedsammlungen publizierte, was zu einem produktiven Nebeneinander der unterschiedlichen Liedformen führte. Er publizierte 1583 *Newe Teutsche Lieder. Geistlich vnd Weltlich, mit vier stimmen*. Di Lasso gilt als der produktivste Komponist des 16. Jahrhunderts in Deutschland. Sein Werk umfasst etwa 1200 Motetten, 100 Magnifikatkompositionen, knapp 50 Messen und in die Hunderte gehende Lieder (darunter neben den deutschen geistlichen und weltlichen Liedern italienische Villanellen, Madrigale und französische Chansons). Letztlich ist es weniger die bloße Masse seines Schaffens, durch die er bis heute bekannt ist, sondern sein kompositorisches Vermögen. Sein Werk gilt als Höhepunkt der frankoniederländischen Chorpolyphonie. Orlando di Lasso war zudem dafür verantwortlich, dass der oberdeutsche Raum bis zum Ende des Jahrhunderts das Zentrum der Liedkunst im Reich blieb. Der Südtiroler Leonhard Lechner (ca. 1553-1606) war sein Schüler. Lechner war zunächst in Nürnberg und später als Hofkapellmeister in Stuttgart tätig.

Themen

Thematisch reicht das Spektrum vom Liebes- und Kinderlied über Lieder für bestimmte Gesellschaftsschichten wie Handwerkerlieder bis hin zu stark narrativen Liedern wie Balladen. Außerdem existierten viele Lieder, die der damaligen Informationssituation geschuldet waren. So wissen wir von ‚Zeitungsliedern', in denen politische Neuigkeiten oder Ereignisse wie Naturkatastrophen verkündet wurden. Lieder, die sich mit solchen Ereignissen befassten, waren gelegenheitsgebunden. Sie gingen oftmals auf die Dichtungen der Herolde und der Pritschmeister zurück (die Pritsche ist ein Schlagholz, mit dessen Hilfe der Sänger auf sich aufmerksam machte). Weniger eindeutig von bestimmten Ereignissen abhängig war die Wappendichtung. In Wappen- oder Stammbüchern wurden Wappenbilder jeweils mit meist acht oder zehn Verse langen Gedichten erklärt. Diese aus dem Mittelalter herrührende Dichtungstradition verlor im Laufe des 16. Jahrhunderts an Bedeutung. An ihre Stelle trat die Emblematik, die Sinnbildkunst (vgl. Kap. 3.2.). Die Motivik der meisten Lieder war nicht neu oder gar innovativ. Das war auch nicht das Anliegen der Lieddichtung. In der Regel wurden, wenn nicht konkrete Ereignisse den Anlass boten, ältere Motive aufgenommen und fortgeschrieben.

Formen

Auch wenn eine Metrik im modernen Sinne nicht existierte, muss man der Lieddichtung trotzdem attestieren, dass sie weit vielfältiger war, als es die seit dem Barock existierende Polemik gegen die Dichtkunst des 16. Jahrhunderts vermuten lässt. Zugegeben: Der Knittelvers dominierte. Die Vielfalt dieser Dichtkunst äußerte sich weniger im Versmaß, als vielmehr im Reimschema und im Strophenbau. Das zeigt die Kanzonenform (von ital. *canzone*), die im Meistersang und im lutherischen Kirchenlied gerne verwendet wird. Sie ist dreiteilig, die ersten beiden Teile sind in formaler Hinsicht gleich (1. und 2. Stollen). Sie bilden zusammen den Aufgesang. Die dritte Strophe weicht von den vorhergehenden ab und wird Abgesang genannt.

Meistersang

Der Meistersang war im 15., 16. und 17. Jahrhundert ein städtisches Phänomen. In Sangschulen organisierten sich Handwerker, die in Wettstreit miteinander traten. Damit setzte der Meistersang auf vergleichsweise amateurhafter Ebene die Spruchdichtung des Mittelalters fort. ‚Meistersang' meinte ursprünglich nicht den Gesang der Handwerksmeister, sondern ‚meisterhaften' Gesang. Es fand zwischen dem mittelalterlichen ‚meistersanc' und dem frühneuzeitlichen Meistersang eine soziale Verschiebung statt. Auch existierte im Meistersang des 16. Jahrhunderts seltener eine eigenständige Kompositionspraxis, Melodien (der ‚Ton') wurden übernommen.

Auch geistliche Themen

Vor der Reformation nahm sich der Meistersang vielfach geistlicher Themen an. So dichtete der 1513 in Nürnberg gestorbene Barbier Hans Folz (geb. 1435/40), der sowohl im Hinblick auf das Fastnachtspiel als auch den Meistersang ein wichtiger Vorläufer von Hans Sachs war, folgenden Meistersang mit Passionsthematik:

In meister hans volczen passional 7 lied

O cristenn mensch, betracht
Das inprunstig beweynenn
Maria der vill reynen,
Do sie ir kinth
Hoch an dem creucz sach hangenn

Unnd solich groß onmacht
Sich an ym thet erscheinen
Unnd aller trost het keinenn.

O mensch, besint
Das muterlich verlangenn

Des junckfrauliches herczenn ir,
Wie sie mit flammender begir
Gedacht: „ach das ich hing pey dir.
So wer mir woll.
O sun, wie sol
Ich ansehenn den schmerczenn
Deines betrubtenn herczenn?“
Wo pleip do, meit, dein scherczenn [Wo bleibt deine Freude, Maid?]
Des trostes vol,
Als do er noß dein spunne? [da er deine Brüste genoss]
Sag wes du hie begunne,
Do er vol alles kumers dol
Was an dem creucz umbfangenn[20]

Barform

Dieses Meisterlied von Folz belegt, wie kompliziert die Lyrik im 16. Jahrhundert sein konnte. Das Reimschema erschließt sich nur, wenn man das gesamte Lied betrachtet (abbcd abbcd eeeffgggfhhfd). Mit den gleich strukturierten ersten beiden Strophen erinnert das Lied mit der abweichenden dritten Strophe an die Kanzonenform. Die wird im Meistersang erweitert, wobei die Strophenzahl immer ungerade bleibt. Taucht im Meistersang die Kanzonenform oder eine Erweiterung davon auf, spricht man von einem Bar. Das Bar wird ebenfalls in einen Aufgesang mit zwei Stollen und einen Abgesang unterteilt.

Motivisch verbindet der vorliegende Meistersang den Themenkreis der Marienandacht mit dem der Passion. Der Sprecher lenkt die Aufmerksamkeit des Rezipienten auf Marias Gefühle, da sie ihren Sohn am Kreuz hängen sieht. Indem im Abgesang in wörtlicher Rede die Gedanken Marias formuliert werden, gewinnt das Lied trotz seines komplizierten Reimschemas und trotz der unterschiedlich langen Verse ein hohes Maß an Eindrücklichkeit, so dass es sich nicht nur zum Gesang, sondern auch zur Meditation eignet. Folz‘ Lied ist ein Beispiel dafür, dass die Trennung zwischen weltlicher und geistlicher Lyrik nur bedingt trägt. Auf formaler Ebene liegt ein Beispiel für ein reizvolles Meisterlied vor. Auf inhaltlicher Ebene ist nach modernen Kriterien die Grenze zum geistlichen Lied überschritten.

In der Reformation wurde der Meistersang durch Hans Sachs in ihren Dienst gestellt. Viele Lied-Dichter, vor allem aus Schlesien, Schwaben und – wie Sachs – aus Franken, taten es ihm nach. In den Meistersang ging nicht nur propagandistisches Wissen

Abb. 12: Titelblatt der Hans Sachs-Ausgabe von 1578 mit Portrait

ein. Auch andere Wissensbestände wurden in ihm aktualisiert, so dass er ein prominentes Vermittlungsmedium für die Menschen war, die nicht lesen konnten. Das Spektrum der auf diese Weise im Meistersang produktiv rezipierten Dichtung reichte von Ovids *Metamorphosen* und Boccaccios *Decamerone* bis hin zu grobianischen und burlesken Stoffen.

Exkurs

Hans Sachs (1494-1576)

Hans Sachs ist einer der wenigen bis heute bekannten Schriftsteller des 16. Jahrhunderts. Das hat verschiedene Gründe. Zunächst war der gelernte Schumacher produktiv wie kaum ein anderer Autor des 16. Jahrhunderts. Von ihm sollen rund 4000 Meisterlieder, über 1500 Spruchgedichte, 80 Fastnachtspiele und über 100 weitere dramatische Texte verfasst worden sein. Hinzu kommen zahlreiche Schwänke und Fabeln. Neben dieser nahezu unüberschaubaren Menge und diesem beeindruckenden Formreichtum ist bemerkenswert, dass Sachs seine Stoffe aus der *Bibel,* der heidnischen Antike und dem deutschen Mittelalter nahm. Zudem war er mit der Literatur des Humanismus vertraut. Dadurch wurde er wichtig für die Integration ausländischer Literaturentwicklungen in die deutsche Literatur. Ein wesentlicher Vorteil von Sachs war gewiss, dass seine Heimatstadt Nürnberg eine, wenn nicht ‚die' Handels- und Kulturmetropole des Reiches war.

Sachs war früh ein engagierter Parteigänger Luthers. Schon im Spruchgedicht *Die Wittembergische Nachtigall* von 1523 bekannte er sich zum Reformator.

Er unterstützte Luthers Aufwertung des Laienstandes, wie der religionspropagandistische Dialog *Disputation zwischen einem Chorherren vnd Schuhmacher* (1524) zeigt. Man kann davon ausgehen, dass beide gegenseitig vom Ruhm des anderen profitiert haben. Auf Luthers Tod hat Sachs einen Epitaph, eine literarische ‚Grabschrift', gedichtet. Darin legt er, der rhetorischen Tradition der Panegyrik entsprechend, dem zu Betrauernden zahlreiche günstige Attribute bei. Außerdem fordert er seine Leser auf, das Trauern einzustellen, weil Luthers Erscheinen in der Welt dem Elend ein Ende bereitet und die Macht des Teufels gebrochen habe:

Darumb so laß dein trawren sein,
Das doctor Martinus allein
Als ein uberwinder und siger,
Ein recht apostolischer krieger,
Der seynen kampff hie hat verbracht
Und brochen deiner feinde macht
Und ietz auß aller angst und not
Durch den milt barmhertzigen Got
Gefordert zu ewiger rhu![21]

Der Kirchenkampf, das Pathos der rhetorischen Lobrede und der Knittelvers – Sachs verbindet diese drei Elemente in seinem Epitaph zu einem intensiven Bekenntnis nicht nur zur lutherischen Reformation, sondern auch zur Person des Reformators. Durch dessen Gleichsetzung mit den Aposteln überhöht Sachs den Wittenberger Theologen und arbeitet seiner Glorifizierung vor. Auf diese Weise vermochte Sachs nicht nur dem Meisterlied und dem Fastnachtspiel, sondern auch anderen literarischen Genres immer wieder entscheidende Nuancen abzugewinnen.

Zusammenfassung

Die Lied-Dichtung des 16. Jahrhunderts hat es schwer. Den einen gilt sie als ‚volkstümlich', den anderen als plump und kunstfern. Beide Urteile gehen an der historischen Realität vorbei. Schlimmer noch: Sie versperren den Blick auf eine vielfältige Lied-Kultur, die ganz unterschiedliche Ausdrucksmöglichkeiten wie Kirchenlied und Meistersang kannte.

Literatur

Kemper, Hans-Georg: Deutsche Lyrik der Frühen Neuzeit, Bd. 1: Epochen- und Gattungsprobleme. Reformationszeit; Bd. 2: Konfessionalismus, Tübingen: Niemeyer 1987.

Kühlmann, Wilhelm, Lyrik im Zeitalter des Humanismus und der Reformation, in: ders., Vom Humanismus zur Spätaufklärung. Ästhetische und kulturgeschichtliche Dimensionen der frühneuzeitlichen Lyrik und Verspublizistik in Deutschland, hg. von Joachim Telle, Friedrich Vollhardt, Hermann Wiegand, Tübingen: Niemeyer 2006, S. 1-30.

Rettelbach, Johannes, Variation – Derivation – Imitation. Untersuchungen zu den Tönen der Sangspruchdichter und Meistersinger, Tübingen: Niemeyer 1993.
Schanze, Frieder, Meisterliche Liedkunst zwischen Heinrich von Mügeln und Hans Sachs, 2 Bde., München: Artemis 1983/84.

Fragen

1. Erläutern sie den Aufbau der Barform.
2. Führen sie am Beispiel des Meistersangs aus, weswegen die Trennung von weltlicher und geistlicher Lyrik im 16. Jahrhundert nur bedingt zu überzeugen vermag.

2.5 Fiktion und ‚Historie': die volkssprachliche Erzählliteratur

Unter dem Begriff ‚Erzählliteratur' werden fiktive und vermeintlich ‚historische' Erzähltexte zusammengefasst. Die Erzählliteratur des 16. Jahrhunderts ist vielfältig. Kleinformen sind ebenso beliebt wie lange Prosaromane. Die Erzählliteratur dient zunächst der Unterhaltung. Erzähltraditionen aus dem späten Mittelalter werden im 16. Jahrhundert fortgesetzt. Die Erzählliteratur reagiert thematisch auf die Reformation, bildet aber auch eigene thematische Schwerpunkte wie die derbe, grobianische Literatur aus.

Epische Großformen

Prosaroman

Dass die umfangreichen Erzählwerke des 15. und 16. Jahrhunderts heute meist Prosaroman genannt werden, soll sie historisch abgrenzen vom vorhergehenden Roman-Typ, dem höfischen Versroman des Mittelalters. Das Wort ‚Roman' wird sich in Deutschland erst im Barock durchsetzen. In der Reformationszeit kursierten diverse Namen für ausführliche Erzählungen. Im 19. Jahrhundert wurden im Kontext der romantischen Rückwendung zum Mittelalter und der Luther-Zeit viele Prosaromane als ‚Volksbücher' verstanden – als Ergänzung zum Wort ‚Volkslied' (vgl. Kap. 2.4.). Das meint, dass diese Texte vom ‚einfachen' Volk rezipiert worden sein sollen und Einblicke in dessen Wesen gewährten. Diese Deutung wurde korrigiert, als sich zeigte, dass die

Prosaromane zwar nicht ausschließlich am Hof, aber jenseits dessen in erster Linie vom Landadel und den gehobenen Stadtbürgern gelesen wurden. Der Prosaroman war damit gerade kein ‚Volksbuch', sondern ein Buch für gehobene Stände.

Der mit dem Prosaroman vollzogene Übergang vom Reimpaarvers zur Prosa ist ferner ein Hinweis darauf, dass der Vers „als mnemotechnisches Hilfsmittel"[22] entbehrlich wurde. Das kann als Indiz für sich verändernde Lektürepraktiken betrachtet werden. Der Prosaroman wurde vermutlich seltener vorgetragen und auch einzeln gelesen.

Formale Vielfalt

Lediglich die Tendenz zum episodenhaften Erzählen ist den meisten Prosaromanen gemeinsam. Ansonsten lassen sie sich kaum auf einen gemeinsamen Nenner bringen. Zum Teil haben sie ihren Ursprung in höfischen Romanen Frankreichs, zum Teil gehen sie aus kleineren Erzählformaten wie Novellistik oder Schwank hervor. Es dominiert nicht eine bestimmte Erzählweise.

Eine derart vielfältige Gattung hatte es vor dem Hintergrund des an der Klassik geschulten modernen Literaturbegriffs schwer, akzeptiert zu werden. Heute sieht man eben in dieser Vielfalt aber kein Beispiel mehr für ein literarisches Unvermögen ihrer Autoren. Statt dessen gelten sie als „experimentierfreudig"[23] und als hervorragendes Untersuchungsfeld, um die Entwicklung von „personaler Kommunikation zwischen Erzähler und Hörer, Sänger und Publikum" hin zum „Gespräch zwischen Buch und Leser"[24] zu untersuchen.

‚Histori'

Auch wenn sich die formale und thematische Vielfalt in diversen Gattungsbezeichnungen äußert (‚abenteuerliches Buch', ‚Geschichte'), dominiert doch das Wort ‚*Histori*' auf den Titelblättern. Dieses Wort verweist auf zweierlei: Der vorliegende Text reklamiert, eine ‚Geschichte' zu sein, also erzählt zu sein, und er behauptet, ‚wahr' zu sein. Nach modernem Verständnis mutet dieser zweite Anspruch für einen literarischen Text seltsam an. Die Prosaromane erhalten ihre Spannung aus der erklärten Faktizität der geschilderten Ereignisse. Deswegen ist es nur konsequent, wenn sich Autoren und Herausgeber in den Vorreden der Bücher um Nachweise bemühen, die die geschilderten Ereignisse glaubwürdig oder historisch wahrscheinlich machen sollen. Im Verlauf des 16. Jahrhunderts differenziert sich diese Fundierung des Erzählens in der Geschichte zu einem faszinierenden Spiel im Spannungsfeld von Fiktion und Wahrheit aus. In Vorreden oder in metareflexiven Passagen erfolgen Auseinandersetzungen mit dem Wahrheitsgehalt und der Wahrscheinlichkeit des Erzählten. Buchstäblich ‚wahr' muss nach Meinung vieler Erzähler die Geschichte gar nicht sein, wenn sie nur in sich wahrscheinlich und plausibel ist.

Thematische Differenzierung

Angesichts dieses pluralistischen Erscheinungsbildes stellt sich die Frage, ob eine Differenzierung der ‚Historien' überhaupt geleistet werden kann. Manuel Braun hat vorgeschlagen, sie in Historien von der Antike, vom Mittelalter und von der Neuzeit/Gegenwart zu unterscheiden.[25] Dieser Vorschlag ist überzeugend, weil er inhaltlich dem unterschiedlichen Charakter der historischen ‚Zeugnisse' gerecht zu werden vermag. Der Nachteil dieses Vorschlags liegt ebenfalls auf der Hand. Er projektiert die Dreiteilung der Geschichte in Antike, Mittelalter und Neuzeit auf den Prosaroman. Diese Gliederung war den Menschen des 16. Jahrhunderts fremd und wurde erst im folgenden Jahrhundert entwickelt.

Autor, Herausgeber, Bearbeiter

Jenseits des komplizierten Ineinanders von Historisierung und Fiktionalität ist der Prosaroman noch aus einem anderen Grund ein bedeutendes Forschungsfeld. An ihm lässt sich der in der postmodernen Diskussion wiederholt problematisch gewordene Begriff des Autors gut untersuchen. Viele Prosaromane sind anonym erschienen oder anonymisiert. Teilweise gerät der Autorname im Lauf der Tradierung in Vergessenheit. Selbst bei vielen Prosaromanen, deren Autoren wir kennen, lässt sich nicht mit Gewissheit sagen, ob der vorliegende Text tatsächlich auf den Autor zurückgeht oder ob nicht ein Drucker oder eine Herausgeber eingegriffen hat.

Dass der Prosaroman aus dem höfischen Versroman hervorgeht, zeigt der 1456 abgeschlossene, 1474 erstmals gedruckte Roman *Melusine* von Thüring von Ringoltingen (um 1415-1483). Die Handlung geht zurück auf einen französischen Versroman. Erzählt wird die Geschichte einer Liebe zwischen einem Adeligen und einer Fee, also der Liebe zwischen einem menschlichen und einem nicht-menschlichen Wesen. Das Glück der beiden Hauptfiguren (und damit die Handlung) schlägt um, da Melusines Andersartigkeit entdeckt wird und sie sich von ihrem Gatten Reymund trennt.

Abb. 13: ‚Melusine fliegt davon' – Bild aus dem gleichnamigen Prosaroman von 1474

In dieser phantastisch anmutenden Geschichte wird – anders als bei den meisten späteren Prosaromanen – der Begriff *,Histori'* nicht im Titel geführt. Es wird lediglich darauf verwiesen, dass Melusine eine Königin von Avalon sei („auß dem berg Awalon"). Damit wird die Erzählung in den Horizont der Artus-Sage gestellt. Wie sehr das erwähnte ,historische' Verständnis in diesem Buch trotzdem einschlägig ist, zeigt der Epilog, in dem Thüring Rechenschaft über die Wahrscheinlichkeit seiner Geschichte ablegt:

> Vnd ich hab auch gesehen vnd gelesen vil schöner hystori vnd bücher Es sey von künig Artus hof vnd von vil seiner Ritter von der Tafelrunde Es sey von her Ywan vnd her Gawan/ her Lanczelot/ her Tristan/ her Parcefal [...] Vnd mich beduncket aller der hystorien keine frömder noch abentewrlicher zesein dann dise/ [...] darumb nun das buch für ein warheit geschriben und erzelt werden mag [...].[26]

Vor dem Hintergrund seiner umfangreichen Lektüreerfahrungen sieht sich Thüring nicht nur legitimiert, das Buch zu schreiben. Sein literarisches Wissen gestattet ihm die Beurteilung, dass *Melusine* im Vergleich zu den anderen Geschichten rund um König Artus nicht ,fremder' und außergewöhnlicher zu sein scheint. Deswegen gilt *Melusine* dem Autor ,als eine Wahrheit', das heißt als ebenso wahrscheinlich wie die übrigen Artus-Erzählungen.

Im frühen 16. Jahrhundert war der Prosaroman weitgehend etabliert, so dass man sich in der Reformation bemühte, sich ihn für das je eigene konfessionelle und didaktische Anliegen dienstbar zu machen. 1535 erschien in Augsburg *Ein fast lustige vnd kurtzweylige Histori/ vonn der schönen Magelona*. Die Übersetzung aus dem Französischen hatte Veit Warbeck (um 1490-1534) für den kursächsischen Hof 1527 erstellt. Der Prosaroman handelt von der Liebe zwischen der Königstochter Magelone und dem Grafensohn Peter, die beide verliebt vor den Eltern fliehen, dabei aber voneinander getrennt werden und erst spät wieder zusammen kommen. Nun aber handelt das Liebespaar nicht mehr gegen den elterlichen Willen, sondern mit dessen Segen.

Abb. 14: ,Peter erkennt Magelone' – Abbildung aus dem Prosaroman von 1535

Da in der französischen Vorlage vermeintlich ‚katholische', ursprünglich schlicht vorreformatorische Bräuche geschildert werden (u.a. gründet Magelone ein Kloster, die Handlungsstruktur ist durch Gelübde geprägt), mag es zunächst erstaunen, dass ein solches Buch im Kontext eines lutherischen Hofes übersetzt wurde. Um für das Buch eine der lutherischen Lehre angemessene Rezeption sicherzustellen, verfasste der sächsische Prinzenerzieher und Kanzlist Georg Spalatin (1484-1545) eine Widmungsvorrede an Elisabeth von Einsiedeln, die Frau eines sächsischen Ritters. Darin erklärte er ihr stellvertretend für alle weiblichen Leserinnen:

> Wiewol nu inn disem büchlein von der meß/ walfarten/ ablaß/ anrüffung der lieben heyligen steet/ So will ich doch in kein zweyffel stellen/ ein jeder der zu zimlichen verstand gotes wort kommen ist/ werd sich darein wol der massen richten das er sein seligkeyt [...] allein vnd einig in gots lautern gnad vnnd barmhertzigkeit vnd im glaubenn an Jesum Christ suche [...].[27]

Angesichts der breiten Popularität des Prosaromans zumal bei adeligen Frauen sieht sich Spalatin zu einem Kompromiss genötigt und ist bereit, ein Buch zu verbreiten, das die spätmittelalterliche Frömmigkeitspraxis preist, wenn ihm insgesamt eine unterstützenswerte Moral zu Grunde liegt. *Magelone* eignete sich nach Meinung Spalatins, die Gehorsamspflicht der Kinder gegenüber den Eltern vorzuführen.

Exkurs

Historia von D. Johann Fausten

Die bekannteste Figur der deutschen Literaturgeschichte hat im 16. Jahrhundert ihren Ursprung: Johann (Heinrich) Faust. 1587 erschien in Frankfurt in der Druckerei von Johann Spies die *Historia von D.* [Doktor] *Johann Fausten*. Die Geschichte von Faust war zu diesem Zeitpunkt bekannt – und zwar in weiten Teilen Europas. Nur kurz nach dem deutschen Buch erfolgte die Dramatisierung des Faust-Stoffs durch den Engländer Christopher Marlowe (mutmaßlich 1588/89).

Das Faustbuch ging zurück auf Ereignisse, die sich in seiner jüngeren Vergangenheit ereignet haben sollen. Zeugnisse von Fausts Leben bzw. Gerüchte von seinen Taten kursierten seit Anfang des 16. Jahrhunderts. Gerade die Reformatoren berichteten mehrfach von Faust, so dass wir davon ausgehen dürfen, dass er eine bekannte Figur war, als das Buch anonym erschien. Aus literaturwissenschaftlicher Sicht ist es weniger deswegen bemerkenswert, weil es der Schlüsseltext für die weitere Entwicklung des Stoffs ist, sondern weil der Roman interessant komponiert ist und das Ineinander von historiographischer Darstellungsweise und historiographischem Anspruch einerseits und Fiktion andererseits wie kein anderes deutschsprachiges Buch des 16. Jahrhunderts perfektioniert hat.

Der Text versammelt unterschiedliche historische Darstellungsweisen. Zunächst ist er chronologisch aufgebaut. Der Erzähler schildert die Ereignisse vielfach „dokumentarisch“,[28] indem er Augenzeugenberichte und Briefe anführt. Sie sollen Authentizität in einem Maße suggerieren, wie sie die deutschsprachige Erzählkunst bis dahin nicht kannte. Außerdem werden Zitate, Absätze und Ausschnitte aus anderen Texten in die *Historia* einmontiert. Dabei bedient sich der Verfasser zahlreicher unterschiedlicher Quellen. Er zitiert aus reformatorischen Texten, aus Zauberbüchern, aus der populären Schwankliteratur und aus naturkundlichen und kosmologischen Büchern.

Selbstverständlich faszinierte das Publikum aber vor allem die Geschichte vom Schwarzkünstler. Faust durchlebt zahlreiche Abenteuer, verstrickt sich immer weiter in die schwarze Magie und wird zuletzt vom Teufel geholt. Sein Leib aber wird brutal zerstört:

> Das Hirn klebte an der Wandt/ weil jn der Teuffel von einer Wandt zur andern geschlagen hatte. Es lagen auch seine Augen vnd etliche Zäen allda/ ein greulich vnd erschrecklich Spectackel.[29]

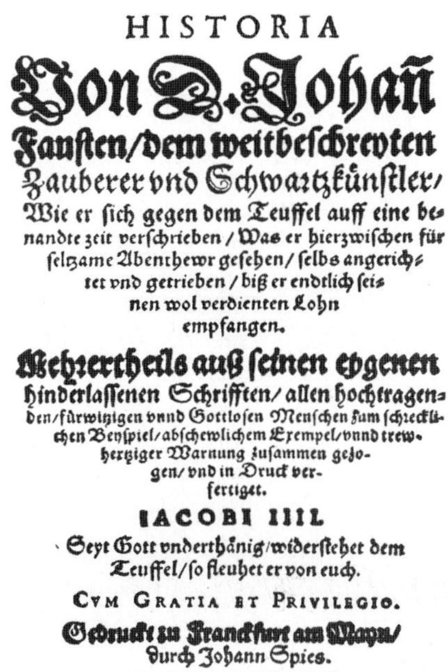
HISTORIA
Von D. Johan
Fausten/dem weitbeschreyten
Zauberer vnd Schwartzkünstler/
Wie er sich gegen dem Teuffel auff eine benandte zeit verschrieben / Was er hierzwischen für seltzame Abentheuwr gesehen/ selbs angerichtet vnd getrieben / biß er endtlich seinen wol verdienten Lohn empfangen.
Mehrertheils auß seinen eygenen hinderlassenen Schrifften/ allen hochtragenden/fürwitzigen vnnd Gottlosen Menschen zum schrecklichen Beyspiel/abschewlichem Exempel/vnnd trewhertziger Warnung zusammen gezogen/ vnd in Druck verfertiget.
IACOBI IIII.
Seyt Gott vnderthänig/widerstehet dem Teuffel/so fleuhet er von euch.
CVM GRATIA ET PRIVILEGIO.
Gedruckt zu Franckfurt am Mayn/ durch Johann Spies.
M. D. LXXXVII.
233. Das Volksbuch vom Dr. Faustus

Abb. 15: Titelblatt der *Historia Von D. Johann Fausten*, 1587

In der zweiten Hälfte des 16. Jahrhunderts wurde der Prosaroman formal wie inhaltlich problematisch. Das zeigt das Werk von Jörg Wickram (geb. um 1505, gest. vor 1562), der einer der wichtigsten deutschen Erzähler im 16. Jahrhundert war. Er schrieb mehrere Bücher, die in der Tradition der Ritterromane

Abb. 16: Titelbild des *Knaben Spiegel* von Jörg Wickram, 1554

stehen. Das gilt noch für *Der Goldtfaden* (wohl 1554 verfasst, 1557 gedruckt), in dessen Titel sich weiterhin der Begriff *Histori* findet. Ebenfalls 1554 publizierte Wickram seinen Roman *Knaben Spiegel*, den er schlicht ein ‚kurzweiliges Büchlein' nannte.

Veränderungen des Prosaromans

Der *Knaben Spiegel* zeigt, wie die Erzähltechniken und die inhaltlichen Kategorien des Prosaromans ihre Dominanz einbüßen. Wickram entwickelt die Handlung vom *Knaben Spiegel* entlang der biblischen Erzählung vom verlorenen Sohn. Damit verliert der Roman seinen sonst in Prosaromanen dominierenden episodischen Charakter. Außerdem zeigt sich, dass Humanismus und Reformation deutliche Auswirkungen auf die Stabilität der Ständestruktur hatten. Im Buch wird geschildert, dass durch tugendsames Leben und Bildungsanstrengungen sozialer Aufstieg möglich ist.

Ansätze poetologischen Denkens

Seinem didaktischen Impuls entsprechend, fügte Wickram dem Roman einen Text bei, der formal in der Tradition der humanistischen Dialoge (vgl. Kap. 2.2.) steht und in dem die ‚Wahrscheinlichkeit' des Romans diskutiert wird. Damit kombinierte er nicht nur verschiedene Darstellungsweisen, sondern nutzte die Möglichkeiten des Dialogs, um eine poetologische Auseinandersetzung zu führen.

Neulateinische Epik

Dass der Bildungsoptimismus der Humanisten sich nicht nur in der deutschsprachigen, sondern auch in der neulateinischen Literatur äußerte, liegt nahe. Die neulateinische Epik dieser Zeit war durchgängig in gebundener Rede gehalten, also in Versen. Lediglich die kleinen Erzählformen waren in Prosa. Es dominierten verschiedene Themen. Vor allem wandte sich die Epik religiösen Geschichten zu, wobei hier in der Folge der Reformation eine Schwerpunktverschiebung von der legendarischen hin zur biblischen Epik erfolgte. Daneben existierte die historische und biographische Epik (vgl. Kap. 3.5.). Es finden sich ferner allegorische und komische Epen, die vielfach Zeitbezug haben. Johannes Breidbach episierte 1560 die seit der Reformation virulente Idee der *militia christi*, des Dienstes für Christus, in einem Werk mit dem Titel *Militia christiana*, in dem u.a. die Allegorien

Ketzerei, Heuchelei und Götzendienst von den Gottesstreitern erfolgreich vertrieben werden.

Narrensatire, *Till Ulenspiegel* und Teufelsliteratur

Sebastian Brant: *Das Narrenschiff*

Wenn man von Luthers Bibelübersetzung absieht, ist das erfolgreichste deutschsprachige Buch des 16. Jahrhunderts wenn nicht gar der gesamten Frühen Neuzeit Sebastian Brants *Das Narrenschiff*. Es erschien 1495 erstmals in Basel. Im oberdeutschen Sprachraum verbreitete es sich rasant, wurde vielfach nachgedruckt – sowohl in der von Brant gewählten als auch in nicht autorisierter, veränderter Form. Schon zwei Jahre nach dem Erstdruck lagen eine niederdeutsche und eine lateinische Fassung vor, mit der das Buch endgültig einem europäischen Publikum zugänglich wurde und was seine Verbreitung in humanistischen Kreisen gewährleistete. Das *Narrenschiff* wurde der erste deutsche Bestseller, und Brant war der erste deutsche Schriftsteller, der internationale Bekanntheit erlangte.

Alltagssatire

Auch wenn das Buch umfangreicher ist als viele Prosaromane, ist es doch leichter zu rezipieren. Es enthält nebst einer knappen Vorrede über 100 kurze Narrenschilderungen. Sie sind zwischen 30 und 70 Knittelverse lang. Damit ist das *Narrenschiff* nicht episodisch wie der Prosaroman, sondern additiv aufgebaut, weswegen das Buch auch eine „Narrenrevue“[30] genannt wird. In der Vorrede wird das satirisch-moralische Konzept des Buchs vorgestellt. Die Welt sei voller Narren, ein regelrechtes Narrenschiff. Doch wird diese Metapher gleich überboten, wenn betont wird, dass ein Schiff allein gar nicht genüge, um alle Narren zu versammeln.

Vorgestellt werden unterschiedliche Narren, die sich nicht nur dadurch auszeichnen, dass sie eine Kappe, Schellen und den Narrenkolben tragen, sondern auch dadurch dass sie Alltagsfiguren sind. Es werden also nicht absonderliche, sondern betont konventionelle Figuren präsentiert. Brants Ziel ist es, jedem Menschen sein närrisches Verhalten vorzuführen und so durch die Satire zu bessern. Deswegen nennt er das Buch in der Vorrede einen *„Narrenspiegel“*.[31] Damit meint er, dass das Buch einem Spiegel gleiche, der jedem Leser vorgehalten werde, auf dass er sein eigenes närrisches Verhalten erkenne.

Aufbau

Jedes Kapitel folgt dem gleichen Aufbau. Vorangestellt sind ihm ein Holzschnitt, der den Narren zeigt, samt einer kurzen Bildunterschrift in drei oder vier Versen, in der der jeweilige Narr selbst spricht. Dann folgt eine längere Vorstellung des Narren über meist zwei Seiten. Durch die Bilder wurde die Beliebtheit des Buchs entschieden befördert. Denn es war dadurch nicht nur abwechslungsreich und anschaulich. Es eignete sich auch zum Vorlesen. Gleich der erste Narr ist ein Gelehrter:

Von unnützen Büchern

Dass ich im Schiffe vornan sitz,
Das hat fürwahr besondern Witz;
Nicht ohne Ursache ist das:
Auf Bücher ich mich stets verlaß,
Von Büchern hab ich großen Hort,
Versteh ich selten auch ein Wort,
[...].
Denn es genügt schon meinem Sinn,
Wenn ich umringt von Büchern bin.
[...].
Die Ohren sind verborgen mir,
Sonst säh man bald des Müllers Tier.[32]

Abb. 17: ‚Der Büchernarr'
– aus Sebastian Brants *Narrenschiff*, 1494:
Im Narrentanz voran ich gehe,
Da ich viel Bücher um mich sehe,
Die ich nicht lese und verstehe.

Brant macht mit diesem ersten Narren von Beginn an deutlich, dass das Narrentum vor keinem sozialen Stand halt macht und dass die, die sich gelehrt geben, oft gar keine Gelehrten sind, sondern lediglich einen gelehrten Habitus pflegen, um Mitmenschen zu beeindrucken.

Autorschaft und ästhetisches Bewusstsein

Das Narrenschiff ist jenseits seines Erfolgs und seiner weitreichenden Wirkung noch in einer anderen Hinsicht literaturgeschichtlich bedeutend. Brant hat sich in einer *Protestation* seit der dritten, von ihm autorisierten Auflage an ausdrücklich gegen Nachdrucke und das Fortschreiben gewandt:

> Einst hab ichs Narrenschiff gedichtet, | Mit großer Mühe aufgerichtet, | [...] Doch ist es nicht dabei geblieben, | Gar mancher hat, wie's ihm gefiel | – Vielleicht als er getrunken viel –, | Dran neue Reime wollen henken. [...] | Es kann nicht jeder Narren machen, | Er heiß' denn, wie *ich* bin genannt: | Der Narr Sebastian Brant.[33]

In dieser „Verwahrung" Brants tritt dem Leser offensiv ein Autor-Ich entgegen, das selbstbewusst sein geistiges Eigentum reklamiert. Brant führt ästhetische Gründe gegen die Interpolation an (die ‚schlechten' Reime derer, die eingegriffen haben) und betont seine Autorschaft mit der Schlusssignatur, die wir auch aus der Dramatik der Zeit kennen (vgl. Kap. 2.3.). Damit begegnet uns im *Narrenschiff* eine Sprecherinstanz, die Züge des modernen Autorverständnisses trägt.

Breite Rezeption

Brant wurde nicht nur nachgedruckt. Seine Dichtung wurde, wie es in der Frühen Neuzeit typisch war und was als eindeutiges Qualitätsmerkmal gelten muss, produktiv rezipiert. Dazu eignete sich das Werk, weil es durch die Reimpaare sententiös und sprichwörtlich wirkt. 1498/99 nutzte Geiler von Kaysersberg das *Narrenschiff*, um mehr als hundert moralische Narren-Predigten zu halten (vgl. Kap. 2.2.).

Geilers Schüler Thomas Murner (1474-1537) hatte in den Jahren vor der Reformation verschiedene Narrensatiren publiziert (etwa *Narrenbeschwörung* und *Schelmenzunft*, beide 1512), in denen er Brants revueartige Darstellungsweise in eine Handlung überführte. Murner wurde in den 1520er Jahren zu einem scharfen Luther-Gegner. Das bot ihm die Gelegenheit, die Narrensatire mit der Kritik an der Reformation und an Luther zu verknüpfen. 1522 erschien *Von dem grossen Lutherischen Narren wie in doctor Murner beschworen hat*. Damit verhöhnte Murner nicht nur Luther und dessen Anhänger. Er machte sich selbst zu einer Figur seiner Satire.

Die Figur ‚Murner' versucht zunächst, eine Burg gegen die nahenden Truppen Luthers zu verteidigen. Als der Reformator ihm jedoch seine Tochter anbietet, willigt Murner ohne zu zögern ein. Die versprochene Braut aber hat die Krätze, was Murner erst in der Hochzeitsnacht erfährt. Es kommt zum Bruch mit Tochter und Vater Luther. Die Murner-Figur bemüht sich vergeblich, den großen lutherischen Narren, die Personifizierung der Anhänger Luthers, von der römischen Lehre zu überzeugen. Als der große lutherische Narr ebenfalls stirbt, entbrennt ein Streit um dessen Erbe. Murner macht sich damit in seiner Satire nicht nur über fehlende christliche Standfestigkeit lustig. Auch deutet er nachgerade prognostisch die Aufspaltung der evangelischen Lehrmeinungen an, wie sie später ebenfalls in der Flugblatt-Literatur angegriffen wird (vgl. Kap. 2.2.).

Es ließen sich weitere Beispiele für die Vielfalt und die Wirkungsmacht der Narrensatire in der Frühen Neuzeit anbringen. Wichtige Autoren des 16. Jahrhunderts beriefen sich auf Brant. Auch Erzähler des Barock schätzten das *Narrenschiff*. 1703, also über zweihundert Jahre nach dem Erstdruck von Brants Erfolgsbuch, erschien *Wunderlicher Traum Von einem grossen Narren-*

Nest. Verfasser war der Leiter des Wiener Augustiner-Klosters und österreichische Hofprediger Abraham a Sancta Clara (1644-1709), der zugleich der vielleicht wichtigste katholische Satiriker um 1700 war. Bei ihm sitzen die Narren nicht mehr in einem Schiff, sondern in einem Nest – sie sind also gewissermaßen besondere ‚Vögel'. Die Nest-Metapher des Titels konsequent umsetzend, finden in Abrahams Dichtung nicht mehr unzählige Narren Platz, sondern nur noch zwölf Narren. Ein einfältiger, ein verliebter, ein geiziger sowie neun weitere Narren bevölkern das Nest und werden verspottet. Brants episodenhafte Darstellungsweise ist rund 200 Jahre später noch konstitutiv, auch wenn der Knittelvers abgelöst ist durch schmucklose Prosa. Ferner ist die Satire jetzt nicht mehr allgemein moralisierend. Abraham nennt historische Vorbilder für seine zwölf Narrentypen, wodurch das Buch weit polemischer wirkt als das brantsche Vorbild, ohne aber Murners *Von dem grossen Lutherischen Narren* zu gleichen, da dessen Handlungsrahmen bei Abraham fehlt.

Till Ulenspiegel

An der Schnittstelle zwischen Narrensatire und Historie bewegt sich das bis heute bekannte Buch *Ein kurtzweilig lesen von Dyl Vlenspiegel.* Die Überlieferungslage für dieses Buch ist kompliziert. Auch war lange Zeit unklar, wer die anonym publizierte Schrift geschrieben hat. Heute gehen wir davon aus, dass der erste vollständig erhaltene Druck 1509/1510 in Straßburg erschien, dass Herman Bote (1467-1520) maßgeblicher Verfasser und Thomas Murner an der Redaktion beteiligt war. Das Buch ist damit dem südwestdeutschen Kulturraum zuzuordnen. Das muss betont werden, weil die historische Ulenspiegel-Figur dem Braunschweigischen, also dem niederdeutschen Sprachraum entstammt und weil das Buch einen wesentlichen Ursprung in der mündlichen Erzähltradition hat. Die Insignien Ulenspiegels sind – *nomen est omen* – Eule und Spiegel. Der Spiegel verweist auf eine wichtige Funktion des Narren. Doch trägt Till nicht die typische Kappe.

Was ihn von den üblichen Narren der Literaturgeschichte unterscheidet, ist, dass er als historische Person ausgewiesen wird. Er soll um 1350 in Mölln gestorben sein, als Geburtsort wird Kneitlingen in der Nähe von Braunschweig angegeben. Das Buch ist episodenhaft aufgebaut und wird durch den biographischen Rahmen von der Taufe bis zum Tod zusammengehalten.

Abb. 18: Titelblatt von *Dyl Vlenspiegel*, 1515

Anders als die humanistische Narrensatire schildert der Erzähler die Ereignisse nicht distanziert moralisierend. Jede Historie ist in sich geschlossen und schwankhaft komponiert. Sie setzt auf burlesken, oft auch grobianischen Witz. Doch folgt daraus nicht, dass ausschließlich niedrige Stände Objekt des Spotts sind. Der Spiegel-Metapher entsprechend, kann der Spott jeden treffen und jedem gelten. Letztlich wird die gesamte Gesellschaft von Ulenspiegel vorgeführt: vom Papst über den Kaiser und die Fürsten bis hin zu einfachen Geistlichen, Handwerkern und Bauern. Der *Ulenspiegel* ist gekennzeichnet durch seinen Sprachwitz und seine Situationskomik.

Oftmals lebt der Witz vom Wörtlichnehmen. Ein bekanntes Beispiel liefert die 19. Historie. In ihr verdingt sich Till als Bäckergeselle. Als er eines Abends allein backen soll, fragt er den Meister, da dieser die Backstube frühzeitig verlassen will, was er denn backen soll. Entgeistert reagiert der mit einer ironisch gemeinten, rhetorischen Frage: „Bist du ein Bäckknecht und fragst erst, waz du backen solt? Waz pfligt man zu backen? Eulen oder Merkatzen.“[34] Am nächsten Morgen findet der Meister eben Eulen und Meerkatzen vor und jagt Till, nachdem er sich von ihm den Teig hat bezahlen lassen, davon. Der aber verkauft die sonderlich gestalteten Brote erfolgreich – zum Ärger des Meisters.

Till Ulenspiegel ist neben Johann Faust die zweite prominente literarische Figur des 16. Jahrhunderts, die bis heute bekannt geblieben ist – etwa in der Bearbeitung als Kinderbuch von Erich Kästner (zuerst 1938). Dass im historischen Eulenspiegelbuch vielfach Fäkalsprache und ordinäre Praktiken zu finden sind, darüber wird stillschweigend hinweg gesehen.

Teufelsliteratur

Wie die meisten anderen Formen der Prosaliteratur hat die Teufelsliteratur ihren Ausgang im Mittelalter. Wie schon das

Faust-Buch ahnen lässt, existierte ein ausdifferenzierter Teufelsglaube, der nicht nur in der erzählenden Literatur, sondern auch in der Dramatik Niederschlag fand. Vom Teufelsglauben konnten sich Protestanten wie Katholiken nicht frei machen. Luther war von der Existenz des Teufels überzeugt. Auch wenn das *Faust*-Buch zeigt, dass sich daran nicht unbedingt etwas änderte, so fand im Laufe des 16. Jahrhunderts trotzdem in der protestantischen Literatur eine Verschiebung statt. Die um sich greifende Teufelsliteratur diente nunmehr der Moral- und Sittendidaxe. So wurden in der Teufelsliteratur – ähnlich wie in der Narrensatire – schlechte Gewohnheiten angeprangert. Im Laufe des Jahrhunderts finden Ehe-, Lügen-, Sauf-, Wucher- und Zankteufel Eingang in die Literatur. Die Verfasser dieser Bücher sind wiederholt namhafte lutherische Geistliche, die auf unterhaltsame Weise versuchen, auf die Zeitgenossen einzuwirken. Dadurch haben sie einer Banalisierung des Teufelsglaubens vorgearbeitet, ohne dass dahinter eine aufgeklärte Programmatik stehen musste.

Epische Kleinformen

Schwank

Die Erzählliteratur der Reformationszeit wird dominiert von episodenhaftem Erzählen – das gilt für den Prosaroman wie für das *Faust*-Buch oder den *Ulenspiegel*. Trotzdem mutet dieser im Vergleich zu den anderen Büchern schlichter an. Das ist unter anderem der Erzähltradition geschuldet, in der er steht. Jede einzelne Erzählung des *Ulenspiegel* weist Schwank-Charakter auf. ‚Schwank' meint in diesem Zusammenhang eine Kurzerzählung, die in Prosa oder im Knittelvers stehen kann.

Die Konfliktkonstellation im Schwank ist einfach: Meist geraten zwei Personen aneinander, die unterschiedliche gesellschaftliche Typen repräsentieren. Dabei ist die Sympathie eindeutig verteilt. Der Leser bzw. Zuhörer solidarisiert sich mit dem Sieger des Konflikts. Der Verlierer wird verspottet. Die Erzählliteratur des 16. Jahrhunderts ist meist mitleidslos.

Der Schwank hat seine Ursprünge in der mittelalterlichen, mündlichen Erzähltradition und verliert in der Frühen Neuzeit langsam an Bedeutung. Strukturell ist er dem Witz verwandt. Er setzt auf abschließende Pointen. Allerdings wird ausführlicher im Schwank erzählt als im Witz. Der schwankhafte Charakter ist wesentliches Strukturmoment des *Ulenspiegel* und erklärt, weswegen bis heute Einzelerzählungen von Ulenspiegel kursieren, ohne dass die Gesamthandlung bekannt sein muss. Der Schwank gleicht strukturell der Fabel, mit der er die typisierte Darstellungsweise und das geringe Personal gemeinsam hat. Allerdings ist er weniger moralisierend und belehrend als sie. Neben dem Schwank in Prosa gibt es den dramatischen Schwank. Vielen Fastnachtspielen von Hans Sachs liegen Prosa-Schwänke zu Grunde – und umgekehrt.

Grobianismus

Als eine Variante der Schwank-Literatur kann die grobianische Literatur gelten. Auch sie hat ihren Ursprung im späten Mittelalter und wird verfasst, um die (fehlenden) Tischsitten satirisch zu thematisieren. In Brants *Narrenschiff* wird dieses Konzept im 72. Kapitel personalisiert und erweitert auf das unzüchtige Verhalten insgesamt. Ein neuer ‚Heiliger' mit Namen „Grobian" wird von Brant vorgestellt – einer Kurzform von ‚grober Johann'. „Wüst, schandbar Wort reizt auf und rüttelt | An guten Sitten unvermittelt, | Wenn man zu fest die Sauglock schüttelt",[35] heißt es in der Unterschrift zur Abbildung des ‚Sankt Grobian' bei Brant.

Die ‚Sauglocke schütteln' – das steht für ‚derbe Reden führen': Brant und in seiner Folge viele andere Satiriker versuchten, Verhalten zu normieren und mittels Literatur Anstandsregeln aufzustellen. Das wiederum erzeugte parodistischen Widerstand. Der Grobian des 16. Jahrhunderts wurde zu einer Gegen-Figur von Brants Narren. Mit dem Grobian fand die Fäkalsprache Eingang in die deutsche Literatur. Auch wurde zum Grobianismus geradezu aufgefordert. Damit war ein fundamentaler Schwenk in der Literatur des 16. Jahrhunderts vollzogen. Anders als die Satire sucht sich die grobianische Literatur nicht einfach ein Objekt ihres Spotts. Sie differenziert die deiktische, vorzeigende Dimension der Satire aus. Es wird nicht einfach auf den Verspotteten gezeigt, indem man ihn vorführt. Der Leser verbündet, ja solidarisiert sich für die Zeit der Lektüre mit Grobian. Das Lachen über sein Verhalten setzt jedoch das Wissen über die Verhaltensnormen voraus, so dass gleich-

Abb. 19: ‚Sankt Grobian' aus Sebastian Brants *Narrenschiff*, 1494

zeitig eine Distanznahme zu diesem absonderlichen Helden eintritt.

Eine solche Distanznahme forderte ein vergleichsweise reflektiertes und gebildetes Publikum. Deswegen verwundert es nicht, dass der bekannteste Grobian nicht in der Volkssprache, sondern in Latein Eingang in die deutsche Literatur fand. 1549 publizierte der lutherische Pfarrer Friedrich Dedekind (1524-1598) das Buch *Grobianus. De morum simplicitate* (‚Grobianus. Über einfältige Sitten'). Dedekind kannte nicht nur Brants *Narrenschiff*, er war auch sonst mit der humanistischen Literatur wohl vertraut, was sich in der Verswahl seines Buches äußerte. Die Verbindung aus sprachlicher Eleganz und derber Thematik verlieh seinem Werk zusätzlichen Reiz. Zwei Jahre später wurde der *Grobianus* von Kaspar Scheidt (gest. 1565) ins Deutsche übersetzt. Er fügte der Übersetzung weitere grobianische Erzählungen hinzu. Auch Dedekind erweiterte seine lateinische Fassung, so dass sich die grobianische Literatur im Verlauf des 16. Jahrhunderts immer weiter entwickelte. Sie blieb in der Frühen Neuzeit beliebt. Noch 1640 übersetzte Wenzel Scherffer von Scherffenstein (um 1603-1674) Dedekinds Buch. Nun wurde die Übersetzung auch in formaler Hinsicht ihrer Vorlage gerecht, Scherffer von Scherffenstein verwendete den Alexandriner, das hohe Versmaß des Barock.

Fazetie

Dedekind griff im *Grobianus* auf verschiedene Erzählmuster der schwankhaften Literatur zurück. Anders als im *Ulenspiegel* kamen seine literaturgeschichtlichen Vorläufer nicht aus der volkssprachlichen Literatur, sondern aus der lateinischen Renaissance. Zwischen 1438 und 1450 hatte der Humanist Gian Francesco Poggio Bracciolini (1380-1459) den *Liber facetiarum* verfasst, der erst 1470 posthum publiziert wurde. Das Buch enthält zahlreiche Witzerzählungen, Scherzreden, komische Sprichwörter und beißende Sprachspiele und begründete die Gattung Fazetie (von *facetum dictum*, ‚witziger Ausspruch'). Die Fazetien erfreuten sich bis zum Ende der Frühen Neuzeit großer Beliebtheit unter Gelehrten. Heinrich Bebel publizierte einen *Liber facetiarum*, womit er dieser Kleinform in Deutschland zum Durchbruch verhalf. Mitte des 16. Jahrhunderts wurde Bebels Buch übersetzt und erweitert. Das bekannteste Beispiel dafür ist Wickrams *Rollwagenbüchlein* (zuerst 1555).

Wickram integrierte in sein Buch Erzählungen von Sensationen und ‚Merkwürdigkeiten', bemerkenswerten Ereignissen. Die schwankhafte Literatur stand ihrer Gegenwart offen gegenüber und nahm die beispielhafte Literatur auf, die Exempla – kurze Geschichten über eine vorbildliche Tat, die ebenso in der

Predigt ihren Ort hatten, etwa als Predigtmärlein (vgl. Kap. 2.2.).

Eine Variante der Schwankliteratur war das *Lalebuch* von 1597. Es wurde im folgenden Jahr zum bis heute unter diesem Namen bekannten *Schiltbürger*-Buch. Es übernahm zahlreiche Schwänke aus mündlichen Überlieferungen und unterschiedlichen Büchern wie Wickrams *Rollwagenbüchlein* und verband sie mit der utopischen Erzählliteratur (1551 war Thomas Morus' europaweit rezipierte *Utopia* erschienen). Allerdings setzte das *Lalebuch* diese Tradition nicht einfach fort. Es verkehrte sie. In dem Buch dominiert nicht eine rationale Politik, sondern eine närrische mit letztlich katastrophalen Folgen. Am Schluss geht die Laleburg in Flammen auf.

Sprichwörtersammlung

Wie die Fazetie zeigt, kann die Prosaliteratur des 16. Jahrhunderts von beeindruckender Kürze sein. Es verwundert deswegen nicht, dass sich wie schon im Mittelalter im 16. Jahrhundert Sprichwörtersammlungen großer Beliebtheit erfreuten. Verstärkt wurde diese Tendenz in der Reformation durch Luther, der die memorative Bedeutung und den Wiedererkennungswert des Sprichworts schätzte. Eine der bekanntesten Sammlungen heißt *Sprichwörter. Schöne, Weise, Herrliche Clugreden vnd Hoffsprüch* (zuerst 1541). Sie stammt vom radikalen Reformator Sebastian Franck (1499-1542). Er war gekennzeichnet von Sendungsbewusstsein und großer Spiritualität. Vor diesem Hintergrund mag es seltsam erscheinen, dass gerade ein Mensch wie Franck kurz vor seinem Tod ein Sprichwörter-Buch veröffentlichte. Für die Zeitgenossen war diese Diskrepanz zwischen der Weltanschauung des Autors und seiner schriftstellerischen Praxis aber kein Problem. Francks Sprichwörter wurden im Lauf des Jahrhunderts in zahlreichen weiteren Sprichwort-Sammlungen abgedruckt. Dass man Francks Sammlung nicht distanzierter begegnete, lässt sich nur zum Teil mit dem geringen Wissen über den Autor erklären. Im Unterschied zu den meisten anderen Autoren des 16. Jahrhunderts war Franck recht prominent. Der Straßburger Theologe Martin Bucer ließ ihn 1532 aus der Stadt verweisen und den Verkauf seiner Schriften verbieten.

Scherzrede

Die epischen Kleinformen standen in der gesamten Frühen Neuzeit hoch im Kurs. Sie lebten im 17. Jahrhundert fort. Für den Barock typisch sollte die Scherzrede werden, die dezidiert scherzhafte Variante der antiken Kleingattung Apophthegma. In der Scherzrede wird einer typisierten oder historischen Person ein pointenhafter Ausspruch in den Mund gelegt, der mal stärker unterhaltend, mal stärker belehrend sein konnte. Die frühneuzeitliche Lust am vielfältigen Erzählen wird in den Kleinformen offensichtlich.

Exkurs

Johann Fischart (1546/47-1590)

Johann Fischart ist zusammen mit Wickram der wichtigste deutsche Erzähler des 16. Jahrhunderts. Er kam aus Straßburg, das schon vor der Reformation eine bedeutende deutsche Stadt war. Hier war der Humanismus stark, der sich im Verlauf der Reformation dem gelehrten Luthertum geöffnet hatte und für den der Leiter des Straßburger Gymnasiums, Johannes Sturm (1507-1589), stand. Auch wirtschaftlich war die Stadt erfolgreich.
Nach dem Besuch des Gymnasiums ging Fischart zu seinem Paten Kaspar Scheidt, dem Übersetzer des *Grobianus*, nach Worms. Von dort zog er nach Siena und studierte Jura. In Basel wurde er promoviert. Nach der Rückkehr in seine Heimatstadt erhielt er die Bürgerrechte, blieb nicht lange, sondern zog nach Speyer, wo er 1581 Advokat am Reichskammergericht wurde und heiratete. Drei Jahre später übersiedelte er nach Forbach in Lothringen, wo er jung starb.
Fischart steht für den Übergang vom Reformationszeitalter zum Späthumanismus wie vielleicht kein anderer Schriftsteller. Er gehörte der ersten Generation von Schülern an, die von den Bildungsreformen seit der Reformation umfassend profitierte. Durch Kaspar Scheidt und durch das Studium in Italien lernte er neben der antiken die französische und die italienische Literatur kennen. Doch würde dieses literarische Bildungsprogramm alleine nicht genügen, um Fischart als Bindeglied zwischen Reformation und Späthumanismus zu verstehen. Er war einer der ersten humanistisch gebildeten deutschen Schriftsteller, der sich vom Luthertum lossagte und zum Calvinismus konvertierte. Der Calvinismus sollte in den folgenden Jahrzehnten für viele Späthumanisten von großer Anziehungskraft sein.
Fischart schrieb in Prosa oder im Knittelvers. Seinen Gegenständen näherte er sich meist satirisch. Teilweise aktualisierte er grobianische oder burleske

Affentheurlich Naupengeheurliche Geschichtklitterung/
Von Thaten vnd Rahten der
vor kurtzen langen weilen Vollenwolbeschreiten Helden vnd Herren
Grandgusier/Gargantoa vnd Pantagruel/Königen inn Vtopien/Jedewelt vnd Nienenreich/Soldan der Neuen Kannarrien vnd Oudyssen
Inseln: auch Großfürsten im NubelNibelNebelland/ Erbvögt
auff Nichilburg/vnd Niderherren zu Nullibingen/Nullenstein vnnd Niergendheym.
Etwan von M. Frantz Rabelais Frantzösisch entworffen: Nun aber vberschrecklich lustig inn einen Teutschen Model vergossen/ vnd vngefärlich obenhin/ wie man den Grindigen laußt/ inn vnser MuterLallen vber oder drunder gesetzt. Auch zu disem Truck wider auff den Amposs gebracht/vnd dermassen Pantagruelisch verpossirt/ verschmidt vnd verdängelt/daß nichts ohn ein Eisen Nisi dran mangelt:
Durch Huldrich Elloposcleron.

Si laxes crepit:	Si premas erumpit.
Zu luck entkriechts:	Ein Truck entziechts.

Im Fischen Gilts Mischen.
Getruckt zur Grensing im Gänsserich. 1582.

Abb. 20: Titelblatt von Fischarts *Geschichtklitterung* (1582)

Sujets wie etwa in der kleinen vulgär-erotischen Satire *Flöh Hatz, Weiber Tratz* (zuerst 1573), in der der Widerstand der Weiber gegen die Flöhe im Genitalbereich geschildert wird. Der sexistische Humor dieses Buches zeigt Fischart als einen Freund von Wortspielen und -verdrehungen. In die Religionsstreitigkeiten mischte er sich mit Polemiken und einer Satire ein.

Anders als seine religionspolemischen Arbeiten ist seine Übertragung der Groteske *Gargantua und Pantagruel* von François Rabelais (gest. 1553), die Fischart erstmals 1575 in Deutsch vorlegte, noch heute bekannt. Eine normale Übersetzung ist die Arbeit nicht. Fischarts Werk ist in der letzten Fassung fast drei Mal so umfangreich wie seine Vorlage. Das liegt daran, dass er zahlreiche Ideen, Ergänzungen und Hinzufügungen vornahm, wodurch er die Maßlosigkeit der Handlung betonte.

Erzählt wird die Geschichte vom Sohn eines Riesenkönigs mit dem Namen Gargantua. Das ganze Buch ist eine Anhäufung von grotesken und grobianischen Witzen, von derben Scherzen und ungetümen Zoten, die durch das Prinzip des satirischen Verlachens auf eine indirekte Moraldidaxe zielen. Fischart verbindet seine ausufernde Lust am Erzählen mit den naturphilosophischen Überlegungen von Paracelsus (eigentlich Theophrast von Hohenheim, 1493-1541), der sich um einen Ausgleich zwischen Theologie und Medizin unter Berücksichtigung von Astrologie und Alchimie, die beide in der Frühen Neuzeit anerkannte Wissenschaften waren, bemühte. Auch wenn das überbordende Fabulieren vom modernen Leser eine Eingewöhnung verlangt, vermag die aus dem Werk sprechende Erzähllust den Leser bis heute in ihren Bann zu schlagen.

Aus Fischarts Stellung zwischen Reformation und Späthumanismus darf man nicht ein lineares Modernisierungsnarrativ ableiten. Wie bei wohl jeder literaturgeschichtlich zentralen Persönlichkeit des 16. Jahrhunderts finden wir bei ihm Momente, die uns ganz und gar ‚mittelalterlich' erscheinen. So war er, wohl weniger trotz als vielmehr wegen seines juristischen Wissens, ein wichtiger Propagator des Hexenglaubens, den er in das Rechtswesen einzupassen versuchte. Fischart übersetzte *De magorum daemonomania* von Jean Bodin (1529-1596) unter dem Titel *Vom Außgelaßnen Wütigen Teufelsheer* 1581 und im folgenden Jahr den berüchtigten *Hexenhammer* – zwei Schlüsseltexte für die Begründung von Exorzismus und Hexenverfolgung.

Zusammenfassung

Die Erzählliteratur des 16. Jahrhunderts ist facettenreich. In ihr dominiert der Prosaroman, der seine Wurzeln im späten Mittelalter hat. Ähnlich verankert sind andere Formen der Erzählliteratur. Die Narrensatire, die grobianische Literatur und die Facetie stehen zudem für einen produktiven Austausch zwischen volkssprachlicher Literatur und Humanismus. Das korrespondiert damit, dass die erzählende Literatur eigentlich immer ein didaktisches oder moralisierendes Anliegen verfolgt, auch wenn dies nicht immer offensichtlich ist.

Literatur

Braun, Manuel, Historie und Historien, in: Die Literatur im Übergang vom Mittelalter zur Neuzeit, hg. von Werner Röcke, Marina Münkler, München: Hanser 2004, S. 317-361.

Könneker; Barbara, Satire im 16. Jahrhundert. Epoche – Werk – Wirkung, München: Beck 1991.

Müller, Jan-Dirk (Hg.), Romane des 15. und 16. Jahrhunderts, Frankfurt/M.: Deutscher Klassiker-Verlag 1990.

Münkler, Marina, Volkssprachlicher Früh- und Hochhumanismus, in: Die Literatur im Übergang vom Mittelalter zur Neuzeit, hg. von Werner Röcke, Marina Münkler, München: Hanser 2004, S. 77-96.

Röcke, Werner, Fiktionale Literatur und literarischer Markt: Schwankliteratur und Prosaroman, in: Die Literatur im Übergang vom Mittelalter zur Neuzeit, hg. von Werner Röcke, Marina Münkler, München: Hanser 2004, S. 463-506.

Straßner, Erich, Schwank, Stuttgart: Metzler 1968.

Fragen

1. Episodenhaftes Erzählen ist typisch für das 16. Jahrhundert. Was dürften die Gründe dafür sein?

2. Was sind wichtige Kleinformen, haben sie jenseits ihrer Länge noch Gemeinsamkeiten?

Analysebeispiel Reformation: der *Flohkrieg* von 1530 2.6

Flohkrieg
Die weiber mit den flöhen,
die hand ein steten krieg,
sie geben gar auß lehen [Geschenke]
daß mans nur all erschlüg
und ließ ir kein entrinnen,
das wer die weiber rach,
so hettens frid beim spinnen
und in der küchen gmach!

Der krieg hebt an am morgen
und wert bis in die nacht,
die weiber tund nicht borgen
und heben an ein schlacht
und so die schlacht facht ane
werfens von in das gewand,
im streit sie nacket stane
weil sie zu fechten hand.

Und het ich allweg bare
ein gulden in der hand,
als oft die weiber faren
nach flöhen unters gwand:
ich würd ein reicher knabe
und het ein köstlichen zoll,
ich wolt bald gülden haben
ein gantze truhe voll!

Der bapst der kann nit bannen
die flöh so ungehewr;
sein brief mögen nit gelangen
wider der flöh fegefewr;
bannt er die flöh böse,
daß sie frid hielten recht,
so würd er noch gelt lösen
von dem weiblichen gschlecht![36]

Die vier Strophen behandeln das Thema ‚Flohkrieg' auf unterschiedliche Weise. In den ersten beiden Strophen wird vom Krieg der Weiber mit den Flöhen berichtet. Der ursprünglich als Flugblatt verbreitete Text ist also ein Lied mit typisch verhaltensnorminierendem Anliegen: Frauen seien regelmäßig ‚verfloht' und müssten sich dauernd kratzen. Moderat fällt die Schilderung des ‚Flohkriegs' selbst aus: Der Erzähler berichtet, wie sich die ‚Weiber' ganz auszögen, um die Flöhe zu bekämpfen. Doch folgt in der dritten Strophe nicht etwa eine Konkretisierung der Szene –

das wird der Phantasie des Rezipienten überantwortet –, sondern eine Veranschaulichung dafür, wie „oft die weiber [...] nach flöhen unters gwand" sich fahren. Der Sprecher behauptet, dass er, erhielte er für jedes Kratzen einen Gulden, ein reicher Mann sei. Damit gibt der Sprecher der Moraldidaxe Raum. Durch seine Hinweise macht er seine Abscheu vor den sich kratzenden Weibern deutlich und mahnt sie, dies zu unterlassen, indem er sie verspottet. Anders als Fischart in seiner knapp ein halbes Jahrhundert später publizierten Satire *Flöh Hatz, Weiber Tratz* wendet sich der anonyme Autor an die Frauen selbst, um sie zu schicklicherem Verhalten zu motivieren.

Eine überraschende Wendung nimmt der Text in der vierten Strophe, in der die normierende Dimension zu Gunsten einer religionspolemischen aufgegeben wird. Ausgangspunkt dieser Strophe ist die Feststellung der päpstlichen Ohnmacht gegenüber den Flöhen. Zwar sei es ausgemacht, dass die Frauen dem Papst viel Geld gäben, wenn er sie von den Flöhen befreite. Doch werde ihm das nicht gelingen. Der anonyme Verfasser verbindet den Spott über den Papst mit dem Flohkrieg. Vergleichsmoment ist der päpstliche Bann gegen Luther. Der Papst konnte zwar den Bann aussprechen, doch hatte der letztlich keine Konsequenzen.

Das Lied greift das Papsttum also nicht massiv an, wie es sonst in dieser Zeit üblich ist, sondern stellt die mangelnde Autorität des Papstes bloß, der es nicht einmal schaffe, verflohte ‚Weiber' für sich zu gewinnen. Dadurch wurde zugleich einem positiven Flohbild in der deutschen Literatur vorgearbeitet. Es war also nicht etwa ein kühner Schwenk Fischarts, als er die Flöhe zu den Protagonisten seiner Geschichte machte, sondern eine konsequente Weiterentwicklung eines älteren Motivs.

Aufbaumodul 2: Späthumanismus 1570-1630 3.

In der Zeit um 1600, die hier auf den Begriff des Späthumanismus gebracht wird, erlebt die humanistische Gelehrtenkultur eine zweite bzw. späte Blüte. Vom Aufschwung der Wissenschaften profitiert die Literatur. Dabei steht ihre Entwicklung in einem Spannungsverhältnis zur Politik. Während die politische Kultur von Konfrontationen und Auseinandersetzungen geprägt ist, kommt es zwischen lateinischer und volkssprachlicher Literatur zum Ausgleich. Am Ende des Späthumanismus stehen die epochalen Literaturreformen von Martin Opitz.

Gelehrtheit und Konfessionalisierung 3.1

Humanismus und Späthumanismus

Der Humanismus war in den Jahrzehnten vor und während der Reformation wesentlich für die gelehrte Kultur Europas. Einige Humanisten wie Melanchthon engagierten sich für die Reformation, andere waren erklärte Gegner. Wieder andere waren zwar mit den konfessionellen Streitigkeiten vertraut, primär aber interessierte sie die humanistische Bildungsprogrammatik und nicht die Festlegung auf eine bestimmte konfessionelle Position. Auf jeden Fall kam der Humanismus durch die Reformation nicht zum Erliegen.

Standeskultur

Schon die Gelehrten im Humanismus bildeten faktisch einen eigenen Stand. Zentral waren für sie die Latinität und die Absolvierung eines Studiums möglichst an einer italienischen Universität. Damit einher ging oft die Latinisierung des Namens. Auch standen viele Humanisten mit anderen in regelmäßigem Briefkontakt. Man schrieb sich nicht nur ausführlich und erörterte philologische und andere gelehrte Fragen – man sandte sich auch Bücher, Abschriften und Exzerpte von einschlägigen Texten zu und bat um Kommentierung. Auf diese Weise entstand die *res publica litteraria*, die Gelehrtenrepublik, die „übernational“[1] angelegt war und die sich über literarische *imitatio* (‚Nachahmung‘) der Antike und den gelehrten Austausch in Form von regelrechten Wettstreiten und Wettbewerben (*aemulatio*) definierte.

Wissenschaftsgeschichtliche Stellung

Die Eigenständigkeit des Späthumanismus zwischen Reformation und Barock zu betonen, ist keine neue Idee. Sie geht auf den Germanisten Erich Trunz zurück, der mit seinem 1931 erstmals erschienenen Aufsatz *Der deutsche Späthumanismus um 1600 als Standeskultur* den Begriff etablierte. Trunz führte den Späthumanismus ein, um erklären zu können, woher das Interesse der Barockliteratur an der antiken und zeitgenössischen romanischen Literatur kam. Der Späthumanismus ist dementsprechend weniger als eine Art Miniepoche zu verstehen, die fein säuberlich von der vorhergehenden Reformationszeit und dem folgenden Barock zu separieren ist, sondern vielmehr als eine Phase, in der durch weltliche Gelehrte zentrale Literaturreformen vorbereitet und angebahnt werden. Der Späthumanismus ist also eine Zeit der Intensivierung und des Übergangs. Der Literaturhistoriker Richard Newald hat deswegen in seiner Literaturgeschichte *Die deutsche Literatur vom Späthumanismus zur Empfindsamkeit 1570-1750* erklärt, dass die „Geschichte der neueren deutschen Literatur in den siebziger Jahren des 16. Jahrh[undert]s“[2] beginnt.

Späthumanismus und Konfessionalisierung

Trunz' Verständnis vom Späthumanismus argumentierte gegen eine Perspektive der deutschen Geschichtswissenschaft seit dem 19. Jahrhundert. In ihr wurde die Meinung vertreten, dass der vorreformatorische Humanismus von der Reformation abgelöst und damit *ad acta* gelegt worden sei. Humanismus nach der Reformation konnte es in diesem Konzept nicht geben. Trunz zeigte, dass es derart einfach nicht war. Die Reformation führte in den protestantischen Teilen des Reichs zu einer Ausdifferenzierung zwischen weltlichen und geistlichen Gelehrten, also zwischen den Theologen und den übrigen Akademikern. Die Folge war, dass an den Höfen ein verstärktes Interesse an humanistisch gebildeten Gelehrten bestand, was zu einem Aufschwung der Gelehrsamkeit im letzten Viertel des 16. Jahrhunderts führte. Späthumanisten waren als Ratgeber und Juristen gefragt, aber auch als Fürstenerzieher und Ärzte schätzte man sie. Gleichzeitig wurde durch Melanchthon der Humanismus mit dem Anliegen der Reformation konfrontiert, so dass es zu einem auf Frömmigkeit zielenden Bildungsprogramm kam, das unter dem Schlagwort *litterata pietas* (‚gelehrte Frömmigkeit') zusammengefasst wurde. Anders als der humanistische Reformator Melanchthon bekannten sich aber viele Späthumanisten nicht mehr zum Luthertum, sondern zur zweiten protestantischen Konfession, dem Calvinismus.

Ihr Interesse an der Literatur gaben die Späthumanisten neben ihren beratenden Tätigkeiten nicht auf. Ihr schriftstellerisches Können blieb gefragt. Sie verfassten für Feste und zu anderen Gelegenheiten Gedichte zum Lob ihres Herrschers. Fortgesetzt wurde die Tradition der Dichterkrönung (*poeta laureatus*), wobei die Verleihung dieses Titels weniger die Anerkennung eines bestimmten schriftstellerischen Werks bedeutete als vielmehr eine offizielle Anerkennung der Person.

In den katholischen Ländern des Reichs existierte die Dominanz der Theologen innerhalb des gelehrten Standes fort. Das hat die Forschungen zum Späthumanismus beschäftigt. Herbert Jaumann hat deswegen die Frage gestellt: „Gab es eine katholische respublica litteraria?“[3] Festhalten lässt sich, dass durch den Jesuitenorden und einzelne engagierte katholische Humanisten die humanistischen Bildungsreformen sowie die Auseinandersetzung mit der antiken Kultur und Literatur gepflegt wurden. Andererseits ließen die Jesuiten den ansonsten in der Gelehrtenrepublik akzeptierten überparteilichen Universalismus in theologischen Fragen nicht gelten. Dass viele Späthumanisten faktisch konfessionell indifferent waren und ohne Skrupel konvertierten, um den Ansprüchen des Arbeitgebers zu genügen, war für Theologen inakzeptabel und ließ die Späthumanisten in ihren Augen als fragwürdig und karrieristisch erscheinen.

Trotzdem bietet es sich an, die Literatur der Jesuiten im Modul zum Späthumanismus zu berücksichtigen, weil sie fast ausnahmslos lateinisch ist. Außerdem nimmt sie wesentliche Impulse der antiken und der neueren europäischen Literaturen auf. Sie hat also nicht nur ein gelehrtes Fundament, sie ist auch übernational orientiert. Dass die Anfänge der jesuitischen Literatur in die 1560er Jahre fallen – in ein Jahrzehnt, das nach üblicher Einteilung dem Späthumanismus vorausgeht – fällt angesichts dieser Argumente weniger ins Gewicht und verleiht den Jesuiten eine Art Vorreiterrolle.

Volkssprache

Die deutschen Humanisten standen mit Gelehrten überall in Europa im Austausch. Zu herausragenden Gelegenheiten und in Beschäftigung mit der antiken Literatur griffen sie zur Feder und betätigten sich als Schriftsteller. Außerhalb Deutschlands etablierte sich die Volkssprache zunehmend als Literatursprache neben dem Lateinischen. Die Späthumanisten in Europa unterstützten diese Entwicklung teilweise, teilweise lehnten sie sie ab. In Deutschland blieben sie der Volkssprache gegenüber lange Zeit reserviert. Es waren schließlich Einzelne (allen voran Martin Opitz), die die Volkssprache mit der antiken Literatur zusammenführten und dadurch die Weiterentwicklung der deutschen Literatur maßgeblich beförderten. Dieser Prozess ist von Newald als „Überwindung der lateinischen Tradition“[4] begriffen worden. Doch ist das nicht präzise. Denn zum einen war die lateinische Literatur mit dem Späthumanismus nicht am Ende. Zum anderen blieb die gesamte Literaturtheorie in der Antike verankert, was sich in den zahlreichen barocken Poetiken zeigen sollte. Dass Humanismus und Nationalliteratur nicht zwingend Konkurrenten waren, hatte sich ferner schon früh während der Renaissance in Italien gezeigt.

Niederlande und Späthumanismus

Die Universität Leiden, aber auch die Handelsstadt Amsterdam wurden von fast allen wichtigen deutschen Späthumanisten und in den folgenden Jahrzehnten von den deutschen Barock-Schriftstellern meist für längere Zeit besucht. Nachdem die nördlichen Niederlande in der Auseinandersetzung mit Spanien unabhängig geworden waren (die südlichen Niederlande – das heutige Belgien und der Norden Frankreichs – blieben spanisch), blühte in den ‚Generalstaaten‘, wie sich das Bündnis der nördlichen niederländischen Provinzen nannte, die Wirtschaft. Das war die Voraussetzung für ein Erstarken der Wissenschaften und Künste, aber auch des Nationalbewusstseins, das einherging mit einem Bekenntnis zum Calvinismus. Die niederländische Literatur entwickelte sich rasant und wirkte nach Deutschland.

Politische Situation

In der Geschichtswissenschaft geht man für die Zeit seit Mitte der 1580er Jahre davon aus, dass eine „Phase der Polarisierung“ einsetzte, der eine „Phase der Stabilität“[5] seit dem Augsburger Religionsfrieden 1555 vorausging. Er hatte die latente Kriegsgefahr zwischen Protestanten und Katholiken gebändigt. Die konfessionelle Frage den Landesfürsten zu überantworten, sorgte insgesamt für stabile Verhältnisse im Reich. Das zeigt sich daran, dass die Friedenszeit zwischen dem Augsburger Religionsfrieden und dem Dreißigjährigen Krieg zusammen mit unserer gegenwärtigen Friedenszeit die längste in der deutschen Geschichte ist. Anders als die aktuelle Friedenszeit kann die damalige aber keinesfalls als befriedet gelten – insbesondere seit Mitte der 1580er Jahre.

In Folge von wirtschaftlichem Niedergang kam es zu lokalen Unruhen. Die Hexenverfolgungen nahmen zu. Die Religionsstreitigkeiten verschärften sich. Man schreckte nicht mehr davor zurück, in Streitigkeiten zwischen Theologen die Hinrichtung des Gegners wenn nicht zu fordern, so doch nahezulegen. Auch der Streit um den Gregorianischen Kalender fiel in diese Zeit (vgl. Kap. 2.2.). Nachdem nach 25-jährigem Waffenstillstand der Krieg mit den Türken 1593 erneut entflammt war, brach im Reichstag ein offener Konflikt über die Finanzierung des Krieges, die sog. Türkenhilfe, aus. Teile der protestantischen Fürsten verweigerten die Zahlung – das Kampfgebiet im Südwesten verlief durch habsburgisches, also katholisches Territorium.

Gründung von Union und Liga

Die Zeit um 1600 wird heute in der Geschichte als Krisenzeit wahrgenommen, in der sich die Situation verschärfte. Das Reich war faktisch gespalten zwischen Katholiken und Protestanten. Das wurde 1608 offenbar, als zahlreiche (aber nicht alle) protestantische Fürsten- und Herzogtümer sowie wichtige evangelische Städte die Union gründeten, ein Defensivbündnis zur Wahrung der eigenen Rechte und mit einem eigenen Streitkräfteverbund. 1609 wurde das Gegenbündnis, die Liga, gegründet, die vom bayerischen Herzog Maximilian ins Leben gerufen wurde. Katholiken und Protestanten standen sich im Reich bewaffnet gegenüber.

Trotz der Tendenz zur Polarisierung sollte man nicht vergessen, dass sich die Gelehrten davon eigentümlich wenig berührt zeigten, wie der Aufschwung des Späthumanismus belegt – und das, obwohl sie als gelehrte Räte an Höfen und in den Städten das Säbelrasseln ihrer Herren nicht überhören konnten.

Neostoizismus

Ein Grund für dieses oftmals gleichmütig wirkende Erscheinungsbild der Späthumanisten war die weit verbreitete philosophische Strömung des Neostoizismus. Begründet wurde sie durch das 1584 erschienene und rasch übersetzte Buch *De Constantia libri duo* (‚Zwei Bücher von der Beständigkeit') des niederländischen Philosophen Justus Lipsius (1547-1606). Sein Hauptanliegen war es, *constantia* (‚Beständigkeit') zu vermitteln, also zu einem duldsamen, gleichmütigen und affektfreien Leben anzuhalten. Dadurch sollte es dem Menschen gelingen, die Wirren und Krisen des Lebens (persönliche Ereignisse ebenso wie allgemeine Schicksalsschläge, Naturkatastrophen oder Kriege) besser zu ertragen. Zurück geht der Neostoizismus auf die antike Philosophie, den Stoizismus von Seneca. Entscheidend für den Neostoizismus wurde, dass in ihm antikheidnische Elemente mit christlichen verbunden wurden, so dass das stoische Verhalten nicht nur

Abb. 21: Justus Lipsius (1547-1606)

als erstrebenswert galt, sondern auch als christlich. In diesem Sinne konnte der am Kreuz leidende Christus als Prototyp neostoischer Philosophie gelten. Der Neostoizismus blieb für die barocken Schriftsteller und Philosophen wichtig.

Zusammenfassung

In den Jahren um 1600 erfolgte in mehrfacher Hinsicht eine Neuausrichtung in Deutschland. Politisch lässt sich das an der Gründung von Union und Liga festmachen. In philosophischer und literarischer Hinsicht zielte die Neuausrichtung dagegen nicht auf Polarisierung, sondern auf Neuorientierung. Vom Aufschwung der Niederlande profitierten die deutschen Gelehrten in theologischer, philosophischer und literarischer Hinsicht.

Literatur

Grimm, Gunter E., Literatur und Gelehrtentum in Deutschland. Untersuchungen zum Wandel ihres Verhältnisses vom Humanismus bis zur Frühaufklärung, Tübingen: Niemeyer 1983.

Hammerstein, Notker, Gerrit Walther (Hg.): Späthumanismus. Studien über das Ende einer kulturhistorischen Epoche, Göttingen: Wallstein 2000.

Kühlmann, Wilhelm, Gelehrtenrepublik und Fürstenstaat. Entwicklung und Kritik des deutschen Späthumanismus in der deutschen Literatur des Barockzeitalters, Tübingen: Niemeyer 1982.

Trunz, Erich, Der deutsche Späthumanismus um 1600 als Standeskultur, in: ders., Deutsche Literatur zwischen Späthumanismus und Barock. Acht Studien, München: Beck 1995, S. 7-82.

Fragen

1. Was versteht man unter Neostoizismus?
2. Wie lässt sich das Verhältnis von katholischer Gelehrsamkeit und *res publica litteraria* beschreiben?

3.2 Ausdrucksformen späthumanistischer Gelehrsamkeit: Briefkultur, Emblematik und Poetik

Die Späthumanisten pflegen eine umfassende Briefkultur, die entscheidend ist für die Existenz der Gelehrtenrepublik. Wichtige künstlerische Ausdrucksform ist die Emblematik, die im Späthumanismus breitenwirksam wird und es bis zum Ende der Frühen Neuzeit bleibt. Das theoretisch-gelehrte Interesse der Späthumanisten zeigt sich in der theoretischen Beschäftigung mit der Dichtkunst. Zunächst außerhalb Deutschlands werden erste Poetiken geschrieben. Relativ spät, 1624, verfasst Martin Opitz die erste deutsche Poetik, die die deutsche Barockliteratur prägen wird.

Briefkultur

Dass sich die Menschen der Frühen Neuzeit Briefe schrieben, um über weite Strecken miteinander zu kommunizieren, ist selbstverständlich. Briefe wurden wie heute aus politischen, wirtschaftlichen und privaten Gründen geschrieben. Die Briefe gehorchten – wie auch unsere – bestimmten Regeln. Im Unterschied zu heute wurde das Wissen über die Art und Weise, wie Briefe zu schreiben sind, nicht primär durch ein *learning by doing* vermittelt, sondern umfassend gelehrt. Wie in der Rhetorik üblich, konnte dies auf zwei Wegen geschehen. Entweder man imitierte *exempla*-Texte, oder man lehrte die Komposition eines Briefes mit Hilfe eines der zahlreichen Briefsteller, die schon in der römischen Antike zur Verfügung standen und im Humanismus weiterentwickelt wurden. Noch in der Aufklärung wurde das Briefeschreiben mittels Briefstellern gelehrt.

Wie hoch die Briefkultur angesehen war, veranschaulicht, dass eine humanistische Persönlichkeit wie Erasmus von Rotterdam einen Briefsteller verfasste. Sein Buch *De conscribendis epistolis* (‚Anleitung zum Briefschreiben', 1522) deckt das gesamte Briefspektrum vom privaten Brief bis zum Schmähbrief, vom persönlichen Bittgesuch bis zum Klagebrief ab. Aufgebaut ist jedes Kapitel gleich, indem Regeln für Anrede (*salutatio*), Eröffnung (*exordium*), Schilderung des Sachverhalts (*narratio*), ggfs. Ersuchen/Bitte (*petitio*) und Schluss (*conclusio*) genannt werden. Sodann folgen Beispiele.

Kein Ausdruck von Individualität

Auf Grund ihrer rhetorischen Normiertheit ist es problematisch, private Briefe der Frühen Neuzeit als Ausdruck von Individualität zu lesen. Zwar gestatten die Briefsteller dem erfahrenen Schreiber Spielräume, doch lässt sich meist nicht rekonstruieren, inwieweit ein Einzelbrief solche ausreizt. Statt dessen lassen die Briefsteller Rückschlüsse auf gesellschaftliche Werte und Normen zu, die in ihnen indirekt zum Ausdruck kommen.

Späthumanistische Korrespondenznetzwerke

Anders als die Briefkultur im Humanismus und in der Aufklärung ist sie für Späthumanismus und Barock vergleichsweise schlecht aufgearbeitet. Die Publikation von Briefstellern scheint nach ihrem Aufschwung im 16. Jahrhundert zu Beginn des 17. zurückgegangen zu sein. Folgen für die Briefproduktion hatte das aber allem Anschein nach nicht. Diese Vermutung legt das umfassende Brief-Netzwerk von Georg Michael Lingelsheim (ca. 1557-1636) nahe. Über 2000 Briefe von und an den am kurpfälzischen Hof tätigen Späthumanisten sind erhalten oder lassen sich rekonstruieren. Sein Korrespondenznetzwerk, zu dem etwa 80 Briefpartner zählten, erstreckte sich über weite Teile Europas.[6]

Volkssprachliche Briefe

Abb. 22: Georg Michael Lingelsheim (ca. 1557-1636)

Wegen seiner breiten Verankerung im Alltag lässt sich am Brief gut beobachten, wie durchlässig volkssprachliche und lateinische Schriftkultur in der Frühen Neuzeit sein konnten. Ein Gelehrter wie Lingelsheim schrieb seinen späthumanistischen Korrespondenzpartnern lateinische Briefe. Ein deutscher Brief wäre unangemessen gewesen. Andererseits aber existierten volkssprachliche Briefsteller etwa für Notare, Kanzlisten oder Handelsleute. Privaten Briefverkehr zwischen Bürgern kennen die volkssprachlichen Briefsteller aber lange Zeit nicht, sondern nur die humanistischen, lateinischen. Just in der Blüte des Späthumanismus entstanden aber auch erste volkssprachliche Briefsteller, die private Anlässe für Briefe behandeln. 1604 etwa erschien das *Rhetoric/ Titular: vnd Epistelbüchlein* des Basler Juristen Johann Rudolph Sattler (1577-1628). Erst in dieser Zeit etablierte sich eine Form des Briefverkehrs, die uns selbstverständlich ist: der verwandtschaftliche oder freundschaftliche Brief in der Volkssprache. Wie nahe diese frühneuzeitliche Literaturform der poetischen Praxis stand, erwies sich ein halbes Jahrhundert später. 1655 erschien der *Teutsche Sekretarius*, ein Briefsteller des Barock. An ihm waren mehrere Verfasser beteiligt. Als maßgeblich gilt der Nürnberger Jurist Georg Philipp Harsdörffer (1607-1658), der einer der wichtigsten Schriftsteller seiner Zeit war (vgl. Kap. 4.3. u. 4.5.). Harsdörffer nahm eine Ausweitung ins Private vor, die ‚Frauenzimmer' gerieten ins Blickfeld seiner Überlegung. Auch die galante, spätbarocke Literatur, die sich stark an den Förmlichkeiten der Hofkultur orientierte, setzte sich mit dem Brief auseinander. Die Frühe Neuzeit legte damit das Fundament dafür, dass das 18. Jahrhundert zum ‚Zeitalter des Briefes' werden konnte.

Emblematik

Ähnlich wie die Kunst des Briefschreibens hat die Emblematik ihre Ursprünge in der Zeit vor dem Späthumanismus. Ebenso wie jene ist diese entschieden in der gelehrten, lateinischen Praxis verankert. Im Unterschied zum Brief ist die Emblematik jedoch nicht an einen individuellen Rezipienten oder einen engen, überschaubaren Rezipientenkreis adressiert. Anders als die Briefkunst ist sie eine junge Kunst. Sie findet auch keine Fortführung in der Empfindsamkeit und der Aufklärung.

Andreas Alciatus: *Emblematum liber* (1531)

Eindeutig wie sonst selten lässt sich der Beginn dieser Kunstform fassen: 1531 publizierte der Mailänder Jurist Andreas Alciatus den *Emblematum liber* in Augsburg, von wo aus das Buch seinen Triumphzug durch die frühneuzeitliche Kultur antrat. Allein von diesem Buch existierten nach dem Westfälischen Frieden über 150 Ausgaben, Übersetzungen und Erweiterungen. In allen Ländern Europas erschienen weitere, meist lateinische Emblembücher.

Aufbau eines Emblems

Grundsätzlich ist ein Emblem dreigeteilt. In der Mitte steht ein Bild (*pictura*), das einen vordergründig beliebigen Gegenstand zeigt. Dieser muss grundsätzlich Verweischarakter haben. Umrahmt wird die *pictura* von der *inscriptio* (‚In- bzw. Überschrift') und der *subscriptio* (‚Unterschrift'). Wegen ihrer Kürze und ihres oft allgemeinen, sentenzhaften Duktus verleiht die *inscriptio* in Verbindung mit der *pictura* dem Emblem zunächst einen rätselhaften oder zumindest nicht eindeutigen Charakter. Funktion der *subscriptio* ist es, diesen nicht nur aufzulösen, sondern Ausdeutungsmöglichkeiten zu vereindeutigen. Der Anteil der *pictura* an diesem Deutungsprozess ist unterschiedlich. Sie kann stärker auf Seite der *inscriptio* stehen, aber auch stärker auf Seite der *subscriptio*. Auch müssen nicht immer beide Text-

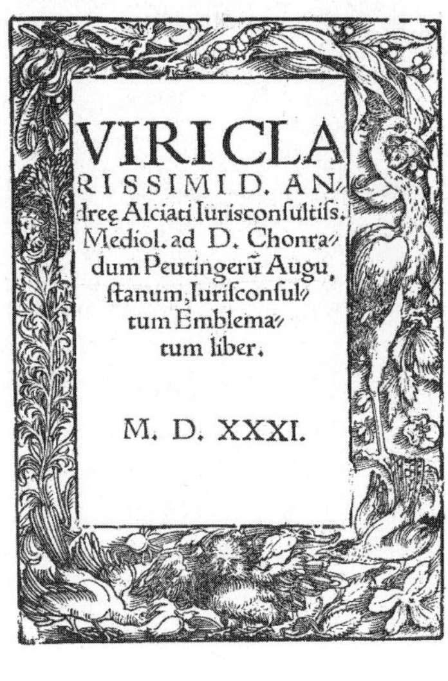
VIRI CLA
RISSIMI D. AN
dreę Alciati Iurisconsultiss.
Mediol. ad D. Chonra-
dum Peutingerũ Augu,
stanum, Iurisconsul-
tum Emblema-
tum liber.

M. D. XXXI.

Abb. 23: Titelblatt von Alciatus' *Emblematum liber* (1531)

USU DIVERSO.

Usu diuerso diuersa insecta probantur:
Colligit haec virus; colligit illa favum.
Ut cuique est animus quoque sic operatur: et una
Usus diuersos Res habet atque capit.

Verschiedener Gebrauch

AN einer Blumm ein Bien vnd Spinn /
Haben beyde jhren Gewinn.
Diese sucht Honig: Jene Gifft /
Eine Natur d'andr vbertrifft.
Klug wird genendt derselbig Mann /
Der böß zum guten brauchen kan.

Abb. 24: Usu Diverso: Rosenemblem aus Jacob von Brucks *Emblemata moralia* (1615)

teile des Emblems vertreten sein, was die Einsatzmöglichkeiten des Emblems in der gelehrten Kultur entschieden vervielfältigt hat. Faktisch gilt die dreiteilige Emblemstruktur nicht ausschließlich, wie es das reichhaltigste Nachschlagewerk zur Emblematik, das Handbuch *Emblemata* von Arthur Henkel und Albrecht Schöne, suggeriert.

Die Funktionsweisen und Deutungstechniken der Emblematik bieten Raum für zahlreiche Forschungskontroversen. Das liegt zum einen daran, dass das Wechselspiel zwischen Bild und Text in der Emblematik sich einer Forschungsposition widersetzt, die Hans Belting formuliert hat und die für das Mittelalter von einer Gleichberechtigung von Bild und Text, spätestens seit der Reformation aber von einer zunehmenden Dominanz des Textes gegenüber dem Bild ausgeht.[7] Ebenso offen ist die Frage, welche Deutungspotentiale der *pictura* inne sind. Sie rekurriert auf das Vorwissen des Rezipienten.

Geistliche und weltliche Emblematik

Gegenwärtig geht die Forschung von einer Trennung zwischen weltlicher und geistlicher Emblematik aus. Eine solche Trennung ist in der Frühen Neuzeit immer schwierig. Doch ist das nicht entscheidend. Mit der Ausweitung auf geistliche Themenfelder widersetzt sich die Emblematik dem Konzept der Säkularisierung (vgl. Kap. 1.2.). Denn die ‚Sinnbildkunst', wie sie vielfach genannt wurde, ist ursprünglich eine weltliche Kunstform, die sich in ihrer weiteren Entwicklung in der geistlichen Kultur etablieren konnte. Sie drang beispielsweise in die Frömmigkeitspraxis ein. Geistliche Embleme dienten zuvörderst der Meditation und der Andacht.

Allegorese

Entscheidend für die Deutung der Embleme ist die Deutungspraxis der Allegorese. Sie geht zurück auf die theologische Hermeneutik des Mittelalters. Neben dem wörtlichen Sinn (*sensus literalis*) kannte sie drei weitere Möglichkeiten der Auslegung (vgl. Kap. 4.2.). Im Emblem ist die Verweisstruktur nicht wörtlich, sondern allegorisch. Der in der *pictura* abgebildete Gegenstand verweist auf eine weitere Bedeutung, die mittels der Allegorese aufgelöst wird. Während jedoch die literarische Allegorie ambivalent ist, weil sie mehrere Ausdeutungen ermöglicht, funktioniert das Emblem vereindeutigend. Durch die *subscriptio* wird die *pictura* auf eine Deutung festgelegt.

Verankerung auch in der barocken Kultur

Die Emblematik ist zunächst eine Buchkunst, wie schon Alciatus' Emblembuch zeigt. In ihm sind zahlreiche Einzelembleme versammelt und nach Themenkreisen sortiert. Diese thematische Gliederung setzte sich in den folgenden Jahrzehnten fort und durch. Viele Emblembücher sind auf bestimmte Themenkreise konzentriert. Beispielsweise dominiert in einigen geistlichen Emblembüchern die Herz-*pictura*. Auf diese Weise wird der Themenkreis der Liebe Gottes vielfach variiert und regelrecht durchdekliniert.

Aber die Bedeutung der Emblematik reichte über die Emblembücher hinaus. Sie war wichtig für das barocke Trauerspiel (vgl. Kap. 4.4.). Ebenso waren Embleme beliebt bei barocken Festen und anderen Gelegenheiten wie Trauerfällen oder Hochzeiten. Selbst auf Gegenständen des täglichen Lebens wie Möbeln finden sie sich.

Poetik

Mit den *artes liberales* avancierte die Rhetorik nicht nur zu einer der drei gelehrten Elementartechniken neben Grammatik und Dialektik (vgl. Kap. 2.1.). Durch die Reformation war es zu einem breiten Aufschwung der religiösen Zweckformen gekommen. Die Bedeutung der Rhetorik war damit fundamental für die Kultur der Frühen Neuzeit, was auch die Briefsteller, die Homiletik (vgl. Kap. 2.2.) und die Emblematik belegen. Noch fehlte im Reich jedoch weitgehend die Auseinandersetzung mit einer Disziplin, die in der Antike zwar ein eigenes Feld war, innerhalb der *artes liberales* aber in den Kompetenzbereich der Rhetorik fiel: die Poetik.

Poetik und Rhetorik

Diese Feststellung mag zunächst überraschen. Für die antiken wie die frühneuzeitlichen Poetiker wäre sie aber nicht bemerkenswert. Ihnen war klar, dass Poesie gemacht wurde und dass sie Regeln gehorchte, die eng mit denen der Rhetorik verwandt oder dieser entlehnt waren. So war es für die Poesie wie für die Rhetorik selbstverständlich, dass Stoffe und Themen zunächst gesucht (*inventio*), dann geordnet (*dispositio*) und schließlich versprachlicht (*elocutio*) werden mussten. Dass dabei das reichhaltige Arsenal rhetorischer Figuren zur Verfügung stand (von der Allegorie bis zum Zeugma),[8] stand frühneuzeitlichen Rednern wie Schriftstellern vor Augen – allein schon deswegen, weil sie im Rhetorikunterricht nicht nur das Abfassen von Briefen und Reden lernten, sondern auch das von Gelegenheitsgedichten für Hochzeiten oder Begräbnisse.

Auch die deutschen Poetiker des Späthumanismus und des Barock betrachteten deswegen die Poetik als einen Teil der Rhetorik. Noch Ende des 17. Jahrhunderts war diese Meinung weitgehend Konsens. Dass sich in der Frühen Neuzeit Poetik und Rhetorik näher standen als heute, liegt daran, dass Intentionalität und mit ihr ‚Überredung' und ‚Überzeugung' (*persuasio*) in der Frühen Neuzeit für die Poesie weit wichtiger waren als in den folgenden Epochen. Die Lehre des Horaz, dass Dichtung ‚nutzen' *und* ‚erfreuen' solle („*prodesse et delectare*"), wurde erst von der Autonomieästhetik des 18. Jahrhunderts bezweifelt.

Poetik im 16. Jahrhundert

Neben den beiden entscheidenden Poetiken der Antike, der von Aristoteles und der von Horaz, erschienen im Verlauf der Frühen Neuzeit zahlreiche Poetiken, die verschiedene Schwerpunkte setzten. Der erste deutsche Poetiker war Conrad Celtis (1459-1508). Er schrieb vermutlich 1486 die *Ars versificandi et carminum* (‚Kunst des Versifizierens und der Lieder/Gedichte'). Doch wurden Poetiken im 16. Jahrhundert meist außerhalb des Reiches verfasst. Wichtig waren die von Pierre de Ronsard (1525-1585) oder die vom Niederländer Daniel Heinsius (1580-1655). Vielleicht noch einflussreicher als dieser wurde für die deutsche Literatur Julius Caesar Scaliger (1484-1558), dessen *Poetices libri septem* (‚Sieben Bücher über die Dichtkunst') 1561 posthum erschienen.

Julius Caesar Scaliger

Die *Poetices libri septem* sind, wie der Titel erahnen lässt, ein enzyklopädisch anmutendes Werk. Ihr Verfasser legte eine Summe der antiken und zeitgenössischen lateinischen Dichtkunst vor. Die zeitgleich schon greifbare Tendenz zur volkssprachlichen Dichtung ignorierte er weitgehend. Philip Sidney (1554-1586) verneigte sich in seiner 1583 geschriebenen *Defence of Poetry* höflich vor Scaliger, setzte sich aber schon mit der volkssprachlichen Literatur auseinander und kritisierte Scaliger dadurch indirekt. Aus dessen Sicht war es dagegen in Ordnung, sich auf die lateinische Poesie zu konzentrieren. Er verfolgte mit seinen sieben Büchern das Ziel, zur lateinischen Dichtung auszubilden.

Scaliger-Rezeption in Deutschland

Während im restlichen Europa Scaligers Poetik wohl geschätzt, aber eben auch kritisch beurteilt wurde, war dies in Deutschland anders. Im deutschen Späthumanismus war die Geringschätzung der volkssprachlichen Dichtung viel größer. Während im rhetorischen Schrifttum ein Austausch zwischen den beiden Sprachen stattfand, berührten sich die volkssprachige und die lateinische deutsche Dichtkunst weiterhin nur punktuell. Die späthumanistischen Schriftsteller waren zwar mit der antiken Poesie und Poetik vertraut, eine Synthese aber oder eine umfassende Integration formaler Momente der lateinischen in die deutsche Dichtung blieb weitgehend aus.

Poetik und Volkssprache

Die deutschen Späthumanisten zeichneten sich lange Zeit durch ihre Geringschätzung der deutschen Sprache aus. Einer der ersten, der damit brach, war Georg Rodolf Weckherlin (1584-1653). Er forderte nicht nur, die deutsche Sprache zu einer ‚wahren' Dichtungssprache, d.h. zu einer eleganten, mit dem antiken Formenreichtum spielenden Sprache zu machen. Weckherlin griff von 1610 an die Odenform auf und spielte mit ihr. Er schrieb 1616 das erste deutsche Sonett mit dem Titel *Die spiegelmacher an das Frawenzimmer*. Das aus Anlass einer fürstlichen Taufe in Stuttgart geschriebene Gedicht widmete Weckherlin der Herzogin von Württemberg.

Doch war damit nicht der Damm zwischen deutscher und lateinischer Dichtung gebrochen. 1617 publizierte Martin Opitz die schmale Kampfschrift *Aristarchus sive de contemptu linguae Teutonicae* (‚Aristarch oder: Von der Verachtung der deutschen Sprache'). Aristarch von Samothrake war ein griechischer Rhetoriker und Philologe, der für die Reinheit der griechischen Sprache und intensive Kenntnis Homers stand. Ihn führte der Späthumanist Opitz an, um für die deutsche Sprache zu werben – bezeichnenderweise in einer lateinischen Schrift. Was uns seltsam anmuten mag, erklärt sich aus der Ablehnung des Deutschen bei den Späthumanisten. Sie konnte Opitz nur erreichen, wenn er in ihrer Sprache schrieb.

Buch von der Deutschen Poeterey

Der *Aristarchus* ist heute weitgehend unbekannt. Mit dem Namen Martin Opitz verbindet die Germanistik eine andere Schrift: das 1624 veröffentlichte *Buch von der Deutschen Poeterey*. Es ist ein Meilenstein in der deutschen Literaturgeschichte und gilt vielen Literaturhistorikern als Gründungsmanifest der deutschen Literatur.

Aufbau der *Deutschen Poeterey*

Im Unterschied zu Scaligers Poetik ist das Buch von Martin Opitz kein enzyklopädisches Monument, sondern ein schmales Heftchen, das im Original nicht einmal einhundert Seiten lang ist.

Abb. 25: Martin Opitz (1597-1639)

Die Abhängigkeit der Poetik von der Rhetorik in der Frühen Neuzeit wird in der *Deutschen Poeterey* offensichtlich. Im Zentrum des Buchs stehen die rhetorischen Produktionsphasen *inventio* und *dispositio* (beide im Kapitel V) sowie *elocutio* (Kap. VI: Stilmittel, Redeschmuck, Dreistillehre; Kap. VII: Versbau und deutsche Sprache). Diese Kapitel sind der Nukleus von Opitz' Versreformen. In den vorhergehenden vier Kapiteln werden das Anliegen der Poetik und die Poesie bzw. die Poeten gerechtfertigt. Außerdem wird im vierten Kapitel auf die bisherige deutsche Poesie eingegangen.

Versbau

Im Zentrum von Opitz' Versreformen stand die Einführung von Versfüßen. Opitz etablierte Jambus und Trochäus, die im Barock aus sprachpuristischen Gründen (vgl. Kap. 4.1.) auch ‚Kurzlanger' bzw. ‚Langkurzer' genannt wurden. Außerdem stellte er fest, dass im Deutschen nicht die Länge einer Silbe entscheidend ist wie im Lateinischen, sondern die Betonung (‚stark' vs. ‚schwach' bzw. ‚schwer' vs. ‚leicht'). Um ihre Eignung für die deutsche Sprache zu beweisen, führte er Jambus und Trochäus mit dezidiert deutschen Beispielen ein, nämlich mit zwei Versen aus zwei bekannten lutherischen Kirchenliedern:

> Ein Jambus ist dieser:
> *Erhalt vns Herr bey deinem wort.*
> Der folgende ein Trochéus:
> *Mitten wir im leben sind.*[9]

Der Daktylus dagegen eignete sich nach Opitz' Meinung nicht für die deutsche Sprache. Er könne zwar geduldet werden, ließe sich letztlich aber nicht ins Deutsche ‚zwingen', heißt es im VII. Kapitel. Die Zeitgenossen wichen von dieser Meinung rasch ab. Der Wittenberger Rhetorikprofessor August Buchner (1591-1661), ein Freund von Opitz, führte den Daktylus in seinen Vorlesungen in der zweiten Hälfte der 1630er Jahre ein. 1641 schrieb sein Schüler Philipp von Zesen (1619-1689), der in den folgenden Jahren einer der wichtigsten Barock-Schriftsteller werden sollte, ein *Dactylisches Sonnet* und setzte den Daktylus damit in der Praxis durch. Da Zesen zudem ein glühender Verfechter des Sprachpurismus war, suchte er eine ‚deutsche' Entsprechung für das Wort ‚Daktylus'. Der wurde von nun an vielfach „Buchner-Art" genannt.

Abb. 26: August Buchner (1591-1661)

Opitz beschränkte sich nicht auf die Reform des Versmaßes. Er nahm auch Versarten in den Blick und forderte reine Reime. Auf der Vers-Ebene etablierte er den Alexandriner, einen sechshebigen Jambus mit Binnenzäsur nach der dritten Hebung mit männlicher oder weiblicher Kadenz:

> Vnter den Jambischen versen sind die zue förderste zue setzen/ welche man Alexandrinische/ von jhrem ersten erfinder/ der ein Italiener gewesen sein/ zue nennen pfleget/ vnd werden an statt der Griechen vnd Römer heroische verse gebraucht [...].[10]

Damit wies Opitz dem Alexandriner in der Dichtung entscheidende Funktion zu: Für die heroische Dichtung eigne er sich besser als jeder andere Vers. Was Opitz nicht erwähnte, war, dass der Alexandriner schon zu Beginn des Späthumanismus etwa in den Psalmenübersetzungen in die deutsche Literatur eingeführt worden war (vgl. Kap. 3.3.). Der Alexandriner sollte zum wichtigsten Vers des Barock werden. Er dominierte das Sonett (vgl. Kap. 4.3.) und das barocke Trauerspiel (vgl. Kap. 4.4.).

Neben dem Alexandriner steht in der *Deutschen Poeterey* der Vers commun, ein fünfhebiger Jambus meist mit Binnenzäsur nach der zweiten Hebung. Weitere Beispiele ergänzen das Kapitel VII des *Buchs von der Deutschen Poeterey* und runden es ab.

Wirkungsgeschichte

Zwar werden zu Beginn des fünften Kapitels die „art der getichte", die wesentlichen Gedichtformen, vorgestellt, doch zielte die *Deutsche Poeterey* nicht auf deren Reform, sondern auf die des Verses. Deswegen war es nur folgerichtig, dass nach Opitz zahlreiche weitere Poetiken vorgelegt wurden. Der eigentliche Aufschwung der Poetik fiel mit dem Ende des Dreißigjährigen Krieges 1648 zusammen, die Produktion von Poetiken nahm von nun an rasant zu – in dichter Folge erschienen zwischen 1624 und 1730 insgesamt 57 deutsche Poetiken, wie Jörg Wesche gezeigt hat.[11]

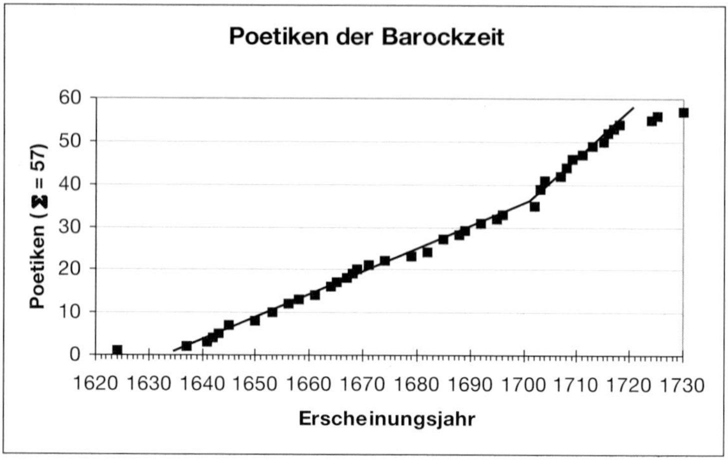

Abb. 27: Summenkurve der im Barock publizierten Poetiken nach Wesche

Der *Versuch einer Critischen Dichtkunst vor die Deutschen* von Johann Christoph Gottsched (1700-1766) bildet in dieser Reihe den Schlussstein. Dem Selbstverständnis nach markierte diese Poetik den Bruch mit der Barockliteratur und den Aufbruch in die Aufklärung. Der Poetik-Boom, den der Späthumanist Opitz mit dem *Buch von der deutschen Poeterey* ausgelöst hatte, hielt während des gesamten Barock-Zeitalters an.

Exkurs

Martin Opitz (1597-1639)

Das Diktum, dass Martin Opitz der „Vater der deutschen Dichtung" sei, geht auf Gottsched zurück. Es findet bis heute entschiedene Befürworter ebenso wie Gegner. Richtig ist auf jeden Fall, dass die deutschsprachige Literatur dank Opitz in der Mitte der Frühen Neuzeit einen entscheidenden Impuls erhielt. Richtig ist ebenso, dass schon vor Opitz Autoren wie Weckherlin versucht hatten, Elemente der antiken Literatur in die deutsche zu integrieren.

Opitz ist ein Musterbeispiel dafür, dass eine gute Bildung den Lebensweg eines Menschen entschieden beeinflussen kann. Er wurde 1597 in Bunslau in Schlesien als Sohn eines Metzgers geboren und besuchte ab 1614 das Gymnasium in Breslau und kam so mit dem schlesischen Späthumanismus in Kontakt. Zudem lernte er die niederländische Dichtung kennen, was ihn beeinflussen sollte. 1619 ging er nach Heidelberg zum Späthumanisten Lingelsheim. Als der Dreißigjährige Krieg Heidelberg erreichte, zog er in die Niederlande. In Leiden freundete er sich mit Daniel Heinsius an.

In der niederländischen Literatur war der regelmäßige Wechsel von Hebungen und Senkungen etabliert. Opitz übernahm diesen Gedanken in der *Deutschen Poeterey*. Nach der Fertigstellung seines schmalen *opus magnum* legte Opitz – der rhetorischen *exempla*-Tradition entsprechend und den Wechsel von Theorie und Musterbeispiel in der *Deutschen Poeterey* fortsetzend – von zahlreichen europäischen Literaturwerken von Rang deutsche Übersetzungen vor. Schon in seiner Poetik hatte er Beispiele für lyrische Formen publiziert. Dann machte er sich daran, Sophokles' *Antigone*, Senecas *Trojanerinnen* und zwei italienische Opern-Libretti zu übersetzen. Auch eine Übersetzung des *Hohelieds* und die Romane von John Barclay (*Argenis*) und Philip Sidney (*Arcadia*) folgten. Folgenreich wurde seine „Prosaekloge"[12] *Schäfferey Von der Nimfen Hercinie* (1630), die in den folgenden Jahrzehnten zahlreiche Nachahmer fand und zum Initialtext für die deutsche Bukolik wurde (vgl. Kap. 3.5.). Geistliche und weltliche Gedichte („Poemata") runden sein Werk ab. Opitz starb am 20. August 1639 in Danzig – auch für seine Zeit vergleichsweise jung – an den Folgen der Pest.

Kontrovers wird die Bedeutung der Konfession sowie die des Krieges für Opitz' Handeln und schriftstellerisches Werk beurteilt. Seit jeher war dies ein umstrittener Punkt. Während die einen die Versreformen und die schriftstellerische Verarbeitung des Krieges als Möglichkeit des geistigen Widerstands und die Literatur als Fluchtraum betrachteten, bestritten andere eine enge Korrelation. Richard Newald meinte schlicht: „Krieg und Literatur stehen jedoch nur in losem Zusammenhang über die geistig-religiösen Voraussetzungen."[13] Nicola Kaminski hat 2004 ein bahnbrechendes Buch vorgelegt, indem sie eine andere Position vertritt.[14] Ihre These ist, dass der Versreform eine patriotische und konfessionelle Dimension eigen ist. Die Einführung der alternierenden Verse führt sie zurück auf die niederländischen Militärreformen, die zur Unabhängigkeit der protestantischen nördlichen Niederlande vom katholischen Spanien beigetragen haben. Mit seiner Versreform habe Opitz diesen literarisch antizipierten Unabhängigkeitskampf nach Deutschland überführt. Die Zustimmung zu seinen Reformen im protestantischen Deutschland erkläre sich vor diesem Hintergrund. Die Etablierung des Deutschen als Literatursprache sei deswegen als ein emanzipatorischer Akt zu verstehen. Opitz' Ziel sei es gewesen, Deutschland von der Herrschaft des Lateinischen, das eben auch für den römischen Papismus stand, zu befreien. Kaminskis These ist historisch plausibel. In den Niederlanden gingen literarische und politische ‚Befreiung' Hand in Hand. Auch war das Lateinische für viele Deutsche die Sprache des Papsttums, von dem Luther sie in theologischer Hinsicht befreit hatte. Ferner sprechen einige, freilich spärliche Metaphern in Opitz' Gedichten für diese Deutung.

Biographisch bleiben an dieser These trotzdem Zweifel, denn Opitz verhielt sich die meiste Zeit seines Lebens in konfessionellen Fragen vergleichsweise indifferent, was für einen Späthumanisten nicht untypisch war. Konfessionelle Fragen ordnete er seinem beruflichen Fortkommen als Rat und Jurist unter. Zwar war er Calvinist. Das hielt ihn aber nicht davon ab, 1626 in den Dienst des katholischen Grafen von Dohna zu treten, der ein entschiedener Verfechter der Gegenreformation in Schlesien war.

Zusammenfassung

Briefkultur, Emblematik und Poetik waren um 1600 wichtige Ausdrucksformen des Späthumanismus. Während die Briefkultur kaum weiterentwickelt wurde und in erster Linie der Verständigung zwischen den Gelehrten diente, hatten Emblematik und Poetik auch Folgen für die Kultur außerhalb des Späthumanismus. Die Emblematik wurde zu einer populären Kunstform. Derart breitenwirksam war die Poetik zunächst nicht. Sie wirkte in die volkssprachliche Literatur erst am Übergang vom Späthumanismus zum Barock durch Martin Opitz.

Literatur

Borgstedt, Thomas, Walter Schmitz (Hg.), Martin Opitz (1597-1639). Nachahmungspoetik und Lebenswelt, Tübingen: Niemeyer 2002.

Erwentraut, Kirsten, Briefkultur und Briefsteller – Briefsteller und Briefkultur, in: Die Literatur des 17. Jahrhunderts, hg. von Albert Meier, München: Hanser 1999, S. 266-285.

Henkel, Arthur, Albrecht Schöne (Hg.), Emblemata. Handbuch zur Sinnbildkunst des XVI. und XVII. Jahrhunderts. Taschenbuchausgabe, Stuttgart, Weimar: Metzler 1996.

Hinrichs, Boy, Rhetorik und Poetik, in: Die Literatur des 17. Jahrhunderts, hg. von Albert Meier, München: Hanser 1999, S. 209-232.

Neuber, Wolfgang, Locus, Lemma, Motto. Entwurf zu einer mnemonischen Emblematiktheorie, in: Ars memorativa. Zur kulturgeschichtlichen Bedeutung der Gedächtniskunst 1400-1750, hg. von Jörg Jochen Berns, Wolfgang Neuber, Tübingen: Niemeyer, S. 351-372.

Osterkamp, Ernst, Emblematik, in: Die Literatur des 17. Jahrhunderts, hg. von Albert Meier, München: Hanser 1999, S. 233-254.

Fragen

1. Was sind die drei Bestandteile eine Emblems, wie hängen sie zusammen?
2. Wie zeigt sich konkret der Zusammenhang von Rhetorik und Poetik in Martin Opitz' *Buch von der Deutschen Poeterey*?

Von den Anfängen des deutschen Alexandriners bis zur Versreform 3.3

Um die Bedeutung von Opitz' poetologischen Überlegungen zu verstehen, ist es hilfreich, wenn man sich den Stand der Lyrik im Späthumanismus vergegenwärtigt. In Psalmenübersetzungen werden erste Versuche unternommen, im volkssprachlichen Alexandriner zu dichten. Er wird die Lyrik bis zum Ende der Frühen Neuzeit dominieren. Insgesamt aber bleibt die späthumanistische Lyrik lateinische Dichtung. Exemplarisch wird das an Paul Melissus Schede verdeutlicht. Erst mit Opitz' Reformen beginnt die von den Späthumanisten gehegte Grenze zwischen Latein und Volkssprache in der Breite brüchig zu werden.

Psalmenübersetzungen

Den Psalmenübersetzungen einiger Späthumanisten ins Deutsche wird in der Literaturgeschichtsschreibung viel Aufmerksamkeit gewidmet, weil sich hier erste deutsche Alexandriner finden. In der 1565 weitgehend abgeschlossenen, aber erst 1573 erschienenen Psalmenübersetzung von Ambrosius Lobwasser (1515-1585) findet sich ein Alexandriner – und nicht erst im *Buch von der Deutschen Poeterey*, wie Opitz durch seine Hinweise zum Alexandriner nahelegt.

Es ist Lobwassers Übersetzung des 89. Psalms, in dem der deutsche Alexandriner das Licht der Welt erblickt:

> Ich will deß Herren gnad lobsingen ewiglich,
> Vnd seine trew ohn maß außbreiten stetiglich.[15]

Lobwassers Alexandriner ist 12- bzw. 13-silbig, auch hat er eine Binnenzäsur. Ein strenges Alternieren von Hebung und Senkung kennt er allerdings nicht.

Abb. 28: Ambrosius Lobwasser (1515-1585)

Konfessionelle Dimension

1562 erschien die französische Vorlage von Lobwassers Übersetzung: der Hugenottenpsalter. Er ist ein Werk, an dem zahlreiche prominente französische und Genfer Calvinisten mitgearbeitet hatten. Für den reformierten Kultus war die Synthese aus biblischer Vorlage und zeitgenössischem Liedverständnis, das etwa im Strophenbau deutlich wird, sehr wichtig, weil der Calvinismus außer dem Gotteswort und Instrumentalmusik keine kirchliche Kunst zuließ – keine Bilder und keine Kirchenlieder. Wie es in weltlichen Liederbüchern der Zeit üblich war, wurde der Hugenottenpsalter vierstimmig komponiert. Die Begeisterung für ihn war groß, Übersetzungen erschienen.

Heidelberger Späthumanismus

Lobwasser konsultierte in Zweifelsfällen und bei sprachlichen Unsicherheiten Luthers Bibelübersetzung, weswegen sich seine Übersetzung durchsetzen konnte und auf breites Verständnis stieß. Anders war es bei dem im Jahr zuvor erschienenen Buch *Di Psalmen Davids* [...] *in Teutische gesangreymen/ nach Französischer melodeien unt sylben art*. Unter diesem Titel legte der Späthumanist Paul Melissus Schede (1539-1602) seine Übersetzung der ersten fünfzig Psalmen des Hugenottenpsalters vor. Der Calvinist Schede war vom pfälzischen Kurfürsten Friedrich III., der zahlreichen Hugenotten nach Verfolgungen in Frankreich Asyl gewährt hatte, damit beauftragt worden, ein Psalmengesangbuch für den calvinistischen Gottesdienst zu erstellen. Schede war als Verfasser lateinischer Gedichte bekannt, auch pflegte er gute Beziehungen zu uns schon vertrauten europäischen Späthumanisten, u.a. zu Scaliger. Schedes Psalmenübersetzung orientierte sich – anders als die Lobwassers – nicht am aktuellen Sprachstand. Zum einen versuchte er, mit seiner Übersetzung eine Reform der Orthographie durchzusetzen. Zum anderen bemühte er sich um eine den theologischen Wissensstand der Zeit möglichst exakt abbildende Übersetzung, die weniger anschaulich wirkte als Lobwassers Übersetzung. Um Zuverlässigkeit zu gewährleisten, konsultierte Schede den Hebraisten Johannes Immanuel Tremellius (1510-1580) in Übersetzungsfragen. Schedes Übersetzung war damit Ausdruck eines späthumanistischen Reformanspruchs und weniger ein Buch für den Gottesdienst.

Lateinische Dichtung im Späthumanismus

Bereits im Humanismus und über das gesamte 16. Jahrhundert hinweg wurden Hymnen, Oden und Elegien geschrieben. Sie waren also für die Späthumanisten selbstverständlich. Sich die lateinische deutsche Lyrik in dieser Zeit zu vergegenwärtigen, ist daher auch nicht nur geboten, weil sie in quantitativer Hinsicht eine wichtige Erscheinung war und weil sie in der innergelehrten Kommunikation sowie bei einzelnen repräsentativen Festen geschätzt wurde. Sie ist deswegen wichtig, weil von hier die deutsche Lyrik ihren Weg in die Neuzeit nahm.

Gelegenheitsdichtung

Die humanistische Lyrik war gelegenheitsgebunden. Wenn ein Fürst oder ein geschätzter Universitätskollege heiratete, wurde ein Epithalamium geschrieben, ein Hochzeitsgedicht. Ähnliches geschah bei Beerdigungen, das hier vorgetragene Trauergedicht wird Epicedium genannt. Daneben gab es weitere Gelegenheiten, zu denen gedichtet wurde. Große Herrscherpersönlichkeiten wie der Kaiser oder die Landesfürsten wurden im Rahmen von politischen Zusammenkünften wie den Reichstagen für ihre Herrschaft gepriesen. Fürstliche Familienfeiern wie Geburten und Amtseinführungen gaben ebenfalls Anlässe, verbunden mit Wünschen und Ratschlägen für eine gute Regierung. In diesen Gedichten wurden antike Motive – im Fall von Hochzeits- oder Trauercarmina etwa aus dem Bereich der Liebeslyrik oder der antiken Trauerpoesie – mit biblischen Stoffen und christlicher Morallehre verknüpft.

Panegyrik

Dichtung diente der Verherrlichung und war damit Lobrede und Lobgesang (Panegyrik). Neben dem Herrscherlob stand das Dichterlob, bzw. das Lob anderer zeitgenössischer Künstler, Komponisten und Maler. Da der humanistisch Gebildete zumeist lange Reisen hinter sich hatte, pflegte er auch das Städte- und Landschaftslob – manchmal verbunden mit einer wehmütigen Erinnerung an eine zurückgelassene Geliebte.

Hymne

Thematisch unterscheidet sich die lateinische Gelegenheitsdichtung nur bedingt von der volkssprachlichen Lyrik. Deutlicher sind die Differenzen im Hinblick auf die Form. Die Hymne (griech. *hymnos*) ist eine Gedichtform, die nicht ausschließlich auf die griechische und lateinische Literatur zurückgeht. Sie dient primär dem Lob eines Gottes, weswegen die Psalmen als Hymnen verstanden werden konnten, so dass sich diese ihrerseits für die Liturgie eigneten.

Ode

Die Grenze zwischen Hymne und Ode lässt sich nur schwer ziehen. Beide kennen neben dem Gotteslob das Städtelob. Bei der Bestimmung einer Ode ist in der Frühen Neuzeit Vorsicht geboten. Wichtig ist die Unterscheidung von Odenstrophe und Odenart. Während uns die Strophenvielfalt kaum zu interessieren braucht, da sie intensiv erst im 18. Jahrhundert in der deutschen Literatur rezipiert wurde, beschäftigten sich die Schriftsteller seit dem Humanismus mit den unterschiedlichen Odenarten. Besonders wichtig für die Frühe Neuzeit war die pindarische Ode (nach dem antiken Schriftsteller Pindar). Sie ist dreigeteilt in Strophe, Antistrophe, Epode. Während die erste und die dritte Strophe weitgehend frei gestaltet werden konnten, musste die Antistrophe der ersten Strophe im Versbau exakt entsprechen. Diese Bauweise findet sich manchmal auch in deutschsprachigen Barock-Oden – etwa bei Gryphius. In der deutschsprachigen Barocklyrik meint Ode zumeist aber lediglich ein in Strophen unterteiltes Lied.

Elegie

Metrisch eindeutiger normiert ist die Elegie. In ihr findet sich oft das Distichon (griech. für ‚Zweizeiler', in dem auf einen Hexameter ein Pentameter folgt). Die Elegie ist ursprünglich ein Trauer- und Klagegesang. Ergänzend trat in der römischen Literatur die Liebeselegie hinzu, die nicht nur platonische, sondern auch erotische Freundschaften zum Gegenstand haben konnte. Während die Elegie in der antiken Literatur eine vergleichsweise kurzfristige Form war, war ihr Erfolg in der deutschen Literatur bemerkenswert. Gerade in der Klassik war die Elegie beliebt.

Beispiel

Paul Melissus Schede (1539-1602)

Schedes Dichtkunst ist von der Lieddichtung Orlando di Lassos geprägt (vgl. Kap. 2.4.). Schede war selbst Komponist und schrieb einige Motteten. Nachdem er als Kantor gearbeitet hatte, zog er nach Wien, wo er, wie so viele Dichter, zum *poeta laureatus* gekrönt wurde. Wie wir schon gehört haben, war er später für die Übersetzung des Hugenottenpsalters verantwortlich. Entscheidender war Schede für die späthumanistische Dichtkunst, weil er die Pléiade in Deutschland bekannt machte – die Dichtergruppe um den französischen Dichter und Theoretiker Ronsard. Das dürfte nicht zuletzt Folge davon gewesen sein, dass Schede zwischenzeitlich in Paris lebte. Wohl Resultat seiner langen Italienreise war seine Auseinandersetzung mit der horazischen Ode und mit der pindarischen Strophenform.

Aber Schede war nicht nur in der Lage, die antiken Formen in Latein zu reformulieren und mit neuen Themen anzureichern. Er verknüpfte kunstvoll in wenigen Versen unterschiedliche Diskurse miteinander und gab so seinen Gedichten eine artifizielle Dichte. Ein Beispiel dafür ist seine Elegie auf Orlando di Lasso (Erstdruck 1574). Sie wird in einer modernen Prosaübersetzung in Auszügen präsentiert:

> Sooft es nämlich hieß – ich erinnere mich – und das Gerücht sich verbreitete, du habest durch unverschuldetes Hinschlachten einen blutigen Tod erlitten, empfand

ich fürwahr heftigen Schmerz und erwies dir zu deinem traurigen Tod mit salzigen Tränen die gebührende letzte Ehre. Aber es steht gut: Du bist am Leben! Weswegen mein Herz traurig war, das hat sich als grundlos erwiesen und in nichts aufgelöst. [...] So, wie vor anderen Dichtern die anmutigen, in Nektar getauchten Gedichte meines Lotichius mir lieb und wert sind, so gehen mir deine Lieder vor den übrigen zu Herzen, deine Lieder, dazu geschaffen, die Menschen [zu rühren], dazu geschaffen, Gott zu rühren.[16]

Schede spielt in diesem in elegischen Distichen verfassten Lob auf di Lasso mit den beiden Dimensionen der Elegie als Totenklage und Liebesgedicht. Ausgangspunkt ist die Nachricht vom Tod des Komponisten. Tatsächlich kursierte in Deutschland das Gerüchte, der Calvinist sei während einer Reise nach Frankreich getötet worden. Doch habe sich dies nicht bestätigt, so dass Schede die Nachricht nutzt, um seine Freundschaft und Verehrung zu bekunden. Die Pointe dabei ist, dass Schede di Lasso mit dem Humanisten Petrus Lotichius Secundus (1528-1560) auf eine Stufe stellt. Der zu dieser Zeit schwelende Konflikt, ob die Dicht- der Tonkunst vorzuziehen sei oder umgekehrt, beantwortet Schede salomonisch: Sie sind gleichwertig, beide dienten dazu, die Menschen und Gott zu rühren. Mit der Nennung der Rührung bekennt sich Schede zu einer poetischen Kategorie, die neben dem horazischen *docere et delectare* (‚belehren und erfreuen') große Bedeutung hatte im poetologischen Diskurs, nämlich zum *movere* (‚rühren' oder ‚bewegen').

Schede war mit seiner oftmals kühnen, experimentierfreudigen und metaphorischen Lyrik wichtig für die Generation um Opitz. 1624 wurden in Opitz' Buch *Teutsche Poemata* einige deutschsprachige Gedichte von Schede posthum publiziert. Zu seinen Lebzeiten veröffentlichte er nach der wenig begeistert aufgenommenen Übersetzung des Hugenottenpsalters nur noch lateinische Literatur.

Antike Form und Volkssprache

Schede starb über zwanzig Jahre vor dem Erscheinen des *Buchs von der Deutschen Poeterey*. Wie aber verhielten sich die späthumanistischen Schriftsteller, die bisher auf Latein geschrieben hatten nach 1624? Nicht alle folgten postwendend Opitz. Einige Dichter schrieben in Zukunft in beiden Sprachen – je nach Adressatenkreis. Die entsprechende Ausbildung genossen sie ja weiterhin. Insgesamt zeigte sich, dass die Front gegenüber der Volkssprache schnell Risse bekam.

Ein Beispiel dafür ist Caspar von Barth (1587-1658), dessen schriftstellerisches Vermögen schon während seines Studiums in Wittenberg erkannt wurde. Von Barth kennzeichnet alles, was einen guten Späthumanisten ausmacht: ein breites Briefnetzwerk, die souveräne Beherrschung lateinischer Dichtung, die Kenntnis moderner romanischer Literatur (in seinem Fall der spanischen) und sogar Kompetenz in der geistlichen Dichtung. Nach dem Erscheinen von Opitz' Poetik wandte er sich der deutschen Literatur zu. 1626 erschien der *Deutsche Phoenix*, ein nach antikem Muster gebautes Lehrgedicht, in dem sich von Barth am deutschen Alexandriner versuchte und den aus seiner Asche sich erhebenden Phönix als Allegorie auf Christus und christliche Lebensführung inszenierte.

Zusammenfassung

Die Psalmen-Übersetzungen veranschaulichen, dass es aus humanistischer Sicht zwei Wege gab, sich der deutschen Sprache als Literatursprache zu nähern. Lobwasser steht für ein ansprechendes, die Praxis der Zielsprache berücksichtigendes Übersetzungsideal, Schede für ein auf philologische Korrektheit setzendes. Insgesamt verhielten sich die Späthumanisten dem Deutschen als Dichtungssprache gegenüber distanziert. Deswegen war es das eine, dass Opitz sagte, wie es gemacht werden sollte. Die Umsetzung forderte auf ganz andere Weise heraus und wird manchem Späthumanisten als Verlust erschienen sein.

Literatur

Kühlmann, Wilhelm, Robert Seidel, Hermann Wiegand (Hg.), Humanistische Lyrik des 16. Jahrhunderts. Lateinisch und deutsch, Frankfurt/M.: Deutscher Klassiker-Verlag 1997.

Schnur, Harry C. (Hg.), Lateinische Gedichte deutscher Humanisten. Lateinisch und deutsch, Stuttgart: Reclam 1987.

Trunz, Erich, Der Übergang der Neulateiner zur deutschen Dichtung, in: ders., Deutsche Literatur zwischen Späthumanismus und Barock. Acht Studien, München: Beck 1995, S. 207-227.

Trunz, Erich, Die Entwicklung des barocken Langverses. Der deutsche Alexandriner von Lobwasser bis Gryphius, in: ders., Deutsche Literatur zwischen Späthumanismus und Barock. Acht Studien, München: Beck 1995, S. 228-286.

Fragen

1. Warum war die Psalmenübersetzung für die deutschen Calvinisten wichtig?
2. Erläutern Sie am Beispiel des Begriffs ‚Ode', dass wichtige Formbegriffe in unterschiedlichen Kontexten unterschiedliche Bedeutungen haben können.

Wiederentdeckung der antiken Tragödie und Etablierung des Jesuitendramas 3.4

Im Späthumanismus setzt eine intensive Rezeption der antiken Dramenpoetik und der Tragödie ein. Das Drama der Jesuiten entwickelt sich kontinuierlich weiter und erlebt um 1600 in Deutschland einen Höhepunkt. Von nun an bleibt es bis zur Auflösung des Ordens im 18. Jahrhundert die dominierende Dramenform im katholischen Teil des Reichs.

Antike Poetik und Tragödienformen

Während in Opitz' *Poeterey* die dramatischen Formen nur kurz erwähnt werden, gilt in Scaligers *Poetik* der Tragödie große Aufmerksamkeit. Das korrespondiert mit dem Interesse, das der Tragödie bei Aristoteles zukommt, wo sie noch vor dem Epos, dem Opitz die Vorrangstellung einräumt, verhandelt wird. Es verwundert also nicht, dass mit dem Interesse an der antiken Poetik im Späthumanismus die antike Tragödie in den Blick gerät. Hinzu kommt bei Scaliger, dass er die Komödie ausführlich vorstellt. Neben Scaligers *Poetik* wurden für die Dramatik die Überlegungen des Niederländers Heinsius einschlägig.

Den Regeln der Rhetorik entsprechend, muss die Dramatik auf Angemessenheit (*aptum* oder *decorum*) zielen. Diese Forderung hat verschiedene Konsequenzen. Zunächst wird die Stilhöhe unterschieden. Die Tragödie soll im hohen Stil gesprochen werden, was sich im Gebrauch des Alexandriners niederschlägt. Für die Komödie wird dagegen der mittlere Stil gefordert, der oft in Prosa realisiert wird. Stilhöhe und Gattung korrespondieren mit der Ständeklausel. Personen hohen Standes dürfen nicht komisch sein oder gar dem Spott ausgestellt werden. Opitz stellt deswegen kategorisch fest: „Haben derowegen die/ welche heutiges tages Comedien geschrieben/ weit geirret/ die Keyser vnd Potentaten eingeführet; weil solches den regeln der Comedien schnurstracks zuwider laufft."[17] Personen hohen Standes gelten ausschließlich als für tragische Stoffe geeignet, weil sie Fallhöhe haben: Nur sie können durch tragische Ereignisse wirklich tief fallen.

Neues Interesse an der antiken Tragödie

Im 16. Jahrhundert wurden zunächst die attischen Tragiker (Aischylos, Sophokles und Euripides) ins Lateinische übersetzt. Übersetzungen ins Deutsche fehlten. Auch wurden die römischen, also lateinischen Tragödien etwa von Seneca gedruckt und bekannt gemacht. Die zunehmende Kenntnis der antiken Dramentradition veränderte die Dramatik. Die aristotelischen Einheiten Ort, Zeit und Handlung setzten sich durch.

Übersetzungen ins Deutsche

Im Anschluss an die *Poeterey* präsentierte Opitz Übersetzungen einer lateinischen und einer griechischen Tragödie. Zunächst übersetzte er Senecas *Die Trojanerinnen* (1625), später die *Antigone* von Sophokles (1636). Mit diesen beiden Tragödien lagen zwei Stücke in deutscher Sprache vor, die durch die Darstellung massiver Grausamkeit gekennzeichnet sind.

Tragik und *constantia*

Opitz nennt in der Vorrede zur *Trojanerinnen*-Übersetzung sein kathartisches Anliegen, das für das barocke Trauerspiel zentral bleiben wird. Durch die Darstellung der Schrecken und Abscheulichkeiten (*atrocitas*) soll der Zuschauer weniger zum Mitleid angeleitet werden. Vielmehr soll die tragische Dramatik zu Beständigkeit/*constantia* anhalten. Jene wird zu einer zentralen Vermittlungsinstanz für die neostoische Philosophie.

Opitz' Seneca-Übersetzung fiel in die Anfangszeit des Dreißigjährigen Krieges und kann als Ausdruck eines Krisenbewusstseins und der massiven Gewalterfahrungen verstanden werden. Sein Vorgehen entsprach gleichzeitig seiner bekannten literaturreformerischen Strategie. Für beinahe alle Gattungen war er bemüht, Musterübersetzungen vorzulegen. Seinem metrischen Reformprogramm entsprechend, etablierte Opitz mit seinen Tragödien-Übersetzungen den Alexandriner als das zentrale Versmaß der Figurenrede in der tragischen Dramatik.

Während Opitz sich für die Lyrik bemüht hatte, eigene Texte oder zumindest Nachdichtungen zu schreiben, verfasste er keine eigenen dramatischen Texte. Da Ende des ersten Drittels des 17. Jahrhunderts die Oper populärer wurde, lag es nahe, ein Libretto zu übersetzen. Der Literatur-Stratege Opitz legte das Libretto *Judith* (entstanden wohl schon 1629/30, gedruckt 1635) für die Oper *Giuditta* des Italieners Andrea Salvadori vor.

Protestantisches Schultheater und Jesuitentheater

In Deutschland dominierte um 1600 weiterhin das Schultheater. Wie seit einem halben Jahrhundert üblich, wurden auf protestantischen Bühnen biblische Stoffe und römische Komödien gespielt. In die auf klare Moralvermittlung samt etwas Unterhaltung setzende Aufführungspraxis ließen sich die antiken Tragödien nur bedingt einbetten. Die Literaturreformen scheinen das Schuldrama zunächst nicht erreicht zu haben. Die wenigen Veränderungen, die stattfanden, betrafen lediglich einzelne Formaspekte, wie drei Stücke des Freiberger Konrektors Andreas Möller (1598-1660) zeigen, die im August 1628 wohl im Rathaus der Stadt aufgeführt wurden. Es handelt sich um eine lateinische und zwei deutsche Komödien, die in der Palliata-Tradition stehen und in Akte eingeteilt, metrisch aber von den Versreformen nicht berührt sind. Insgesamt aber muss man mit generalisierenden Aussagen vorsichtig sein, weil die protestantische Schuldramatik um 1600 vergleichsweise schlecht erforscht ist.

Jesuitendrama

Im Kontrast dazu stehen die Forschungen zum Jesuitentheater. Hierzu liegen zahlreiche Überblicksdarstellungen, Einzelstudien und Editionen vor (oftmals mit Übersetzungen der fast ausschließlich lateinischen Bühnentexte). Das liegt vielleicht auch daran, dass das Jesuitentheater viel eindrucksvoller und vielfältiger war als das protestantische Schultheater. Es kannte mehrere Spielebenen, vielfältige Bühnenbauten und Theatermaschinen für optische und akustische Effekte. Die Jesuitenbühne stellte das himmlische Gericht auf einer Oberbühne dar und ließ Engel mittels Schwenkgalgen über der Bühne schweben. Anders als das protestantische Schultheater kannte das Jesuitentheater das Jenseits.

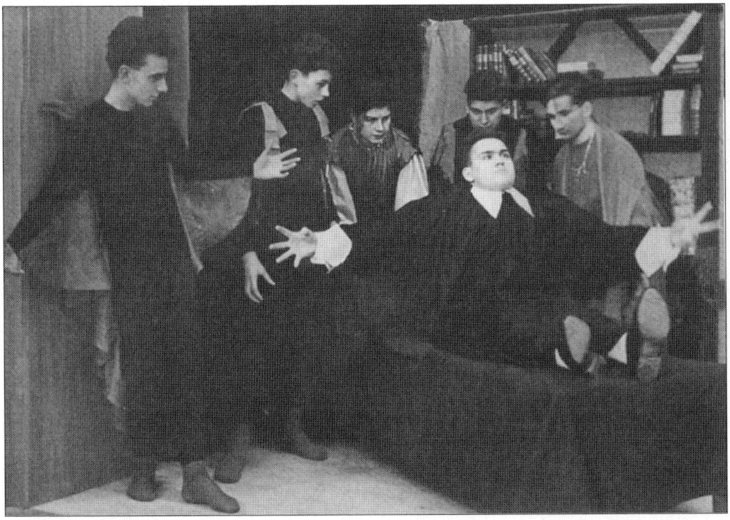

Abb. 30: Seminaristen des Bischöflichen Knabenseminars Dillingen führen 1959 Jakob Bidermanns *Cenodoxus – Der Doktor von Paris* auf (1609). Bereits 1611 war das Stück am gleichen Ort in Szene gesetzt worden. Das Bild wurde freundlicherweise zur Verfügung gestellt von Dr. Stephan Bachter, Klostermühle Holzen.

Spektakel

Im Jesuitentheater wurden Höllenqualen inszeniert. Dafür konnte ein Höllenschlund auf die Bühne oder an ihren Rand gefahren werden, in den der gefallene Mensch mit viel Lärm und manchmal sogar mit Unterstützung pyrotechnischer Effekte gestoßen wurde. Das Jesuitentheater revolutionierte die Bühnentechnik mit dem Ziel der energischen Affizierung des Bühnengeschehens. Unterstützt wurde das durch ein vielfältiges Personal.

Religionspolemik und Glaubenspropaganda

In der Forschung findet sich immer wieder die Behauptung, dass das Jesuitentheater der Religionspolemik gedient haben soll. Wie auf protestantischer Seite auch hat es einzelne Szenen und – seltener – ganze Stücke gegeben, denen eine polemische Note eigen ist. Insgesamt aber hat schon das frühe Jesuitendrama sich direkter konfessioneller Aggressionen enthalten. Es hat auf sich selbst geblickt, um die Qualität der eigenen Bildung zur Schau zu stellen – den hervorragenden Rhetorikunterricht, der durch die Inszenierungen belegt wurde, und die moralisch-didaktischen und religiösen Ansprüche. Man kann dieses energische Werben der Jesuiten auf den Begriff der Glaubenspropaganda bringen. Das birgt allerdings das Risiko in sich, missverstanden zu werden, weil ‚Propaganda' im Deutschen im Vergleich zur Frühen Neuzeit diskreditiert ist. Die Jesuiten verstanden in Anlehnung an den biblischen Sprachgebrauch unter *propagatio* ‚Ausbreitung' oder ‚Auspflanzung'. Dieser Terminus war dem christlichen Missionsdenken entsprechend positiv belegt, was sich in der 1622 gegründeten römischen Kongregation zur Ausbreitung des Glaubens (*propaganda fidei*) zeigte. Da Deutschland das Ursprungsland der ‚ketzerischen' Reformation war, setzten die Missionsbemühungen der Jesuiten hier ebenso an wie etwa in Japan oder Amerika.

Gegenreformatorischer Humanismus

Das jesuitische Bemühen um das Theater und die Reformen des Unterrichtswesens im Späthumanismus dienten der Glaubenspropaganda im skizzierten Sinn. Die konfessionelle Vereinnahmung des Unterrichts war den Pädagogen der Zeit selbstverständlich. Es gab kein Ideal freier Bildung. Da die bildungsreformerischen Impulse der Jesuiten erst Mitte des 16. Jahrhunderts einsetzten und humanistisch geprägt waren, wird in der Forschung für die jesuitische Dramatik der Übergang von der Reformationszeit zum Späthumanismus üblicherweise weniger betont als für die protestantische Literatur. Statt dessen hat Fidel Rädle den Begriff „gegenreformatorischer Humanismus“[18] etabliert. Er mutet vordergründig paradox an. Doch verbindet und hierarchisiert er sehr gut die beiden zentralen Bemühungen der jesuitischen Bildungsreformen und Theaterkultur.

Latein als Aufführungssprache

Um nicht nur die Schüler an ihren Gymnasien und Kollegien zu erreichen, standen die Jesuiten vor einem Rezeptionsproblem – der lateinischen Aufführungssprache. Zwar galt es einerseits zu dokumentieren, dass die jeweilige Bildungsinstitution zu zuverlässiger Sprachvermittlung befähigt war. Andererseits war außerhalb der Bildungseinrichtungen kaum jemand in der Lage, Latein zu verstehen. Die Jesuiten rückten anders als die Protestanten, die auf Grund der Reformation ein anderes Verhältnis zur Volkssprache pflegten, nicht von Latein als Aufführungssprache ab. Um Verstehen trotzdem zu ermöglichen, verteilten sie Periochen. Das waren schmale Hefte, in denen der Inhalt des Stücks, historische Erläuterungen sowie eine Liste der Figuren und manchmal auch Deutungen entweder in deutscher oder in deutscher und lateinischer Sprache gegeben wurden. So konnten sich die des Lateins unkundigen Zuschauer orientieren, was in der jeweiligen Szene passierte.

Den Periochen verdanken wir umfangreiche Kenntnisse über das Jesuitentheater. Während sie oftmals gesammelt wurden, sind die Spieltexte der Jesuiten nur selten aufbewahrt worden, so dass die Periochen vielfach die einzige Quelle für eine Aufführung sind.

Beispiel

Jakob Bidermann: *Cenodoxus* (1602)

Das heute bekannteste Jesuitendrama ist der in der Moralitäten-Tradition stehende *Cenodoxus* (1602) des späteren Münchener Rhetorikprofessors Jakob Bidermann (1578-1639). Berühmt war dieses Stück schon zu seinen Lebzeiten; es wurde nicht nur in der oberdeutschen Ordensprovinz der Jesuiten nachgespielt, sondern 1636 sogar in Paris aufgeführt. Zudem wurde von dem Stück eine zeitgenössische Übersetzung von dem geheimen Sekretär des bayerischen Herzogs Joachim Meichel (um 1590-1637) angefertigt – eine absolute Rarität.
Im *Cenodoxus* wird die Geschichte des hoffärtigen Doktors aus Paris namens Cenodoxus inszeniert, der sich äußerlich fromm und hilfsbereit gibt, in Wirklichkeit aber ein ruhmsüchtiger und egoistischer Mensch ist. Dem Zuschauer wird das durch Nebenhandlungen und durch die allegorische Figur des Cenodoxophylax, dem Schutzengel des Cenodoxus, verdeutlicht. Die Figuren um ihn herum ahnen dagegen von seinem wahren Wesen bis zu seinem Tod nichts. Doch weiß Christus als oberster Richter längst, wie es um Cenodoxus' Frömmigkeit steht. Er ruft die Apostel Paulus und Petrus, weitere „Richter" sowie den Erzengel Michael zu sich. Sie alle widersprechen nicht dem Urteil des triumphierenden Teufels Panurgus, der Cenodoxus für die Hölle fordert. Auf einem parallelen Schauplatz wird dessen Leichnam von einer Gemeinschaft von Männern, die von einem ge-

wissen Bruno angeführt wird, herein getragen. Unvermittelt stimmt der Leichnam Wehlaute an, Entsetzen macht sich breit. Bruno schreit: „Was ist diß newes? Wie ist mir? | Zu Ohnmachten schier sincke ich/ | All meine Kräfft verlassen mich.“[19] Diese Szene mit ihren impliziten Inszenierungsanweisungen ist typisch für das Jesuitentheater, denn in diesem geht es erst an zweiter Stelle um eine an die Vernunft der Rezipienten appellierende Vermittlung von Frömmigkeit – im Zentrum stehen die Affekte der Zuschauer.
Bidermann gibt der Darstellung der körperlichen Reaktionen auf die grausigen Klagerufe des toten Cenodoxus viel Raum, um die Fürchterlichkeit der Szene zu veranschaulichen. Er bemüht sich um eindrucksvolles Theater. Zuerst das göttliche Gericht, dann Bruno und seine Gesellen beim Leichnam des Cenodoxus – diese Szenenfolge wird zwei Mal wiederholt, wodurch das Stück an Eindringlichkeit gewinnt. Bidermann beendet sein Stück allerdings nicht mit diesem Schreckensszenario, sondern mit der Erklärung Brunos, dass er sich mit seinen Freunden in die Einsamkeit zurückziehen wolle, um dort ein frommes und kontemplatives Leben zu führen und den Kartäuserorden zu gründen. Der Jesuit Bidermann idealisiert damit abschließend die mönchische Lebensform als die der Heilsgewissheit.

Das Jesuitentheater wird gegen Ende des 16. Jahrhunderts zunehmend zu einem Massenphänomen und zu einem der literarhistorisch gewichtigsten Gegenstände der Frühen Neuzeit. Man vergegenwärtige sich nur die Dauer und die Vielzahl der Stücke: Die Anfänge des Jesuitentheaters liegen in den 1550er Jahren. Es endet erst mit der Aufhebung des Ordens 1773. In jedem Jahr wurden durchschnittlich – so wird geschätzt – 120 Stücke aufgeführt. In der Forschung finden sich manchmal Versuche, das Jesuitentheater thematisch zu differenzieren. Das kann aber nur teilweise überzeugen, auch wenn selbstverständlich zu bestimmten Zeiten bestimmte Themen (wie der Dreißigjährige Krieg) dominierten.

Wie wohl kaum eine andere Literaturform eignet sich das Jesuitendrama, um die Binnendifferenzierung der Frühen Neuzeit in Frage zu stellen. Es ist zweifellos eine Folgeerscheinung der Reformation; in Blüte tritt es in der Zeit des Späthumanismus, ohne dass es der *res publica litteraria* eigentlich zuzurechnen ist, und seine Bühnenpracht und Liebe zum Allegorischen ist typisches Kennzeichen des Barock, weswegen für viele Literaturwissenschaftler das Jesuitentheater das Beispiel für barocke Theaterkunst schlechthin ist. Nicht zuletzt diese Offenheit und Anpassungsfähigkeit sind es, die das Jesuitendrama erfolgreich gemacht haben – bis in die Zeit der Aufklärung hinein.

Zusammenfassung

In der Dramatik wird die konfessionelle Zweiteilung Deutschlands offensichtlich. Die protestantische Dramatik war um 1600 entschieden ins Hintertreffen geraten. Während sich das Jesuitentheater weiter entwickelte, stagnierte das protestantische Schultheater. Die Folgen von Opitz' Reformen für die Dramatik sollten sich erst in den folgenden Jahrzehnten zeigen.

Literatur

Alewyn, Richard, Vorbarocker Klassizismus und griechische Tragödie. Analyse der *Antigone*-Übersetzung des Martin Opitz, Diss.phil Heidelberg 1926, Reprint Darmstadt: Wissenschaftliche Buchgesellschaft 1962.

Möller, Andreas, Die Schuldramen des Freiberger Konrektors Andreas Möller, hg. von Rainer Hünecke, Stuttgart: Steiner 1999.

Szarota, Elida Maria (Hg.), Das Jesuitendrama im deutschen Sprachgebiet. Eine Periochen-Edition. Texte und Kommentare, 3 Bde., München: Fink 1979-1983.

Valentin, Jean-Marie, Das Jesuitendrama im Dienste der religiösen und moralischen Erziehung, in: ders., Theatrum catholicum. Die Jesuiten und die Bühne im Deutschland des 16. und 17. Jahrhunderts, Nancy: Pr. Univ., S. 77–91.

Fragen

1. In welcher Form äußern sich Martin Opitz' Literaturreformen in der Dramatik?
2. Was sind ‚Periochen'?

3.5 Neue Erzählformen für die Volkssprache: Romanübersetzungen, Versepos und Prosaekloge

In den Jahrzehnten um 1600 existieren die meisten Formen der deutschsprachigen Erzählliteratur fort. Hinzu treten die romanische Romanliteratur und das Versepos. Auch in der Roman-Literatur tritt Opitz mit Übersetzungen hervor. Seine zweite Leistung für die Erzählliteratur ist, dass er eine neue, antiken Traditionen verpflichtete Gattung geschaffen hat: die Prosaekloge.

Europäischer Roman und lateinisches Epos

Verschiedene Romanformen

In der zweiten Hälfte des 16. Jahrhunderts nahmen einzelne deutsche Schriftsteller zur Kenntnis, dass sich außerhalb des deutschen Sprachraums die Erzählliteratur einschneidend veränderte. Fischarts *Geschichtklitterung* belegt das (vgl. Kap. 2.5.). Eine Generation später übersetzte der bayerische Hofbedienstete Aegidius Albertinus (1560-1620) den spanischen Roman *Guzmán de Alfarache* von Mateo Alemán ins Deutsche. Dieser Roman gilt neben dem anonym erschienenen Roman *Lazarillo de Tormes* als Prototyp für den Pikaro-Roman. Dabei handelt es sich um eine Form des Schelmenromans, in dem rückblickend die Schelmentaten des Protagonisten nach erfolgreicher Bekehrung zum Guten erzählt werden. Albertinus, von Jesuiten erzogen, betonte in seiner Übersetzung das Bekehrungsmotiv. Auch integrierte er dogmatische Reflexionen, so dass sein *Landtstörtzer Gusman von Alfarche oder Picaro genannt* eine Weitererzählung der spanischen Vorlage war und entschieden katholische Glaubenslehre propagierte.

Albertinus schrieb weitere Übersetzungen und leistete damit einen wichtigen Beitrag zur Vermittlung nicht nur der spanischen, sondern auch der französischen und italienischen Literatur. Der *Landtstörtzer Gusman* sorgte für breite Akzeptanz des Pikaro-Romans in Deutschland. Ohne ihn ist der Erfolg von Grimmelshausens *Simplicissimus Teutsch* nicht denkbar (vgl. Kap. 4.5.).

Neben dem Pikaro-Roman entstanden in Europa weitere Romanformen. Der Ritter-Roman des Spätmittelalters war nicht tot. Als wichtige Weiterentwicklung gilt der Amadís-Roman (nach Garci Rodríguez de Montalvos *Amadís* von 1508). Auch findet sich der erste Schäferroman. Jacopo Sanazaros *Arcadia* gilt dafür als Prototyp. Für die Vermittlung dieser Romanformen nach Mittel- und Nordeuropa wichtig wurde England. Philip Sidney legte 1590 seinen Schäferroman *Arcadia* vor, John Barclay 1621 das Muster für den höfischen Roman: *Argenis*.

Versepos

1575 erschien das Versepos *La Gerusalemme liberata* (‚Das befreite Jerusalem') des Italieners Torquato Tasso (1544-1595). Nicht weil Goethe ihm 1790 ein Schauspiel widmete, muss dies erwähnt werden, sondern weil es für die deutsche Literatur der Frühen Neuzeit zentral wurde. Tassos Epos bzw. die deutschen Übersetzungen davon werden in manchen neueren Darstellungen zur Literatur der Zeit kaum mehr erwähnt. Das dürfte Ausdruck dafür sein, dass man allzu linear den Roman in den Blick nimmt, weil man weiß, dass ihm die Zukunft gehören wird. Der Erfolg von

Tassos Epos zeigt, dass eine solche Entwicklung nicht selbstverständlich war.

Rezeption in der Poetik

Wie wenig eine Konzentration auf den Roman der zeitgenössischen Wahrnehmung entspricht, zeigen die Poetiken. Das Epos dominierte die theoretischen Überlegungen zur Erzählliteratur. Der Roman wurde dagegen in der frühneuzeitlichen Poetik so gut wie nicht berücksichtigt. Die erste Barockpoetik, die auf ihn als selbständige Gattung einging, war die *Teutsche Rede-bind- und Dicht-Kunst* von Sigmund von Birken (1626-1681), die erst 1679 erschien. Angesichts solcher Vorbehalte gegen den Roman überrascht es nicht, dass um 1600 Roman-Übersetzungen nur dann erfolgten, wenn sich Verleger ein einträgliches Geschäft versprachen. An Dichtungsidealen oder poetologischen Überlegungen orientierten sich die Übersetzungen nur zum Teil.

Opitz und der Roman

Die meisten Späthumanisten dürften aber wichtige Romane des 16. und frühen 17. Jahrhunderts gekannt haben. Über die exakten Rezeptionswege sind wir wenig informiert. Fest steht, dass es abermals Opitz war, der den Roman südeuropäischer und englischer Machart ins Deutsche einführte und dadurch zu einer langsamen Verdrängung des Prosaromans und der anderen umfangreicheren Erzählformen beitrug – auch wenn Figuren wie Till Ulenspiegel oder Faust fortlebten.

Im Anschluss an das *Buch von der Deutschen Poeterey* ließ Opitz seine Übersetzung von Barclays *Argenis* in Etappen erscheinen (1626-1631). Seine Übersetzung von Sidneys *Arcadia* folgte 1638. Damit lag auch ein Schäferroman in deutscher Sprache vor. Ähnlich wie bei den Trauerspiel-Übersetzungen wandte Opitz dabei seine Versreformen an, wenn sich dies anbot. In Sidneys *Arcadia* sind, was ganz typisch ist für die bukolische Erzählliteratur, zahlreiche Schäferlieder eingebaut. Diese Gedichte übersetzte Opitz unter Berücksichtigung seiner Versreformen. Dadurch wurde die Übersetzung des berühmten Romans zugleich Ausweis der schriftstellerischen Leistungen ihres Übersetzers.

Von Werders Tasso-Übersetzung

Doch war es nicht so, dass in der Übergangszeit vom Späthumanismus zum Barock nur der bis dahin so fremde Roman durch Übersetzungen Eingang fand ins Deutsche. Auch Tassos *La Gerusalemme liberata* wurde übersetzt. Dietrich von Werder (1584-1657) veröffentlichte den Text 1626. Zu dieser Zeit war er bereits Mitglied der *Fruchtbringenden Gesellschaft*, einer wichtigen Sprachgesellschaft der Zeit (vgl. Kap. 4.1.). Die Fruchtbringende Gesellschaft bemühte sich parallel zu Opitz um Versreformen.

Von Werder griff, wie nicht anders zu erwarten, in seiner Übersetzung zum Alexandriner. Bei der Strophenwahl näherte er sich dem italienischen Vorbild, indem er die ursprünglich italienische Stanze wählte. Eine Strophe ist hier acht Verse lang mit dreimal alternierenden Reimen und einem abschließenden Reimpaar, üblicherweise im Reimschema: abababcc.

Bibelepik

Im Schatten der Bibeldramatik hatte sich seit Mitte des 16. Jahrhunderts das Bibelepos entwickelt. Anders als das Bibeldrama existierte es schon im Mittelalter. Es war, wie die übrige Epik (vgl. Kap. 2.5.), ausschließlich lateinisch. Im Vergleich zur spätmittelalterlichen Bibelepik trat seine „meditative und sakrale Funktion“[20] langsam zurück. Gleichzeitig setzte seit dem Humanismus ein verstärktes Formbewusstsein ein. Das Bibelepos wurde deswegen zu einer Literaturform, in der konzentriert der in der Frühen Neuzeit virulente Widerstreit zwischen heidnisch-antiker und christlicher Tradition verhandelt wurde. Das Bibelepos versuchte eine Synthese beider Positionen.

Paul Didymus (1547-1581) legte eine epische Schilderung der Ereignisse von der Schöpfung bis zum Sündenfall vor (1569). Damit nahm sich der Jenaer Poesieprofessor die biblische Erzählung vor, die ein knappes Jahrhundert später (1667) der englische Puritaner John Milton ebenfalls bearbeiten sollte. Sein *Paradise Lost* ist das prominenteste Beispiel für das Bibelepos und hat bis heute weltliterarischen Rang.

Allerdings forderte der für das Epos typische Hexameter die Schriftsteller heraus. Vielleicht auch deswegen wurden Kleinepen beliebt, in denen kurze Episoden aus dem *Neuen Testament* erzählt wurden. Auch für das Epos galt Luthers Diktum, dass auf eine Darstellung der Passion zu verzichten sei (vgl. Kap. 2.3.). Wie beim Bibeldrama hielten sich die meisten Schriftsteller daran. Eine Ausnahme ist die *Historia passionis* von Melchior Neukirch (um 1540-1597) aus dem Jahr 1580.

Wie beliebt das Bibelepos über den Späthumanismus hinaus blieb, zeigen die biblischen Kleinepen, die Andreas Gryphius (1616-1664) in den 1630er Jahren schrieb. In ihnen werden wichtige Stationen aus dem Leben Jesu geschildert. Durch Zitate und Anspielungen auf Vergils Epos *Aeneis* wird ein antiker Referenzrahmen aufgemacht. Neben der biblischen Vorlage berücksichtigte Gryphius kirchenhistorische Quellen, so dass seine Epen zudem versuchen, die historischen Gegebenheiten korrekt nachzuerzählen.

Geschichtsepik

Neben biblischen Erzählungen konnten historische Stoffe in die Epik Eingang finden. Das Geschichtsepos ist aber im Gegensatz zur frühneuzeitlichen Geschichtsdramatik so gut wie nicht erforscht. Dass das Epos nicht nur Erzählungen ‚von Gewicht‘

behandeln musste, zeigen die beiden komischen Epen des Wittenberger Poesieprofessors Friedrich Taubmann (1565-1613), der sich in *Bacchanalia* über zeitgenössische Fastnachtfeiern lustig machte.

Eklogendichtung

Antike Tradition

Dass sich bedeutende Schriftsteller wie Sidney oder Opitz eines Sujets wie der Schäferdichtung (Bukolik) annahmen, mag heute überraschen. Die Bukolik mutet uns wegen ihrer vordergründigen Harmlosigkeit fern und fremd an. Sie geht zurück auf die *Idyllen* Theokrits und dann auf Vergil, der nach Meinung antiker Kommentatoren zwischen 42 und 39 v.Chr. die *Eclogen* schrieb – zehn kurze Texte, die mal berichtend, mal monologisch, mal dialogisch sind. In den Eklogen sprechen Hirten miteinander oder für sich. Oder sie singen ihre Lieder. In denen geht es meist um ihre Liebesleiden und Sehnsüchte. Auch reflektieren sie über Zeitumstände. Da der Hirte als der Prototyp des Menschen mit Muße galt, eignete er sich als literarische Figur, wenn man Menschen schildern wollte, die nachdenken, ohne komplizierten Gedanken anzuhängen. Die Nachahmung der bukolischen Dichtung wurde seit der Renaissance sehr geschätzt, weil in ihr Fragen der Poesie und Politik verhandelt werden konnten.

Vergils Eklogendichtung nahm aus christlicher Sicht innerhalb der heidnischen Dichtung einen besonderen Platz ein, weil in der vierten Ekloge die Geburt eines Heil versprechenden Kindes prophezeit wird. Diese Ankündigung eines Heros wurde schon in der christlichen Antike umgedeutet und auf Christus bezogen, so dass Vergil quasi als christlicher Dichter galt.

Neulateinische Eklogendichtung

Die Schäferdichtung fand seit der Renaissance nicht nur ihr Fortleben im Roman. Eigentlich in allen wichtigen Formen siedelte sich die Bukolik an. Das lag in erster Linie an den Bildungsbedingungen. Vergils Eklogen wurden im Schulunterricht gelesen und übersetzt.

Hinzu kamen schon im Humanismus und im Verlauf des 16. Jahrhunderts neue Eklogendichtungen. 1553 schrieb Petrus Lotichius Secundus, der Dichter-Freund von Schede und Medizin-Professor in Heidelberg, mehrere Ekolgen, die einerseits als äußerst kunstvoll galten, weil sie Motive und Strukturelemente der antiken Eklogendichtung weiterentwickelten. Gleichzeitig nahm Lotichius, der Kriegsdienst für lutherische Truppen im Krieg gegen den Kaiser geleistet hatte, seine eigenen Erlebnisse auf und verknüpfte sie mit Motiven der Vorlage. So lässt er – wir zitieren eine moderne Übersetzung – Viburnus, einen seiner drei Protagonisten in seiner zweiten Ekloge, räsonieren:

> Unglückselige Heimat, was heimst als Lohn langen Krieges,
> was an Trophäen du ein? Es greift nun nach unserer Zierde,
> der uns beherrscht, der Barbar, dem's wohl in unseren Wäldern.[21]

Damit wird auf eine Szene in der ersten Ekloge Vergils angespielt (V. 46ff.), in der prophezeit wird, dass die Barbaren drauf und dran seien, die Kulturleistungen der Heimat zu zerstören. Doch erschöpft sich Lotichius nicht im intertextuellen Verweis. Die Pointe ist, dass seine Ekloge behauptet, dass gegenwärtig das Gleiche geschehe. Damit setzt Lotichius die Katholiken mit den Barbaren gleich und spricht ihnen ihr ‚Römertum', also ihre Kultiviertheit ab.

Vers- und Prosaekloge

Lotichius gilt als wichtiger Vertreter der neulateinischen Versekloge. Zahlreiche Humanisten haben sich in dieser Gattung versucht. Diese Dichtungsform ist vergleichsweise gut aufgearbeitet und wurde noch bis weit ins Barock-Zeitalter hinein gepflegt. Für diejenigen, die sich ausschließlich mit der lateinischen Literatur beschäftigen, ist freilich die Bezeichnung ‚Versekloge' irritierend.

Altphilologen würden diese Bezeichnung wohl nicht gelten lassen, weil sie eine Tautologie ist, denn lateinische Eklogendichtung ist Versdichtung. Was also rechtfertigt diese Benennung? Es ist – wer schon? – Opitz, der diese Unterscheidung notwendig macht, wobei die Trennung in Vers- und Prosaekloge erst vor gut drei Jahrzehnten explizit vorgenommen wurde.[22]

Opitz ging bei der Etablierung der Eklogendichtung in der deutschsprachigen Literatur anders als beim Trauerspiel und beim Roman nicht den Weg der Übersetzung. In seiner *Schäfferey Von der Nimfen Hercinie* (1630) stehen die längeren narrativen Partien in Prosa. Das war gewagt, derartige formale Innovationen waren in der Frühen Neuzeit selten. Aber wie die produktive Nachahmung der Prosaekloge in den folgenden Jahrzehnten zeigen sollte, stieß Opitz' Idee auf große Zustimmung. Die Prosaekloge avancierte zu einer Mode-Gattung des Barock (vgl. Kap. 4.5.).

Die Prosaekloge kennt einen ausführlichen Handlungsverlauf. Nach dem Zusammentreffen führen Spaziergänge die freundschaftlich verbundenen Hirten in eine Grotte. Dort zeigt sich die panegyrische Anlage der Prosaekloge. In der Grotte werden Loblieder auf Fürsten, vorbildliche Geschlechter und Mäzene angestimmt. Oft finden die Hirten in der Grotte Ehrentafeln, auf denen panegyrische Gedichte zu lesen sind.

Die besondere Bedeutung der Prosaekloge liegt nicht nur in der Weiterentwicklung der traditionellen Eklogendichtung. Sie diente dazu, hinter der scheinbar harmlosen Hirten-Maske versteckte Themen und Ansichten anzusprechen, die direkt nicht hätten formuliert werden können. Literaturgeschichtlich bemerkenswert ist die Prosaekloge, weil sie eine originär deutsche Gattung ist, die aber in der antiken Dichtungstradition verankert ist.

Zusammenfassung

Die vorgestellten Entwicklungen bewegen sich historisch an der Grenze zwischen Späthumanismus und Barock. Entscheidend ist letztlich nicht die Frage, wie die Roman- und Epos-Übersetzungen sowie die Eklogendichtung literaturgeschichtlich eingeordnet werden. Entscheidend ist, dass sie im Kontext der umfassenden literaturreformerischen Bemühungen von Opitz stehen. Die Erzählliteratur des Späthumanismus macht deutlich, dass sein Engagement weit über die Poetik hinausreichte, indem er der deutschsprachigen Literatur bis dahin weitgehend unbekannte Welten erschlossen hat.

Literatur

Aurnhammer, Achim, Torquato Tasso im deutschen Barock, Tübingen: Niemeyer 1994.

Czapla, Ralf Georg, Der junge Gryphius. Herodes- und Ölberg-Dichtung im Lichte der Gattungsfrage, in: Kulturgeschichte Schlesiens in der Frühen Neuzeit, hg. von Klaus Garber, Tübingen: Niemeyer 2005, S. 1027-1048.

Gemert, Guillaume van, Fremdsprachige Literatur. (‚Latinität' und Übersetzungen), in: Die Literatur des 17. Jahrhunderts, hg. von Albert Meier, München: Hanser 1999, S. 286-299.

Gemert, Guillaume van, Pikaro-Roman, in: Die Literatur des 17. Jahrhunderts, hg. von Albert Meier, München: Hanser 1999, S. 453-469.

Wehrli, Max, Sacra Poesis: Bibelepik als europäische Tradition, in: ders., Gegenwart und Erinnerung. Gesammelte Aufsätze, hg. von Fritz Wagner, Wolfgang Maaz, Hildesheim, Zürich: Weidmann 1998, S. 126-146.

Fragen

1. Wieso findet das Versepos in der Forschung wenig Aufmerksamkeit?
2. Was zeichnet die Prosaekloge literaturhistorisch aus?

3.6 Analysebeispiel Späthumanismus: *Constantia* und Trauerspiel

Analysiert wird ein Auszug aus der Vorrede von Martin Opitz' *Trojanerinnen*-Übersetzung.

> Solche Beständigkeit aber wird vns durch Beschawung der Mißligkeit deß Menschlichen Lebens in den Tragödien zu förderst eingepflantzet: dann in dem wir grosser Leute/ gantzer Stätte vnd Länder eussersten Vntergang zum offtern schawen vnd betrachten/ tragen wir zwar/ wie es sich gebüret/ erbarmen mit jhnen/ können auch nochmals auß Wehmuth die Thränen kaum zurück halten; wir lernen aber darneben auch durch stetige Besichtigung so vielen Creutzes vnd Vbels das andern begegnet ist/ das vnserige/ welches vns begegnen möchte/ weniger fürchten vnnd besser erdulden. Wer wird nit mit grösserem Gemüte als zuvor seines Vatterlandts Verterb vnd Schaden/ den er nit verhüten mag/ ertragen/ wann er die gewaltige Statt Troja/ an welcher/ wie die Meynung gewesen/ die Götter selbst gebawet haben/ siehet im Fewer stehen/ vnd zu Staube und Asche werden?[23]

Opitz entwickelt in der Vorrede zu den *Trojanerinnen* eine regelrechte Anthropologie des Trauerspiels. Dessen Ziel sei es, „Beständigkeit" beim Zuschauer auszulösen. Damit stellt er sich in die philosophische Tradition des Neostoizismus. ‚Beständigkeit' ist die deutsche Übersetzung für einen Kernbegriff dieser Philosophie: *constantia*. Sie zielt auf eine bewusste Steuerung der Affekte und soll dadurch einem kontrollierten Handeln Vorschub leisten. Eben deswegen eigne sich das Trauerspiel für die Einübung stoischen Verhaltens. *Constantia* werde durch die „Beschawung der Mißligkeit des Menschlichen Lebens" dem Zuschauer („vns") „eingepflantzet". Der Theaterbesuch schult das Publikum bei der Beherrschung der Affekte.

Das gilt trotz des zur Schau gestellten Leids. Opitz kalkuliert die Möglichkeit einer Mitleidsempfindung („erbarmen") ein. Auch schließt er einen spontanen Mitleidsausdruck nicht aus, wenn er meint, dass die Zuschauer „auß Wehmuth die Thränen kaum zurück halten" können. Doch sind die Tränen und überhaupt Mitleidsempfindungen nicht das Ziel dieser Tragödienkonzeption, sondern Begleiterscheinungen (das unterscheidet diese Form des Trauerspiels vom bürgerlichen, in dem Mitleid die wichtigste Kategorie ist und Tränenfluss die zentrale Publikumsreaktion).

Opitz setzt auf eine Art ‚konfrontative Abhärtung' (*atrocitas*) durch die Betrachtung des Trauerspiels. Nicht die einmalige, sondern erst die „stetige Besichtigung so vielen Creutzes vnd Vbels" stärke die Fähigkeit, selbst Leid „besser erdulden" zu können. Gleichzeitig nehme das Wissen um die Grausamkeiten der Welt die Furcht vor den Gefahren. Damit eignet sich ein Trauerspiel wie die *Trojanerinnen* generell für die Vermittlung des Neostoizismus.

Zudem stellt Opitz konkreten Zeitbezug her, wenn er von „seines Vatterlandts Verterb" spricht. Wichtig sind dabei die politischen Konsequenzen, die er aus der Situation zieht. „Schaden/ den er nit verhüten mag", möge der Mensch „ertragen". Opitz leitet aus dem Neostoizismus nicht etwa ein Widerstandsprinzip ab, sondern die Forderung, die Situation abzuwägen und sich frei von Affekten für den klügsten Weg zu entscheiden.

Dem Literaturreformer ist von der Literaturgeschichte wiederholt Opportunismus vorgeworfen worden. Es wurde etwa kritisiert, dass er angesichts der aufziehenden feindlichen Truppen Heidelberg frühzeitig 1620 verlassen hat. Vor dem Hintergrund seiner Philosophie und seiner Auseinandersetzung mit Senecas *Trojanerinnen* war ein solches Verhalten nur konsequent.

Aufbaumodul 3: Die Barockliteratur 1630-1720 4.

Kaum eine Epoche hat die Germanistik stärker polarisiert als das Barock-Zeitalter. Barockliteratur gilt seit der Frühaufklärung als „schwulstig“. Außerdem ist der rhetorische Grundzug der frühneuzeitlichen Literatur im Barock vielleicht noch intensiver als in den Jahrzehnten davor. Nach den Grundlegungen im Späthumanismus greifen im Barock die Literaturreformen von Opitz. Durch den Dreißigjährigen Krieg verzögern sich aber manche Entwicklungen entschieden.

Begriffsproblematisierung – zeitliche Begrenzung – historische Grundlagen 4.1

Begriffsproblematisierung und Epochenbegrenzung

Um zu einem Verständnis von ‚Barock‘ zu gelangen, muss man sich vergegenwärtigen, dass im Portugiesischen *barroco* die schiefrunde Form einer Naturperle meint. Als Begriff wurde ‚Barock‘ von Jakob Burkhardt (1855) als Stilphänomen etabliert. Der Begriff ist dementsprechend aus der Kunst- und Kulturgeschichte entlehnt und löste die seit dem Frühaufklärer Johann Christoph Gottsched übliche Negativbezeichnung ‚Schwulst‘ ab. Entscheidend für die Etablierung war Heinrich Wölfflin mit seiner Stiltypologie (1888), durch die ‚Barock‘ von ‚Renaissance‘ getrennt und gewissermaßen als Gegenbegriff dazu aufgebaut wurde.

Kritik des Barockbegriffs

Nicht zuletzt wegen dieses fachfremden Ursprungs wird der germanistische Barockbegriff immer wieder kritisiert und abgelehnt. Für ihn spricht andererseits seine hohe Bekanntheit und seine Akzeptanz, so dass er heute insgesamt als etablierter Arbeitsbegriff gelten darf.

Martin Opitz’ Bemühen um die Reform der deutschen Literatur ist, wie im Aufbaumodul 2 gezeigt wurde, nur vor dem Hintergrund des Späthumanismus zu verstehen. Das *Buch von der Deutschen Poeterey* (1624) und Opitz’ weitere Literaturvermittlungen können sowohl als Endpunkt des Späthumanismus als auch als

Auftakt der deutschen Barockliteratur verstanden werden. Deswegen ist der hier genannte Beginn um 1630 auch nur der Versuch einer Annäherung. Das gilt ähnlich für das Ende des Barock. Ob besser 1700 oder 1720 gesetzt werden soll, ist umstritten. In der Zeit um 1700 setzte eine Phase vielfältiger Orientierungen ein, was letztlich zu neuen Literaturanschauungen führte (vgl. Kap. 1.1.).

Mögliche Binnendifferenzierungen

Damit umfasst das Barock-Zeitalter knapp ein Jahrhundert, womit es eine der längsten Epochen der neuzeitlichen Literatur ist. Deswegen wurden verschiedene Vorschläge zur Unterteilung gemacht. Die Geschichtswissenschaft lässt das Konfessionelle Zeitalter mit dem Westfälischen Frieden von 1648 zur Neige gehen. Literaturgeschichtlich vermag das nicht zu überzeugen. Doch auch rein zeitliche Binnendifferenzierungen wie Früh-, Hoch- und Spätbarock sind schwierig, weil sie oft wertend verstanden werden. Sodann wird im Kontext der deutschen Barockliteratur von der ersten und zweiten Schlesischen Schule gesprochen. Mit der 1. Schlesischen Schule ist ebenfalls Martin Opitz gemeint – jedoch, wie es die Wendung ahnen lässt, nicht allein er, sondern zudem seine Mitstreiter und Nachfolger, die von Schlesien aus die deutsche Literatur reformierten. Der Begriff ‚Schlesische Schule' hat den Vorteil, dass er einerseits die regionale Orientiertheit der frühneuzeitlichen Literatur und sodann deren Netzwerk-Charakter betont. Analog dazu meint 2. Schlesische Schule ein Dichter-Netzwerk, das in der zweiten Hälfte des 17. Jahrhunderts durch die Schriftsteller Christian Hoffmann von Hoffmannswaldau (1617-1679) und Daniel Casper von Lohenstein (1635-1683) von sich Reden machte. So sehr diese beiden ‚Schulen' für die Barockdichtung auch Impulsgeber waren – eben wegen ihrer regionalen Verankerung können sie nicht für die ganze Zeit stehen bzw. sie zeitlich gliedern.

Konzepte und Voraussetzungen

theatrum mundi

Prägend für das Denken des Barock war das Konzept vom *theatrum mundi*, vom Welttheater. Das Weltverständnis des Barock war fundamental theatralisch. Die Welt galt als großer, wenn nicht gar großartiger Schauplatz der göttlichen Allmacht – ganz so als sei sie eine Bühne, auf der ein Schauspiel gegeben wird, das Gott geschrieben und inszeniert hat und nun betrachtet. Die Vorstellung vom *theatrum mundi* fand überall in Europa und konfessionsübergreifend Zustimmung. Das literarische Spiel damit fand in allen europäischen Literaturen statt. Richard Alewyn stellte deswegen fest:

> Ein jedes Zeitalter schafft sich ein Gleichnis, durch das es im Bild seine Antwort gibt auf die Frage nach dem Sinn des Lebens und in dem es den Schlüssel ausliefert zu seinem Geheimnis. Die Antwort des Barock lautet: Die Welt ist ein Theater. Großartiger kann man vielleicht von der Welt, aber schwerlich vom Theater denken. Kein Zeitalter hat sich mit dem Theater tiefer eingelassen als das Barock, keines hat es tiefer verstanden. In keinem Stoff aber hat das Barock sich völliger offenbart als im Theater. Es hat das Theater zum vollständigen Abbild und zum vollkommenen Sinnbild der Welt gemacht.[1]

Selbst zum Drama geworden ist die *theatrum-mundi*-Vorstellung beim Spanier Calderón de la Barca (1600-1681). *El gran teatro del mundo* (‚das große Welttheater', veröffentlicht 1655) ist ein *auto sacramentale*, eine literarische Form des Fronleichnamsspiels. Das Stück stellt allegorisch die Ordnung der Welt und des drohenden Weltgerichts aus. Hinweise und Anspielungen auf das *theatrum mundi* finden sich in der Barockliteratur auf vielfältige Weise, wie wir sehen werden.

Barockes Sprachverständnis

Zu Beginn des 17. Jahrhunderts wurde Französisch zu einer zweiten Verkehrssprache in Deutschland, die nicht nur von Diplomaten, in einigen gelehrten Institutionen und zu besonderen gesellschaftlichen Anlässen gesprochen wurde, sondern immer weiter um sich griff. Französisch hielt Ende des 17. Jahrhunderts Einzug in adelige und bürgerliche Kinderzimmer, was dazu führen konnte, dass die Kinder von Beginn an zweisprachig aufwuchsen: mit den Eltern sprachen sie Französisch, Deutsch nur mehr mit dem Gesinde.

Gegen diese Entwicklung rührte sich bald Widerstand, der barocke Sprachpurismus entstand. Seit dem zweiten Jahrzehnt des Jahrhunderts wurde auf unterschiedlichen Wegen versucht, vermeintlich ‚fremde' Elemente aus der Sprache zu vertreiben. Dass die Sprache entscheidendes „Medium kultureller Identitätskonstruktion"[2] war, war den Menschen des

Abb. 31: Philipp von Zesen (1619-1689)

Barock bewusst. Dementsprechend war das 17. Jahrhundert vom Bemühen um die Sprache geprägt. Schon die Literaturreformen von Opitz standen in diesem Zusammenhang. Zum Programm wurde das Bestreben, insbesondere französische, aber auch lateinische Fremd- und Lehnworte im Deutschen zu ersetzen, in den Sprachgesellschaften. Sie hatten sich zum Ziel gesetzt, nicht nur in der Literatur, sondern auch in anderen Bereichen wie der Wissenschaft die deutsche Sprache zu fördern. Diese Bemühungen waren vielfach erfolgreich. Viele uns heute ganz geläufige Worte stammen aus dieser Zeit. Der Sprachtheoretiker Justus Georg Schottel (1612-1678) prägte z.B. ‚Mundart', ‚Ableitung' oder ‚Beistrich'. Auf Philipp von Zesen gehen ‚Bücherei', ‚Schaubühne' oder ‚Vollmacht' zurück.

Exkurs

Die Sprachgesellschaften

1617 war in Weimar nach dem Muster der 1582 in Florenz gegründeten *Academia della Crusca* die Fruchtbringende Gesellschaft gegründet worden, die sich nach ihrem eigenen Sinnbild auch ‚Palmenorden' nannte. Unter Leitung des Fürsten Ludwig von Anhalt-Köthen (1579-1650), der Mitglied der italienischen Akademie war, schloss man sich zu einer Vereinigung zusammen, die die Pflege der Muttersprache als ihre Hauptaufgabe betrachtete. Dem Anspruch nach war die Fruchtbringende Gesellschaft durch das gemeinsame Programm definiert und nicht durch den gesellschaftlichen Status. Sie war keine ausschließlich adelige Ordensgemeinschaft, wie es sie seit dem Mittelalter gab. Trotzdem war sie primär ein Ort für Adelige, seltener für Gelehrte und Geistliche.

In der Fruchtbringenden Gesellschaft war es üblich, jedem Mitglied einen Ordensnamen zu geben und es mit einem Gedicht und einem emblematischen oder emblemähnlichen Bild zu verewigen. Der Palmenorden mit seinen bis zu 890 Mitgliedern war ein einflussreiches, auch politisches Netzwerk. Dazu trug bei, dass die Druckerzeugnisse des Ordens einem eigenen Zensurverfahren unterlagen – der Ordensvorsitzende musste vor der Drucklegung die Publikationen genehmigen. Nach dem Tod von Fürst Ludwig begann der Niedergang des Ordens. 1680 wurde er aufgelöst.

Die Fruchtbringende Gesellschaft blieb nicht die einzige Sprachgesellschaft. Erfolgreich war der 1644 in Nürnberg gegründete Pegnesische Blumenorden. Ähnlich wie die ein Jahr zuvor durch

Zesen gegründete Deutschgesinnte Gesellschaft war der Blumenorden eine Versammlung nicht-adeliger, meist gelehrter Männer. Auch Frauen waren im Blumenorden zugelassen. Die Sprachgesellschaften waren keine Konkurrenzunternehmen. Man konnte in zwei Gesellschaften Mitglied sein. Die für den Blumenorden zentralen Nürnberger Schriftsteller Harsdörffer, Birken und Johann Klaj (1616-1656) waren ebenso Mitglieder in der Deutschgesinnten Gesellschaft.

Die Sprachgesellschaften jenseits der Fruchtbringenden Gesellschaft litten zum Teil unter der fehlenden Akzeptanz des Adels. Andererseits bot sich so die Gelegenheit, Vorformen eines bürgerlich-gelehrten Miteinanders zu erproben, wofür besonders die vermögende Reichsstadt Nürnberg den idealen Rahmen bot. Auf diese Weise wurden literarische Gemeinschaftsproduktionen von Rang wie das *Pegnesische Schäfergedicht* (1644) möglich (vgl. Kap. 4.5.).

Abb. 32: Kranz des Pegnesischen Blumenordens

Literarische Zentren

Die Sprachgesellschaften sind ein Indiz dafür, wie sehr sich im 17. Jahrhundert das literarische Leben entwickelte und zur Ausbildung neuer literarischer Zentren führte. Auch wenn Literatur weiterhin für einen regionalen Rezipientenkreis publiziert und meist für bestimmte Gelegenheiten geschrieben wurde, also Kasualdichtung war (vgl. Kap. 4.3.), nahm die Zahl der Zentren zu. Die Kommunikation untereinander intensivierte sich. Analog zum Gelehrtennetzwerk der *res publica litteraria* standen volkssprachliche Schriftsteller in Kontakt. Regionen wie Schlesien oder das Baltikum, Städte wie Leipzig oder Hamburg traten neben etablierte Metropolen der Dichtkunst wie Nürnberg.

Manierismus

Die Zentrenbildung beförderte das Entstehen von Literaturmoden. Besonders beliebt in der zweiten Hälfte des 17. Jahrhunderts war der Manierismus. Der Begriff meint eine verspielte, an Metaphern und Allegorien reiche Form des geistreichen und zugespitzten poetischen Sprechens. Manierismus ist eigentlich eine Ausdrucksform in der Kunstgeschichte, eine Reaktion auf das Geordnete und Geformte klassischer Bauweisen und Kompositionen. Wichtig für den Manierismus ist, dass seine Bilder und Allegorien oftmals gesucht und kapriziös wirken, so dass sie sich vielfach nur mit äußerster Scharfsinnigkeit (lat. *argutia*) vom Rezipienten verstehen lassen. Da das Wort Manierismus bis heute vielfach negativ belegt ist – es ist quasi das bildungssprachliche Pendant zu Schwulst –, wird oft vom *argutia*-Stil gesprochen, was sinnvoll ist, weil letztlich keine Einigkeit darüber besteht, ob die deutsche Barockliteratur überhaupt eine manieristische Phase gehabt hat oder ob es nicht besser sei, lediglich einzelne Gedichte und Trauerspiele – etwa von Hoffmannswaldau oder Lohenstein – als manieriert oder eben argut zu begreifen.

Galanterie

Nicht nur durch den Manierismus hebt sich die Zeit von etwa 1680 bis 1720 von der vorhergehenden ab. Heute wird dieser Spätbarock nicht mehr als Verfallszeit bewertet. Vielmehr wird die kulturelle Ausdifferenzierung in dieser Zeit betont. In diesem Kontext entstand das Ideal der galanten Lebensweise, das vom Rechtsgelehrten und Philosophen Christian Thomasius (1655-1728) propagiert wurde und – in Abgrenzung gegen den als ‚deutsch' und ‚provinziell' empfundenen Pedantismus – auf einen Pluralismus der Fertigkeiten setzte, wie er in Frankreich gepflegt wurde. Thomasius verstand Galanterie als „etwas gemischtes", das „aus der manier zu leben, so am Hofe gebräuchlich ist, aus Verstand, Gelehrsamkeit, einen guten judicio, Höfflichkeit, und Freudigkeit zusammen gesetzt werde, und deme aller Zwang, affectation, und unanständige Plumpheit zu wider sey."[3]

Thomasius war nicht nur der Propagator eines Lebensstils. Er formulierte wesentliche Grundlegungen zur Trennung von Recht und Theologie und forderte, dass es nicht Sache des Staates sei, Ketzer zu verfolgen. Auch war

Abb. 33: Christian Thomasius (1655-1728)

er ein entschiedener Gegner des Hexenwahns. Thomasius war ein Wegbereiter der Aufklärung an den deutschen Universitäten. Auch formal brach er mit zahlreichen Traditionen. Er führte den galanten Stil in den universitären Alltag seiner Heimatuniversität Halle ein und lehrte in farbigem Rock und mit Galanteriedegen statt im Talar. 1687 noch in Leipzig kündigte er erstmals eine Vorlesung in deutscher Sprache an. Neben dem Attribut ‚galant' avancierte das Wort ‚kuriös' zum entscheidenden Schlagwort für Offenheit, Neugier und Kultiviertheit.

politicus-Ideal

Diese Entwicklung war überfällig. Außerhalb der Universitäten war schon zuvor ein ähnliches Bildungsprogramm propagiert worden, das gezielt auf das angemessene Verhalten am Hof vorbereiten sollte. 1677 hatte Christian Weise (1642-1708) – unmittelbar bevor er seine Rektorenstelle am Zittauer Gymnasium antrat – mit seinem Buch *Politischer Redner* die Flut der ‚politischen' Literatur losgetreten. Damit erneuerte er das *politicus*-Ideal. Es geht zurück auf den spanischen Jesuiten Balthasar Gracián y Morales (1601-1658), der in seinem *Handorakel* (1647) eine ‚Klugheitslehre' entworfen hatte, die den Leser zu einem klugen, weitsichtigen Lebenswandel anleiten sollte, dem taktierendes und täuschendes Verhalten nicht fremd war. Weises Ausbildungsprogramm stand im Zeichen der Rhetorik. Die Integration des *politicus*-Ideals sollte auf Verwaltungstätigkeiten und andere Funktionen am Hof vorbereiten, die entschieden von der Eloquenz abhängig waren. Hintergrund des Ideals war die prudentistische Moral, die energisch auf das Zurechtkommen und die Durchsetzungsfähigkeit in der Welt setzte und deswegen umstritten und teilweise gar als antichristlich verschrien war.

Ausdifferenzierung des Bildungssystems

Galanterie und prudentistische Moral hatten ihren Ursprung außerhalb Deutschlands. Hier wurden sie vergleichsweise spät wahrgenommen. Das lag zum Teil am Dreißigjährigen Krieg, der für die Entwicklung der Bildung und der barocken Literatur erhebliche Konsequenzen hatte. Waren das 15. und 16. Jahrhundert samt des Späthumanismus eine Zeit der Bildungsreformen und Schul- und Universitätsgründungen, so stagnierten diese in der ersten Hälfte der 17. Jahrhunderts in der Folge des Krieges. Die Schüler- und Studentenzahlen gingen zurück, obwohl im 17. Jahrhundert erstmals die Schulpflicht ein-, wenn auch nur selten durchgeführt wurde. Erst in der zweiten Jahrhunderthälfte kam es zu einem erneuten Aufschwung der Bildung. Universitäten wurden gegründet; das Schulsystem wurde ausdifferenziert. Gegen Ende des Jahrhunderts war die Quote der Analphabeten verringert.

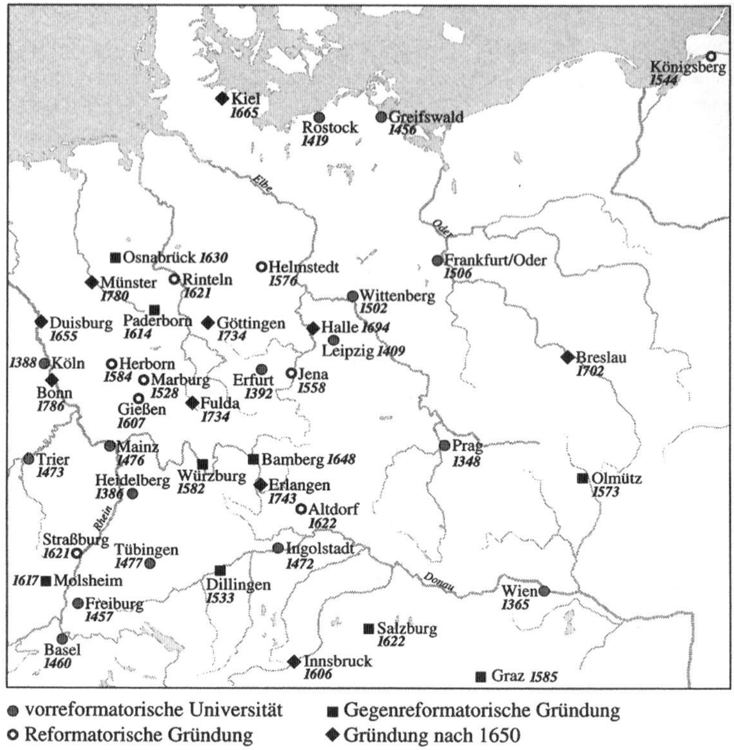

Abb. 34: Universitätsgründungen im Heiligen Römischen Reich Deutscher Nation

Als besonders wichtig erwies sich die Gründung der Universität Halle (1694), die heute neben Göttingen (1734) und Berlin (im frühen 19. Jh.) als eine der drei Universitäten gilt, die gemeinsam zu einer grundlegenden Reform des letztlich mittelalterlichen Universitätssystems geführt haben. Schon 1700 war Halle mit 461 Immatrikulierten die drittstärkste Universität. Wenige Jahre später war sie die meist besuchte Universität Deutschlands. Die Gründe für den Erfolg sind vielfältig. Halle war die dritte preußische Universität und vom calvinistischen Berliner Hof als Konkurrenz zu den orthodox-lutherischen Universitäten Frankfurt/O. und Königsberg geplant. Deswegen wurde Halle finanziell vom wissenschaftsfreundlichen Hof unterstützt.

Neben Thomasius prägte der Historiker Christoph Cellarius (1634-1707) die Geschicke der Universität. Auf ihn geht die historiographische Dreiteilung in Antike, Mittelalter und Neuzeit zurück. Seit 1706 lehrte der Philosoph Christian Wolff (1679-1754) in Halle. Er wurde für die deutsche Frühaufklärung maßgeblicher Vermittler des cartesianischen Rationalismus und der Leibnizschen Metaphysik. Der französische Philosoph René Descartes (1596-1650) gilt als Begründer des modernen Rationalismus. Berühmt geworden ist er durch seinen Satz zur Erkenntnisgewissheit *„cogito ergo sum"* (‚Ich denke, also bin ich.'). Der deutsche Philosoph Gottfried Wilhelm Leibniz (1646-1716) versuchte die Philosophie von Descartes mit der Religion zu versöhnen und forderte eine allgemeine Wissenschaftslehre.

Wolff nun geriet mit dem in Halle starken Pietismus in Konflikt und wurde vom Preußischen König Friedrich Wilhelm I. abberufen. 1740 allerdings wurde er von Friedrich II. (dem ‚Großen') nach Halle zurückberufen.

Exkurs

Der Pietismus

Schon zu Beginn des 17. Jahrhunderts hatte sich im Luthertum als Reaktion auf die sich durchrationalisierende lutherische Orthodoxie eine mystisch-fromme Gegenströmung entwickelt. Wesentlich für die Vermittlung der spätmittelalterlichen Mystik ins Luthertum waren die *Vier Bücher vom wahren Christentum* (1605-1610) von Johann Arndt (1555-1621). In den folgenden Jahrzehnten nahm das mystische Schrifttum in Deutschland und in Europa konfessionsübergreifend zu. 1675 publizierte Philipp Jakob Spener (1635-1705) die Reformschrift *Pia desideria*, die eine Frömmigkeitsbewegung auslöste, den Pietismus. Er zielte auf eine fromme Erneuerung der Kirche, Überwindung der konfessionellen und theologischen Streitigkeiten und christliche Lebensführung. Das äußerte sich in Halle, wo August Hermann Francke (1663-1727) ein Waisenhaus gründete (die ‚Franckeschen Stiftungen').

Abb. 35: Philipp Jakob Spener (1635-1705)

Der Pietismus war von Bekehrungs- und Wiedergeburtsvorstellungen geprägt. Seine Erfolge reichten bis weit ins 18. Jahrhundert und beeinflussten die Romanliteratur, etwa Karl Philipp Moritz' Roman *Anton Reiser* (1785-1790).

Das Reich bis zum Ende der Frühen Neuzeit

Das regionale bzw. dezentrale Moment der deutschen Literatur war Folge der politischen Verhältnisse. Das Reich war wie im 16. Jahrhundert und anders als die meisten anderen Länder Europas kein Staat im modernen Sinne.

Die deutschen Kaiser im 17. und frühen 18. Jahrhundert

1576-1612:	Rudolf II. (* 1552, Sohn Maximilians II.)
1612-1619:	Matthias (* 1557, Bruder Rudolfs II.)
1619-1637:	Ferdinand II. (* 1578, Sohn Erzherzog Karls von Innerösterreich)
1637-1657:	Ferdinand III. (* 1608, Sohn Ferdinands II.)
1658-1705:	Leopold I. (* 1640, Sohn Ferdinands III.)
1705-1711:	Joseph I. (* 1678, Sohn Leopolds I.)
1711-1740:	Karl VI. (* 1685, Bruder Josephs I.)

Die Geschichte der deutschen Kaiser im 17. Jahrhundert ist eine Geschichte des Machtverlustes. Schon die deutschen Kaiser in den Jahren nach der Reformation konnten nicht herrschen wie später die absolutistischen französischen Könige. Sie sahen sich starken Landesfürsten gegenüber. Diese Tendenz verstärkte sich im 17. Jahrhundert. Die Landesfürsten agierten immer autonomer. Daher war es auch nur konsequent, dass in der Folge des Westfälischen Friedens die Liste der weltlichen Kurfürsten (bisher Böhmen, Kursachsen, Brandenburg und Kurpfalz) sukzessive um Bayern (1648) und Hannover (1692) ergänzt wurde. Die Zahl der Kurbischöfe blieb dagegen konstant (Mainz, Köln, Trier). Die immer größere Macht der Landesfürsten wurde schon von den Zeitgenossen gesehen. 1667 kritisierte der Staatsrechtler Samuel Pufendorf (1632-1694) den Zustand des Reichs als einen, der durch die Schwäche des Kaisers und die Partikularinteressen der Fürsten gekennzeichnet sei.

Am 18. Januar 1701 beförderte sich Friedrich III. (1688-1713), Kurfürst von Brandenburg, zu einem Herrscher von europäischem Rang, als er sich in Königsberg, der Hauptstadt des von ihm in Personalunion mitregierten Herzogtums Preußen, zum

König krönte. Preußen lag außerhalb des deutschen Reiches, was diese Tat überhaupt erst möglich machte. 13 Jahre später stiegen – freilich durch Erbfolge und nicht durch Selbstermächtigung – die Welfen zu einem Herrscherhaus von europäischem Rang auf. 1714 trat mit Georg I. (gest. 1727) das Haus Hannover die Nachfolge der Stuarts auf dem englischen Thron an und regierte bis 1837 in Personalunion Großbritannien und Hannover. Damit hatten zwei Kurfürsten europäische Königswürde.

Blickt man ein Jahrhundert zurück, scheint der Aufstieg von Bayern, Hannover und Brandenburg/Preußen eine konsequente Folge der Polarisierung zu sein, die sich zu Beginn des 17. Jahrhunderts u.a. in der Gründung von Union und Liga (vgl. Kap. 3.1.) gezeigt hatte. Doch spricht mindestens ein Ereignis gegen eine lineare Entwicklung der Polarisierungstendenzen vom frühen 17. bis zum frühen 18. Jahrhundert. Die Polarisierung des Reiches war nämlich mit der Gründung von Union und Liga in eine entscheidende Phase getreten, deren Ergebnis völlig offen war und die in der Katastrophe enden sollte: im Dreißigjährigen Krieg.

Exkurs

Der Dreißigjährige Krieg 1618-1648

1618:	Prager Fenstersturz
1619:	Tod von Kaiser Matthias
1620:	Schlacht am Weißen Berg bei Prag
1623:	Bayern erhält die pfälzische Kurwürde
1630:	Kriegseintritt Schwedens
1632:	Tod des Ligafeldherrn Tilly und des schwedischen Königs Gustav II. Adolf
1635:	Kriegseintritt Frankreichs
1643-1645:	Schwedisch-dänischer Krieg (1645: Frieden von Brömsebro)
1644:	Beginn der Friedensverhandlungen in Münster und Osnabrück
1648:	Westfälischer Frieden von Münster und Osnabrück

Der Augsburger Religionsfrieden (vgl. Kap. 2.1.) wurde um 1600 zunehmend brüchig. Nicht nur die theologische Publizistik verschärfte sich. Es kam zu regionalen politischen Konfrontationen zwischen evangelischen und katholischen Reichsständen. Letztmals befriedet werden konnten Protestanten und Katholiken im Erbfolgestreit um die Herzogtümer Kleve, Jülich und Berg von 1609-1614.

Im Jahr vor Ausbruch des Krieges war der katholische Erzherzog Ferdinand gegen den Widerstand der böhmischen, mehrheitlich protestantischen Stände zum künftigen böhmischen König ernannt worden. Der Streit eskalierte, als die Ständevertreter am 23. Mai 1618 zum Prager Schloss zogen und zwei kaiserliche Räte aus dem Fenster warfen. Der Prager Fenstersturz gilt als das Ereignis, mit dem der Dreißigjährige Krieg begann. In Folge dieser Aktion eskalierte die Situation in Böhmen, Mähren, in der Lausitz und in Ober- und Unterösterreich. Verschärfend wirkte sich aus, dass Erzherzog Ferdinand nach dem Tod von Kaiser Matthias 1619 deutscher Kaiser wurde. Die böhmischen Stände reagierten darauf mit einem Rechtsbruch. Sie erklärten den Kaiser als böhmischen König für abgesetzt und wählten den calvinistischen Kurfürst Friedrich V. von der Pfalz im August 1619 zum böhmischen König, den sog. ‚Winterkönig'. Friedrich von der Pfalz war der Führer der protestantischen Union. Doch im entscheidenden Moment gelang es dem bayerischen Herzog Maximilian, die Mitglieder der Union, die inzwischen an Zusammenhalt verloren hatte, auszuschalten. Böhmen und der pfälzische Kurfürst waren auf sich gestellt. In der Schlacht am Weißen Berg vor Prag im November 1620 siegten die bayerischen Truppen unter der Führung des Feldherrn Tilly. Der Krieg in Böhmen war zu Ende, aber nicht der Krieg insgesamt.

Die kaiserliche und die spanisch-niederländische Armee griffen Kurpfalz an. Damit war die Ausweitung des Krieges territorial auf das Reich und politisch auf Europa vollzogen. Es wurde eine Allianz von Österreich und Spanien befürchtet, das u.a. die südlichen Niederlande beherrschte. Dadurch drohte eine katholisch-habsburgische Hegemonialmacht in Europa, durch die sich einerseits Frankreich territorial und andererseits die reformierten Herrscher Europas konfessionell bedroht sahen. Sie solidarisierten sich mit Friedrich von der Pfalz, ihrem einzigen Bundesgenossen im Reich.

Von nun an konnten die Kriegsparteien wechseln, konfessionelle Argumente verloren an Gewicht. Selbst vergleichsweise stabile Einheiten wie die engen Bande zwischen Österreich und Bayern waren keine Freundschaftsverhältnisse, sondern politische Zweckbündnisse. Der bayerische Herzog ließ sich sein militärisches Engagement für den Kaiser bezahlen, was mittelfristig zu einer Verschuldung des Kaisers beim Herzog führte. Nachdem der Kaiser schon 1621 die Acht über Friedrich von der Pfalz hatte verhängen lassen, wurde Herzog Maximilian im Februar 1623 mit der Pfälzer Kur belehnt.

Im Mai des selben Jahres brach der katholische Feldherr Tilly nach Niedersachsen auf, damit wurde der Krieg nach Norddeutschland ausgedehnt. Die folgenden gut zehn Jahre des Krieges waren davon geprägt, dass weite Teile des Reichs vom ihm erfasst wurden und dass sich immer mehr europäische Großmächte direkt oder indirekt einschalteten. Nach dem Einmarsch Tillys in Norddeutschland griffen zunächst Dänemark und später Schweden in den Krieg ein. Als Gustav II. Adolf von Schweden 1630 mit seinen Truppen in Pommern landete, galt er als Befreier der Protestanten. Ein letztes Mal schien der Krieg ein Konfessionskrieg zu sein. 1632 fielen Tilly und

Gustav Adolf, der Kaiser berief den zwischenzeitlich abgesetzten Wallenstein erneut als kaiserlichen Feldherrn. Die Folge war nach der Niederlage der Schweden 1634 der Prager Frieden 1635. Ein Ende des Kriegs schien sich abzuzeichnen – einhergehend mit einem Sieg des Kaisers.

Doch kam es nicht dazu, vielmehr internationalisierte sich der Krieg. Das katholische Frankreich schloss mit den protestantischen Generalstaaten der Niederlande ein Bündnis zur Eroberung der spanischen Niederlande (dem heutigen Belgien und Nordfrankreich). Es hielt Schweden in Deutschland auf diplomatischem Weg fest und entschloss sich schließlich zum offenen Kriegseintritt, um eine habsburgische Hegemonie in Europa zu verhindern. Spätestens jetzt war der Dreißigjährige Krieg kein Konfessionskrieg mehr, sondern ein europäischer Staatenkrieg bzw. ein „frühmoderner Staatsbildungskrieg“.[4] Frankreichs Kriegseintritt konnte anfängliche Erfolge der Kaiserlichen und Spaniens nicht verhindern. 1638 setzte sich Frankreich am Rhein fest. Die schlimmste Phase des Krieges begann. Von nun an zogen die Heere durch das Reich und bekämpften sich blutig und verlustreich. Im Sommer 1646 vereinigten sich die schwedische und die französische Armee, brachen in Bayern ein und verwüsteten es. Eine zweite Offensive folgte im Frühjahr 1648, als man sich in Münster und Osnabrück schon an die Niederschrift des Westfälischen Friedens machte.

Zwischen den Parteien hatte sich eine dritte Gruppe friedenswilliger Fürsten gebildet. Schon 1644 waren in Münster und Osnabrück Friedensverhandlungen aufgenommen worden. Das war möglich, weil sie als Gesandtenkongress geführt wurden. Kein wichtiges europäisches Staatsoberhaupt war anwesend.

Das Ergebnis waren insgesamt drei Friedensschlüsse. Schon am 30. Januar

Abb. 36: Dreißigjähriger Krieg: Plünderung eines Bauernhofs. Kupferstich von Jaques Callot, 1633.

Abb. 37: Dreißigjähriger Krieg: Hinrichtung von Marodeuren. Kupferstich von Jaques Callot, 1633.

1648 war in Münster ein Separatfrieden zwischen den Niederlanden und Spanien vereinbart worden. Damit erkannte Spanien völkerrechtlich die Unabhängigkeit der Niederlande an. Am 24. Oktober schloss Kaiser Ferdinand III. mit Schweden in Osnabrück und mit Frankreich in Münster Frieden. Innen- und außenpolitisch hatte der Frieden erhebliche Konsequenzen:

1. International kann der Frieden als Sieg Frankreichs über den Kaiser und Spanien verstanden werden. Die Gefahr einer habsburgischen Hegemonie in Europa war gebannt. Zugleich löste Schweden Dänemark als nordeuropäische Großmacht ab.
2. Für das Reich bedeutete der Frieden eine Schwächung des Kaisertums und eine Stärkung der Reichsstände. Die Landeshoheit der Territorialfürsten samt Bündnisrecht wurde bestätigt. Das Erstarken großer Fürstentümer ging teilweise einher mit der Säkularisation geistlicher Besitztümer. Gleichzeitig war der Frieden ein Religionsfrieden. Er nahm Bezug auf den Augsburger Religionsfrieden, schrieb die konfessionellen Grenzen des Jahrs 1624 als Normaljahr fest und ließ den Calvinismus als dritte Konfession offiziell zu.

Die Zeitgenossen beklagten den Sittenverfall durch den Krieg. Raubüberfälle und Vergewaltigungen waren an der Tagesordnung. Zerstörung, Obdachlosigkeit, Seuchen, Hungersnöte durch Ernteausfälle und marodierende Söldnertruppen schädigten weite Teile des Reiches. Vielfach machten sich Ohnmachtsgefühle breit. Begleiterscheinungen wie Hexenverfolgungen griffen um sich. Deutschland erlebte bis zum 2. Weltkrieg keine schlimmere Zerstörung mehr. Man geht davon aus, dass die Bevölkerung von ca. 15 Millionen auf 10 Millionen zurückging (regional um bis zu 70%!).

Das Reich und Frankreich

Der ausgehandelte Frieden erwies sich im Reich als stabil, wenn er auch die Partikularinteressen weiter beförderte. Das bedeutete nicht, dass überall Frieden herrschte. Die weitere Geschichte Europas blieb geprägt von Kriegen. Der Antagonismus zwischen Habsburg und Frankreich bestand fort. Er gipfelte darin, dass der französische König Ludwig XIV., der ‚Sonnenkönig', sich gegen den Sohn des 1657 verstorbenen Kaisers Ferdinand III. bei der Wahl zum Kaiser aufstellen ließ. Erst nach langen Verhandlungen mit den Kurfürsten konnte sich Leopold I. durchsetzen.

Internationalität der deutschen Barockliteratur

Nicht nur die Politik, auch die Literatur wurde im 17. Jahrhundert permanent von anderen europäischen Literaturen beeinflusst. Wir haben bereits gesehen, dass die Niederlande für die protestantischen Gelehrten aus Deutschland wichtig waren (vgl. Kap. 3.1.). Von der dortigen Philosophie und auch von der niederländischen Barockliteratur lernten die Deutschen viel. Fast alle wichtigen deutschen Schriftsteller des 17. Jahrhunderts besuchten die Universitätsstadt Leiden oder Amsterdam. Daneben wurde die französische (Hof-)Kultur zentral, wie das Interesse an der Galanterie zeigt. Nicht nur katholische Gelehrte pflegten den Kontakt nach Italien, das das Land der Antike und der Renaissance war. Außerdem wurde über Italien die barocke Kultur Spaniens vermittelt, die zudem auch vom Kaiserhof befördert wurde.

Staatstheorie und Naturrecht

Hintergrund des Dreißigjährigen Krieges sind wesentliche Veränderungen der Staatstheorie in der Frühen Neuzeit. Zentral für die Staatstheorie sind bei Jean Bodin in den *Six Livres de la République* (1576) die Attribute ‚absolut' und ‚souverän'. Sie rechtfertigen die universale Macht des Herrschers, weil er außer Gott niemandem unterstellt ist. Das Problem für das deutsche Reich war nur, dass hier der Absolutismus niemals in Gänze sich durchsetzen ließ, weil die Partikularinteressen der starken Fürsten gegenüber dem Kaiser dem entgegenwirkten. Andererseits konnte zwar jeder Fürst in seinem Herrschaftsgebiet versuchen, absolut zu regieren. Doch blieb er zumindest formal dem Kaiser untergeordnet.

Legitimiert wurde das Herrschaftsverhältnis zwischen Souverän und Volk mit dem Naturrecht. Das meint, dass es eine Art natürlichen, immer schon gültigen Vertrag zwischen beiden gibt, aus dem sich für beide Seiten verbindliche Rechtsansprüche ableiten lassen. In den staatstheoretischen Überlegungen von Hugo Grotius und Samuel von Pufendorf wurde das Naturrecht von seinem religiösen Überbau gelöst. Thomas Hobbes hat in seinem berühmten Buch *Leviathan* (1651) diese Vorstellungen dahingehend konkretisiert, dass das Volk dem Souverän die Macht überträgt und sich ihm damit unterwirft. Im Gegenzug garantiere der Souverän Schutz und Ordnung.

Die sich an diesen Überlegungen anknüpfende Frage war, ob das Volk dem Herrscher die Macht auch wieder entziehen kann. Die Idee des Widerstandsrechts war damit in der Welt. Es wurde schon im 17. Jahrhundert heiß diskutiert.

Zusammenfassung

Der Dreißigjährige Krieg ist das wichtigste Ereignis des 17. Jahrhunderts. Doch greift man zu kurz, wenn man ausschließlich ihn als Schlüssel zur Barockliteratur ansieht. Mit dem ‚Welttheater', dem *politicus*-Ideal oder der Galanterie sind nur einige Vorstellungen und Ideen genannt, die in der Barockliteratur denen zur Seite treten, die wir aus dem Späthumanismus kennen.

Literatur

Barner, Wilfried, Stilbegriffe und ihre Grenzen. Am Beispiel ‚Barock', in: Deutsche Vierteljahrsschrift für Literaturwissenschaft und Geistesgeschichte 45 (1971), S. 302-325.

Bircher, Martin, Ferdinand van Ingen (Hg.), Sprachgesellschaften, Sozietäten, Dichtergruppen, Hamburg: Hauswedell 1978.

Boockmann, Hartmut, Wissen und Widerstand. Geschichte der deutschen Universität, Berlin: Siedler 1999.

Borgstedt, Thomas, Andreas Solbach (Hg.), Der galante Diskurs. Kommunikationsideal und Epochenschwelle, Dresden: Thelem 2001.

Hoffmeister, Gerhart, Deutsche und europäische Barockliteratur, Stuttgart: Metzler 1987.

Lohmeier, Anke-Marie, ‚Vir eruditus' und ‚Homo politicus'. Soziale Stellung und Selbstverständnis der Autoren, in: Die Literatur des 17. Jahrhunderts, hg. von Albert Meier, München: Hanser 1999, S. 156-175.

Martus, Steffen, Sprachtheorien, in: Die Literatur des 17. Jahrhunderts, hg. von Albert Meier, München: Hanser 1999, S. 140-155.

Fragen

1. Was ist das *politicus*-Ideal?
2. Was versteht man unter der Internationalität der deutschen Barockliteratur?

Textproduktion, Textkritik und Textverstehen: Rhetorik, Philologie und Hermeneutik 4.2

Spätestens mit dem Späthumanismus wird das gelehrte Fundament der Literatur deutlich. Durch ihre akademische Ausbildung sind die Schriftsteller auf vielfältige Weise mit Rhetorik, Philologie und Hermeneutik vertraut. Diese drei Kulturtechniken werden vorgestellt und mit der Barockliteratur näher in Verbindung gebracht.

Barockrhetorik

Wenn es heißt, die frühneuzeitliche Literatur habe ein rhetorisches Fundament, kann das die enge Verschränkung von (rhetorischen) Zweckformen und poetischen Formen meinen, wie wir im Aufbaumodul 1 gesehen haben. Da die Rhetorik eine auf Textproduktion zielende Theorie ist, bietet es sich ebenso an, das Ineinander von Poesie und Rhetorik nicht von den Produktionsergebnissen aus, sondern aus dem Blickwinkel der zu Grunde liegenden Theorie zu betrachten.

Ausdifferenzierung der Topik

Melanchthon war für die Rhetorik der Frühen Neuzeit unter anderem deswegen so wichtig, weil er die Topik auf ein neues Fundament stellte. Die Topik ist die Lehre vom Topos (Pl. Topoi). Sie nennt die Fundorte von Beweisen und Argumenten etwa für die Gerichtsrede in einem einschlägigen rhetorischen Handbuch. Melanchthon generalisierte dieses Verständnis der Topik in seinen *Loci communes* (lat. ‚allgemeine Orte'; lat. *locus* entspricht griech. *topos*) inhaltsbezogen. Er entwickelte auf diese Weise eine Art System der Einzelwissenschaften, in denen die *loci communes* zu epistemologischen „Leitbegriffe[n]" wurden, „die Einzelwissenschaften konstituierten".[5] Damit hatte Melanchthon das Fundament dafür gelegt, dass die Rhetorik in unterschiedlichen Disziplinen ausdifferenziert werden konnte. In der Theologie etwa galt nicht mehr die generelle rhetorische Topik, sondern eine theologische.

Mit Melanchthons Ausdifferenzierung konnte sich die Rhetorik in unterschiedlichen gesellschaftlichen Feldern verankern. Im 17. Jahrhundert wurde z.B. die Hofberedsamkeit, die ihren Ursprung im *Il libro del Cortegiano* (‚Buch vom Hofmann') des Spaniers Baldesar Castiglione hatte, ein immer wichtigeres Feld der

Rhetorik. Die Hofberedsamkeit ging in Deutschland im 17. Jahrhundert eine wirkungsmächtige Allianz mit dem *politicus*-Ideal ein (vgl. Kap. 4.1.).

res/verba-Problem

Die Bedeutung der Rhetorik reichte außerdem in die Sprachphilosophie. Wichtig ist das Verhältnis der *res* (lat. die ‚Dinge', ‚Sachen') zu den *verba* (lat. die ‚Worte', ‚Ausdrücke') – also das Verhältnis von sprachlichem Zeichen und Ausdruck. Dieses Problem berührt die schriftstellerische Produktion. Eine Rede kennt nach rhetorischem Grundmuster fünf Produktionsphasen: 1. *inventio* (Auffinden der Redegegenstände), 2. *dispositio* (Ordnen der Redegegenstände), 3. *elocutio* (Ausformulierung), 4. *memoria* (Einprägen der Rede) und 5. *actio/pronuntiatio* (Vortrag).

Wie sehr die Poetiken von der Rhetorik geprägt sind, zeigen – wie wir schon wissen (vgl. Kap. 3.2.) – die Kapitel V, VI und VII im *Buch von der Deutschen Poeterey*. Das VI. Kapitel beginnt folgendermaßen: „NAch dem wir von den dingen gehandelt haben/ folgen jetzund die worte; wie es der natur auch gemeße ist."[6] Damit ordnet Opitz *res* und *verba* bestimmten Produktionsphasen (hier von Literatur) zu.

Das erklärt, warum bei bestimmten Gattungen und Redeanlässen in der Frühen Neuzeit kategorisch an der Dreistillehre, dem hohen, mittleren und niederen Stil, sowie am *aptum* bzw. dem *decorum*, der Forderung nach Angemessenheit zwischen Stil und Redegegenstand, festgehalten wird. Da der Redner gehalten ist, dem christlich geordneten Kosmos und den darin angeordneten Dingen gerecht zu werden, schlägt sich die Ordnung der Welt in *inventio* und *dispositio* schon nieder, bevor sie in der *elocutio* zum Ausdruck kommt. Dabei erfordert die rhetorische Angemessenheit Urteilsvermögen (*iudicium*), das ebenfalls von der *inventio* an den Redner leitet.

Sprachphilosophische Dimension der Rhetorik

Aus dem rhetorischen Grundverständnis vom Zusammenhang von *res* und *verba* ergeben sich zwei mögliche sprachphilosophische Ansätze in der Frühen Neuzeit. Der eine geht von einer natürlichen Übereinstimmung von beiden aus (Ähnlichkeitsprinzip), der andere favorisiert ein Konventionsprinzip, das getroffene Übereinkünfte annimmt, die sich standardisiert haben. Viele Sprachtheoretiker des Barock bevorzugten das Ähnlichkeitsprinzip.

Kompliziert werden die Überlegungen zur barocken Sprachphilosophie zudem deswegen, weil sie sich nicht einfach in das auf de Saussure zurückgehende binäre Zeichensystem (aus Signifikat und Signifikant) übertragen lassen. Michel Foucault hat in *Die Ordnung der Dinge* zu zeigen versucht, dass bis zur 1662 vom

Mathematiker und Theologen Antoine Arnauld publizierten Schrift *La logique ou l'art de penser* (überlicherweise die *Logik von Port Royal* genannt) eine andere Organisation der Zeichen existierte:

> Sie [die Zeichenordnung] ist ternär, weil sie sich des formalen Gebietes der Zeichen, dann des Inhalts, der durch diese Zeichen signalisiert wird, und der Ähnlichkeit bedient, die diese Zeichen mit den bezeichneten Dingen verbinden. Aber da die Ähnlichkeit ebenso die Form der Zeichen wie ihr Inhalt ist, lösen sich die drei getrennten Elemente dieser Distribution in einer einzigen Figur auf.[7]

Wolfgang Iser hat in *Das Fiktive und das Imaginäre* gute Gründe dafür angeführt, das Aufbrechen des ternären Zeichensystems früher anzusetzen. Diese Debatte ist nicht abgeschlossen. Sie mahnt zur Vorsicht vor raschen und unüberlegten ‚Übersetzungen' der frühneuzeitlichen Zeichentheorien in die Gegenwart, zumal sich die Begrifflichkeiten sehr nahe sind.

Angesichts dieser Divergenzen scheint es vielversprechend zu sein, wenn das rhetorikgeschichtliche Wissen der Frühneuzeit-Forschung intensiver mit den historischen Überlegungen des Poststrukturalismus in Verbindung gebracht würde. Damit wäre zugleich ein wichtiger Schritt von der zur Zeit dominierenden kulturgeschichtlichen hin zur kulturwissenschaftlichen Auseinandersetzung genommen. Der Fluchtpunkt dieser Entwicklung könnte eine moderne Problemgeschichte sein, die die historischen Voraussetzungen kennt und gleichzeitig theoretisch auf hohem Niveau argumentiert. Sie hätte die Aufgabe, wie Dirk Werle überzeugend ausgeführt hat, „die Funktion und insbesondere die Genese bestimmter Ideen in einer Zeit erklären zu können. So verstanden, entwirft Literatur Lösungen für Probleme, und zwar sowohl allgemein gesellschaftliche als auch besonders kulturelle und philosophisch-wissenschaftliche."[8]

Philologie und Hermeneutik

Das Verhältnis der *verba* zu den *res* und ebenso das Ähnlichkeitsprinzip werfen die Frage auf, was hinter den Worten steht, was die ‚eigentliche' Bedeutung ist. Das setzt zweierlei voraus: 1. Der Text muss zuverlässig sein. 2. Es muss allgemeingültige, konventionalisierte Regeln des Verstehens geben.

Philologie

Für den ersten Punkt ist die Philologie zuständig. In der Frühen Neuzeit meint ‚Philologie' an erster Stelle Textkritik, also das Sichten, Vergleichen und Verbessern von Textzeugnissen, um auf diese Weise einen stabilen Text herzustellen, von dem gesagt werden kann, dass er dem ursprünglichen Zustand entspricht. Die Philologie war schon in der Renaissance eine wichtige Wissenschaft. Dort konzentrierte sie sich auf handschriftlich überlieferte Texte und Fragmente.

Seit der christlichen Antike ist die Philologie eng mit dem exegetischen Verstehen verknüpft. Denn die Exegese ist nach Meinung des Kirchenvaters Augustin (354-430) gegliedert in *lectio* (Lektüre), *emendatio* (Textverbesserung), *enarratio* (Interpretation) und *iudicium* (Beurteilung). Philologie zielt somit immer auf Verstehen.

Eine nationale Dimension, wie wir sie vom Begriff ‚deutsche Philologie' kennen, ist ‚Philologie' in der Frühen Neuzeit nicht eigen. Der Begriff bezieht sich ausschließlich auf antike Texte, wobei er immer die der *Bibel* mit umfasst, weswegen ein zentrales Feld der Philologie die Bibelphilologie ist (*philologia sacra*).

Hermeneutik

Für den zweiten Punkt – das Verstehen – ist die Hermeneutik zuständig, die Wissenschaft und Kunst der Auslegung. In der Theologie war sie bereits in der Spätantike und im Mittelalter ausdifferenziert. Schon damals wurde die Theorie vom vierfachen Schriftsinn eingeführt. Sie geht davon aus, dass eine Äußerung in der *Bibel* bis zu vier Bedeutungen haben kann. So steht der Name ‚Jerusalem' zunächst für die konkrete Stadt, das ist der wörtliche, der Literalsinn. Allegorisch lässt sich ‚Jerusalem' als Ausdruck für die Kirche Gottes bzw. Christi deuten, tropologisch für die Seele des Menschen und anagogisch (das meint ‚endzeitlich') für das kommende, himmlische Jerusalem.

Dieses exegetische Prinzip hatte bis zum Ausgang des Mittelalters bemerkenswerte Blüten getrieben. In der Reformation und im Rahmen der katholischen Reformen erfolgte der erste wesentliche Einschnitt in dieses Prinzip, indem der Literalsinn eine Aufwertung gegenüber den anderen drei Formen des Schriftsinns erfuhr – bei den Protestanten tendenziell stärker als bei den Katholiken. Das bedeutete aber nicht zwingend eine Abkehr von etablierten Deutungen.

Eine Herausforderung besonderer Art für das Verstehen ergab sich aus den astronomischen Erkenntnissen von Nikolaus Kopernikus (1473-1543) und Galileo Galilei (1564-1642), die das heliozentrische Weltbild entdeckten bzw. begründeten. Damit gerieten etablierte Deutungsmuster der Bibelexegese in Frage. Denn dass die Sonne sich um die Erde dreht, war unter Rekurs auf die *Bibel* (Jos 10,13) herrschende Lehrmeinung. Die kopernikanische Wende stellte also nicht nur die generelle Gültigkeit der *Bibel* in Frage, sondern auch etablierte Techniken des Verstehens.

1670 bestritt Baruch de Spinoza (1632-1677) anonym im *Tractatus theologico-politicus* (‚Theologisch-politischer Traktat') den Führungsanspruch der Theologie, unter Rückgriff auf die *Bibel* Aussagen über die Welt und den Menschen formulieren zu dürfen und zu müssen. Spinoza machte damit den Weg frei für die historisch-kritische Bibelhermeneutik der Aufklärung, auch wenn damit noch nicht die Möglichkeit geleugnet war, dass die *Heilige Schrift* von Gott inspiriert ist.

Lesbarkeit der Welt

Mit Spinoza war zugleich ein für die Frühe Neuzeit grundlegendes Konzept erschüttert: die Vorstellung von der „Lesbarkeit der Welt".[9] Sie war neben der Vorstellung vom *theatrum mundi* (vgl. Kap. 4.1.) in der Frühen Neuzeit besonders wichtig und spiegelt wider, wie sehr die Menschen um Verstehen gerungen haben. Aber eben das wurde durch den Zuwachs an naturwissenschaftlichen und historischen Erkenntnissen immer komplizierter. Denn dem einen Buch, der *Bibel*, wurden weitere Bücher wie das der Natur zur Seite gestellt, ohne dass sie die Sehnsucht nach Seelenheil erfüllen konnten.

Parallel zu diesen grundlegenden Entwicklungen hatte sich die Hermeneutik in den unterschiedlichen Disziplinen differenziert. Es entstanden im Verlauf der Frühen Neuzeit immer komplexere theologische, juristische, medizinische und philosophisch-philologische Hermeneutiken.

Die Folgen von Philologie und Hermeneutik äußerten sich in der Literaturproduktion. Sie war Teil der gelehrten Praxis. Deswegen sind bei vielen Gedichtsammlungen Kommentare zu den eigenen Texten ganz selbstverständlich Teil der Werkausgabe. Offensichtlich wird das beim barocken Trauerspiel. Im Anschluss an den Dramentext fügte fast jeder Schriftsteller, der etwas auf sich hielt, einen Stellenkommentar oder eine Erläuterung der historischen Umstände seinem Text hinzu.

Eben weil das Verstehen in so vielfältiger Weise im Barock zum Problem wurde, versuchte es der Autor zu bändigen. Einige dieser Selbstkommentierungen wiederum erleichtern jedoch gerade nicht das Verständnis des Textes. Manchmal scheint es so zu sein, dass die Eigeninterpretation den Text eindeutiger interpretiert, als er angelegt ist. Das fordert erst recht den Interpreten heraus: Ist es die historische Distanz, wegen der wir den Text anders interpretieren? Oder hat der Autor hinter der Maske des Kommentars versucht, seine Anliegen zu verstecken? Oft lassen sich solche Fragen nicht mehr abschließend beantworten. Die daraus folgende „Mechanik der Unaufhörlichkeit“[10] des Interpretierens, über die George Steiner – selbst ein Philologe – einmal geklagt hat, ist deswegen Folge der Literatur selbst. Den Philologen-Dichtern der Frühen Neuzeit war das klar.

Zusammenfassung

Im Unterschied zur Rhetorik wurden in der Frühneuzeitforschung Philologie und Hermeneutik lange Zeit kaum beachtet. Auch wenn es vielleicht übertrieben wäre, sie zusätzlich zum ‚Fundament‘ barocker Literatur zu erklären, so trägt das Wissen von ihnen doch dazu bei, den gelehrten Duktus und Habitus der Barockliteratur zu verstehen.

Literatur

Barner, Wilfried, Barockrhetorik. Untersuchungen zu ihren geschichtlichen Grundlagen, Tübingen: Niemeyer 1970.

Braungart, Georg, Hofberedsamkeit. Studien zur Praxis höfisch-politischer Rede im deutschen Territorialabsolutismus, Tübingen: Niemeyer 1988.

Häfner, Ralph (Hg.), Philologie und Erkenntnis. Beiträge zu Begriff und Problem frühneuzeitlicher ‚Philologie‘, Tübingen: Niemeyer 2001.

Schönert, Jörg, Friedrich Vollhardt (Hg.), Geschichte der Hermeneutik und die Methodik der textinterpretierenden Disziplinen, Berlin: de Gruyter 2005.

Till, Dietmar, Transformationen der Rhetorik. Untersuchungen zum Wandel der Rhetoriktheorie im 17. und 18. Jahrhundert, Tübingen: Niemeyer 2004.

Vanek, Klara, *Ars corrigendi* in der frühen Neuzeit. Studien zur Geschichte der Textkritik, Berlin, New York: de Gruyter 2007.

Fragen

1. Warum spricht man vom rhetorischen Fundament der Barockliteratur?
2. Was meint die Metapher vom ‚Buch der Natur‘?

Barocklyrik zwischen Systemdenken und Formvielfalt 4.3

Wird von ‚der' Barocklyrik gesprochen, meint das zunächst: Sonett, Alexandriner und – personalisiert – Andreas Gryphius. Daneben aber, und das macht die Barocklyrik im Kern aus, kommt es zu einer enormen Vervielfältigung der Formen und Motive. Die im Späthumanismus angelegte Orientierung an antiken und zeitgenössischen ausländischen Dichtungstraditionen setzt sich fort. Die deutsche Lyrik ist im Barock internationaler als in den vorausgehenden Epochen und vielleicht auch als in den nachfolgenden. Voraussetzung für die lyrische Vielfalt ist der enorme Aufschwung der Gelegenheitsdichtung.

Lyrik und literarisches Leben

Kontinuitäten

Von Opitz' Literaturreformen führte kein Weg zurück ins 16. Jahrhundert. Für die Gedichte aus den Jahrzehnten vor und nach der Reformation hatten die deutschsprachigen Schriftsteller nur mehr Spott über. Bezeichnenderweise bekam im 17. Jahrhundert das Wort Knittelvers seine pejorative Note.

Aber die volkssprachliche Dichtung des 16. Jahrhunderts lebte teilweise fort. Die Grenzen verliefen nicht mehr zwischen Latein und Volkssprache, aber weiterhin zwischen sozialen Milieus. Auch wenn wir nur wenig über dieses Weiterleben bis ins 17. Jahrhundert wissen, steht fest, dass es bis 1670 in Breslau – immerhin ein Zentrum der von Opitz erneuerten Dichtkunst – eine Singschule gab, die in der Tradition des Meistersangs stand. Dieses Nebeneinander von alter und neuer Dichtkunst in Breslau macht deutlich, dass die Versreformen nicht mit einem Schlag durchgesetzt wurden. Ob die Polemik der Opitzianer gegen das Alte in manchen Fällen einer Konkurrenzsituation geschuldet war, wissen wir nicht genau. Am Ende des Jahrhunderts hatte sich die reformorientierte Lyrik durchgesetzt.

Trägerschicht

In der barocken Kultur war das Dichten zu bestimmten Anlässen sehr beliebt. Die Grenzen zwischen Gelegenheits- und Kunstdichtung waren fließend. Viele Schriftsteller schrieben zunächst für einen Anlass ein Gedicht und publizierten es später in einer Gedichtsammlung, oft *Poemata* genannt. Es waren eigentlich immer an Universitäten ausgebildete Männer, die dann als Professoren an örtlichen Bildungsinstituten, als Theologen, Juristen und Mediziner in verschiedenen Regionen des Reiches und zu verschiedenen Anlässen nach den Regeln von Opitz und seinen Nachfolgern Gedichte schrieben und die neue Dichtkunst verbreiteten.

Anfang der 80er Jahre des letzten Jahrhunderts – nach dem Schwenk zur Sozialgeschichte – ist ein heftiger Streit um die ‚Bürgerlichkeit' der Barockliteratur entbrannt (vgl. auch Kap. 2.1.). Die in der Kontroverse leitende Frage war, ob die barocken Schriftsteller als Vorläufer einer bürgerlichen Literatur, wie sie das 18. Jahrhundert kennt, betrachtet werden können. Gegen diese Deutung spricht einerseits, dass Literatur im 17. Jahrhundert weiterhin vielfach in höfischen Kontexten stattfand. Zum anderen spricht dagegen, dass das Selbstverständnis der Dichter im 17. ein anderes war als im 18. Jahrhundert. Ein Konsens wurde in dieser Frage nicht hergestellt, doch neigt man inzwischen zu differenzierten Antworten. Zudem zeigen die Sprachgesellschaften (vgl. Kap. 4.1.), dass ein allzu offensives Gegenüber von Aristokratie und Bürgertum für die barocke Dichtkunst nicht trägt. Außerdem waren viele Schriftsteller als Räte an Höfen tätig.

Literarische Zentren

Die Frage nach der Bürgerlichkeit der barocken Literatur hat ihren Ursprung in der Einsicht, dass im 17. Jahrhundert das literarische Leben primär regional organisiert war. Es gab verschiedene literarische Zentren. Manche dieser Zentren waren neu. Besonders wichtig wurde Schlesien, wohin Opitz zurückkehrte, wo Gryphius schrieb und wo Lohenstein und Hoffmannswaldau tätig waren. Andere Zentren verloren im Vergleich zum 16. Jahrhundert an Bedeutung wie Straßburg, das als Hochburg des Humanismus weit ins Reich hinein wirkte. Besonders bemerkenswert ist Nürnberg. Die Reichsstadt erfand sich in literarischer Hinsicht im 17. Jahrhundert gewissermaßen neu. Sie stand im 16. Jahrhundert für Hans Sachs und damit für Fastnachtspiel und Meistersang. Mitte des 17. Jahrhunderts fand sich in der Reichsstadt die vielleicht größte Schriftsteller-Dichte des gesamten deutschen Barock. Neben den uns schon bekannten Birken, Harsdörffer und Klaj ist etwa an Johann Michael Dilherr (1604-1669) und Catharina Regina von Greiffenberg (1633-1694) zu den-

Abb. 38: Georg Philipp Harsdörffer (1607-1658), Gründer des Pegnesischen Blumenordens

ken. Die Bedeutung Nürnbergs schlug sich ebenso in der Gründung des Pegnesischen Blumenordens nieder.

Daneben waren drei Zentren wichtig für die deutsche Barockliteratur. In Hamburg waren Johann Rist (1607-1667) und Philipp von Zesen tätig, die beide als energische Vertreter von Opitz' Versreformen gelten können. Ebenfalls früh zu Opitz bekannten sich die Dichter in Leipzig, die zudem durch den Kantor Johann Hermann Schein (1585-1630) mit Lieddichtungen mit romanischen Motiven und Themenkreisen in Verbindung kamen. Als wichtiger Schriftsteller der frühen Leipziger Dichtung gilt Paul Fleming (1609-1640), der später u.a. im Baltikum tätig war und dort die Gelegenheitsdichtung beförderte. Königsberg ist das dritte bedeutende Dichtungszentrum. Als sein wichtigster Vertreter gilt Simon Dach (1605-1659), der zusammen mit dem Domorganisten Heinrich Albert (1604-1651) einen Dichterkreis anführte, der sich regelmäßig in der Kürbishütte in Alberts Garten traf. Diese Hütte gab dem Kreis ihren Namen. In ihren Dichtungen und Liedern werden zahlreiche Themen und Motive berührt, die typisch sind für die Barockdichtung. Die Königsberger Dichtungen wurden für die Treffen des Kreises geschrieben und dann dort vorgetragen. Deswegen lässt sich bei den Königsbergern der Zusammenhang zwischen Gelegenheit und Lyrik *par excellence* beobachten.

Gelegenheitslyrik

Angesichts der Dichtungszentren und des regional organisierten literarischen Lebens könnte der Eindruck entstehen, als sei Dichtung in anderen Regionen des Reichs weniger bedeutend gewesen. Aber das ist nicht so, zumindest nicht, wenn man die Gelegenheitsdichtung berücksichtigt.

„Dichtung ist in der Frühen Neuzeit in vielen Fällen an besondere Gelegenheiten gebunden." Eine Aussage ähnlich wie diese trifft man in vielen Darstellungen zur barocken Lyrik – und sie ist richtig. Nur ist sie derart generell nicht weiter bemerkenswert. Denn wir kennen bis heute viele Fälle von Gelegenheitsdichtung (auch: Kasualdichtung): „Opi wird heut' siebzig Jahr!" Wichtig für das Interesse an der barocken Gelegenheitslyrik ist, dass sie versuchte, die neuen künstlerischen Ansprüche umzusetzen. Gelegenheitsdichtung heute hat einen solchen Anspruch kaum. Das Wort ‚Gelegenheitsdichtung' umfasst neben der Gelegenheitslyrik (auch: Kasuallyrik) Predigten und Reden bei Hochzeiten und Begräbnissen sowie Festspiele bei höfischen oder städtischen Feierlichkeiten.

Das große Interesse, das die Gelegenheitsdichtung in den letzten Jahrzehnten in der Forschung erfuhr, hat zwei Ursachen. Zum einen eignen sich Gelegenheitsschriften, um das soziale Umfeld einer Person zu rekonstruieren, denn wir sind meist nur spärlich über die Menschen der Frühen Neuzeit informiert. Mit Hilfe der Kasualdichtung lassen sich Einblicke in das Leben einzelner Menschen gewinnen.

Zum anderen lässt sich an der Gelegenheitslyrik feststellen, wie rasch und wie intensiv sich die Versreformen von Opitz im deutschen Sprachraum durchzusetzen vermochten. Opitz hatte die Gelegenheitsdichtung im *Buch von der Deutschen Poeterey* als wichtige Aufgabe benannt: „Es wird [...] keine hochzeit/ kein begräbnüß ohn vns [die Poeten] gemacht; vnd gleichsam als niemand köndte alleine sterben/ gehen vnsere gedichte zuegleich mit jhnen vnter."[11]

Opitz' Einschätzung bestätigten die meisten anderen Barock-Dichter durch ihre Arbeit. Es gibt wohl keinen unter ihnen, in dessen Werk sich nicht mindestens ein Kasualgedicht findet. Und ihnen war ihre Gelegenheitslyrik nicht etwa unwichtig. Künstlerisch war ihnen die Kasuallyrik gleichbedeutend mit den anderen Gedichten. So finden sich die gelegenheitsgebundenen wie die –ungebundenen Gedichte versammelt in Büchern, die ‚Poetische Wälder' heißen. Dieser Titel rührt vom römischen Dichter Statius her, dessen Gedichtsammlung *Silvae* (‚Wälder') heißt.

Nähe zur Rhetorik

Die Abhängigkeit der Gelegenheitsdichtung vom Anlass lässt ahnen, dass diese Dichtung der Rhetorik nahe stand. Vielfach orientierten sich die Themen und Ausschmückungen an den Mustern, die die Rhetorik bereithielt. Gleichzeitig war es die Nähe zur Rhetorik, die im Verlauf des 17. Jahrhunderts vielen Theoretikern die Kasuallyrik problematisch werden ließ. Durch die gegen Ende des Jahrhunderts langsam beginnende Ablösung der Poesie von der Rhetorik wurde die Gelegenheitsdichtung ästhetisch heikel.

Geistliche Lyrik

Der immense Aufschwung der Lyrikproduktion und des Nachdenkens über Dichtung hat sich auch auf die geistliche Lyrik ausgewirkt. Schon in der Folge der Reformation war das Kirchenlied zu der wichtigsten Form der geistlichen Gelegenheitsdichtung geworden, die aber, da sie für Gottesdienste verfasst ist, immer auf Dauer und nicht auf den Tag hin angelegt ist. Im Barock erlebte das deutsche, lutherische Kirchenlied seinen zweiten Ursprung. Anders als in der Reformationszeit war die Religionspolemik selten. Es ist vor allem Paul Gerhardt (1607-

1676), der im Jahrhundert nach Luther mit Liedern wie *Geh aus mein Herz und suche Freud* oder *O Haupt voll Blut und Wunden* dazu beigetragen hat, dass das frühneuzeitliche Kirchenlied anders als seine weltlichen Geschwister bis heute sehr bekannt ist.

Poetik der Barocklyrik

Die Poetiken in der Nachfolge von Opitz (vgl. Kap. 3.2.) betonten für die Lyrik besonders die Normen. Doch haben manche Poetiken den Schriftstellern auch Spielräume ermöglicht.[12] In den Poetiken konnten aber neben solchen rein ‚literarischen' auch weitergehende ethische oder ästhetische Fragen erörtert werden. Harsdörffer ging in seinem *Poetischen Trichter* (1647-1653) ausführlich auf das Verhältnis von Poesie und Bildkunst ein. Damit aktualisierte er einerseits die seit Horaz virulente Frage nach den Unterschieden und Stärken der beiden Künste („*ut pictura poesis*"; ‚Dichtung ist wie ein Gemälde'). Gleichzeitig leistete er eine Erweiterung des Kompetenzrahmens der Poesie angesichts der vielfachen Verschränkungen von Literatur und Bild, die sich in der Emblematik (vgl. Kap. 3.2.) und in den Bildgedichten äußerten. Die im *Poetischen Trichter* theoretisch aufgeworfenen Fragen ließ Harsdörffer ungefähr zeitgleich (1644-1657) in seinen berühmten *Frauenzimmer Gesprächspiele* debattieren. Das waren fiktive Gespräche zwischen mehreren Beteiligten über Fragen der Kunst und Literatur.

Harsdörffers Dichterfreund Birken legte 1679 die *Teutsche Rede-bind- und Dicht-Kunst* vor. Sie bot den Verfassern von Gelegenheitsschriften Anleitungen. Ferner wurde in ihr über das Verhältnis von christlicher Moral und Dichtkunst reflektiert. Auch ein Vierteljahrhundert nach dem Ende des Dreißigjährigen Krieges bestand der enge Zusammenhang zwischen Dichtung und Religion fort.

„Reim' Dich oder ich fress' Dich!"

Die Poetiken ergänzend, kamen Reimlexika auf – einen ersten Reimregister lieferte Zesen im *Deutschen Helikon* (seit 1640). Doch stießen solche Hilfsmittel für die Dichtkunst nicht nur auf Zustimmung. 1673 publizierte Gottfried Wilhelm Sacer (1635-1699) ein Buch mit dem sprichwörtlich gewordenen Titel *Reime dich/ oder ich fresse dich*. Doch brach das Buch nur vordergründig mit der Dichtungspraxis der Zeit. Es griff die zahlreichen selbstberufenen Dichter an, die mit Hilfe von Reimlexika ihre Gedichte verfassten. Sacer drängte mittels Satire und Ironie auf eine saubere Prosodie und tiefe Regelkenntnis. Er erteilte damit gerade einer ungelehrten, sich ganz auf das Reimen beschränkenden Dichtkunst eine Absage, nicht aber der barocken Dichtungspraxis insgesamt.

Formgeschichte

Metrik

Opitz hatte Jambus und Trochäus eingeführt, einige Jahre später Buchner den Daktylus – die ‚Buchner-Art' (vgl. Kap. 3.2.). Abermals nur wenige Jahre später fasste der Sprachtheoretiker Schottel die Nachahmung antiker Versfüße im Deutschen folgendermaßen zusammen:

> Die gründliche Betrachtung Teutscher Wörter/ die natürliche Anmuth/ Wolstand und Wollaut der Reimen/ und der bißher beliebte gute Gebrauch Teutscher Poeten beweisen und lehren uns dieses/ daß wir nemlich alle und jede Reimarten wol ordnen/ verfertigen und abmessen künnen durch Hülffe der sechs Reimmassen/ als da ist die

Langkurtze	– ∪	Trochaeus.	Doppelkurtze	∪ ∪	Pyrrichius.
Kurtzlange	∪ –	Iambus.	Langgekürtzte	– ∪ ∪	Dactylus.
Doppellange	– –	Spondaeus.	Gekürtztlange	∪ ∪–	Anapaestus.[13]

Fortsetzung der Versreform

Die Versreform hatte nicht nur Auswirkungen auf die Gestaltung der Verse, sondern auch auf die Strophen und das gesamte Gedicht. Auf der Versebene blieben Alexandriner und Vers commun (vgl. Kap. 3.2.) dominierend. Der Alexandriner steht dabei bis heute wie kein anderer Vers für die barocke Literatur, weil er nicht nur im Trauerspiel, sondern auch im Sonett elementar war.

Sonett

Das Sonett stammte aus der Renaissancedichtung. Erste deutsche Versuche folgten in der Mitte des 16. Jahrhunderts (etwa von Fischart 1573), durchzusetzen vermochte es sich aber erst nach der Etablierung des Alexandriners. Das Sonett besteht aus zwei Quartetten, die ein stabiles Reimschema aufweisen (abba abba), und zwei Terzetten, die in der Reimstellung variieren können. Im italienischen Sonett wurden Reimpaare vermieden (cdc dcd). Dagegen setzte der Franzose Ronsard auf Reimpaarbildung (ccd eed). Opitz favorisierte diese Bauweise.

Im Unterschied zu Alexandriner und Vers commun waren andere Versarten an bestimmte Gedichtformen gebunden. Sie traten neben die im Späthumanismus eingeführten Hymne, Ode und Elegie (vgl. Kap. 3.3.). Sie waren wie das Sonett aus den Romania entlehnt – in Fortsetzung der von Opitz etablierten Einbürgerungspraxis.

Madrigal

Mit Caspar Zieglers (1621-1690) Buch *Von den Madrigalen* (1653) kam das Interesse am Madrigalvers aus der italienischen

Singspieldichtung auf. Madrigale waren wegen ihrer großen Singbarkeit beliebt. Sie sind metrisch nicht derart streng wie der Alexandriner. Die meistens alternierenden Madrigalverse können innerhalb eines Gedichts unterschiedlich viele Hebungen haben und sind gereimt, folgen aber keinem festen Reimschema. Das Madrigal ist nicht strophig. So dichtete der Jurist und Prinzenerzieher Benjamin Neukirch (ca. 1670-1735) folgendes, der Galanterie verpflichtete Madrigal:

An Sylvien

Was fluchst du, Sylvia, wenn meine schwartze hand
    Um deinen busen spielet?
Sie war so weiß als du, eh' sie der liebe brand,
    Und deine macht gefühlet.
Flöstu das feuer nun in meine glieder ein,
So kan ja meine hand nicht schnee und marmel seyn.
Du sprichts: Sie hat hier nichts zu suchen und zu thun.
    Gar recht; Es soll auch bleiben.
Sie suchet nichts als dich, sie wünschet bloß zu ruhn,
    Und ihren schertz zu treiben.
Was ursach hast du dann, daß du dich so beklagst?
Da du doch diese gunst den flöhen nicht versagst.[14]

Rondeau

Ähnlich beliebt war das aus dem Französischen übernommene Rondeau. Erste Versuche, es in die deutsche Literatur einzuführen, machte ebenfalls Fischart. Durchzusetzen vermochte es sich im Barock. Im Rondeau wird der erste Teil vom ersten Vers als Refrain im achten und im letzten Vers wieder aufgenommen, so dass es einen zyklischen Charakter bekommt. Der barocken Tendenz zum Sprachpurismus entsprechend, wurden für das Rondeau verschiedene Lehnübersetzungen gebildet: ‚Ringelgedicht' etwa oder – wie im vorliegenden von Weckherlin stammenden Beispiel aus dem Friedensjahr 1648 – ‚Rund-um':

An die Marina.
Ein Rund-vmb

    Jhr wisset was für schwere klagen/
Für grosse schmertzen/ sorg vnd plagen
Mich ewre Schönheit zart vnd rein/
Vnd ewrer braunen augen schein
Schon lange zeit hat machen tragen.
    Was solt ich euch dan weitters sagen/
Weil vns die lieb zugleich geschlagen/
Dan das vns jetz kan füglich sein
    Jhr wisset was.

Derhalben länger nicht zu zagen/
So wollet mir nu nicht versagen
Vil taussent küß für taussent pein;
Vnd weil wir beed jezund allein
So lasset vns auch vollends wagen
 Jhr wisset was.[15]

Die spielerische Ironie dieses Gedichts liegt darin, dass auf der Wortebene zwar die formalen Anforderungen erfüllt werden, grammatisch aber eine Umwidmung des Refrains vorgenommen wird. Während im ersten Vers das „was" Relativpronomen ist, ist es dann Indefinitpronomen und steht für das, was angedeutet wird, aber unausgesprochen bleibt: den Beischlaf.

Epigramm

An der Schnittstelle zwischen antiker und romanischer Dichtungstradition – und wohl nicht zuletzt deswegen im Barock beliebt und bewundert – steht das Epigramm. Es existierte schon in der Antike. Als Musterautor gilt der Römer Martial. Schon bei ihm musste das Epigramm zwei Forderungen erfüllen: Kürze und Scharfsinnigkeit. So meint Opitz: „die kürtze ist seine eigenschafft/ vnd die spitzfindigkeit gleichsam seine seele vnd gestallt; die sonderlich an dem ende erscheinet [...]."[16] Ein Epigramm ist ein kurzes, oft nur zwei Verse langes Gedicht, das ursprünglich Inschriftencharakter hatte. Entscheidend für das Epigramm ist die überraschende Wendung, die meist mit dem letzten Vers vorgenommen wird. In ihm wird eine Pointe, ein überraschender, neuer Sinn formuliert, weswegen das Epigramm auch ‚Sinngedicht' genannt wurde. Wann ein Gedicht kurz ist, darüber herrschte im Barock keine abschließende Einigkeit. Den antiken Vorlagen entsprechend, ging man meist von zwei bis sechs Versen aus.

Als Meister der Epigramm-Kunst gilt Friedrich von Logau (1604-1655), dessen Sammlung *Salomons von Golaw Deutscher Sinn-Gedichte Drey Tausend* 1654 erschien. Logau ist einer der wenigen Barock-Dichter, der in der Aufklärung nicht auf offenen Widerstand stieß, sondern geschätzt wurde. 1759 publizierten Karl Wilhelm Ramler und Gotthold Ephraim Lessing eine Neuausgabe seines Werks. Logaus Epigramme beschränken sich oft auf die Mindestlänge von zwei Versen – wie die folgende Polemik an der Konfessionalisierung in acht-hebigen Trochäen mit dem Titel *Glauben*, in der der entscheidende thematische Umschlag durch den inszenierten Kontrast zwischen Christentum und Konfession erfolgt:

> Luthrisch/ Päpstisch vnd Calvinisch/ diese Glauben alle drey
> Sind verhanden; doch ist Zweiffel/ wo das Christenthum dann sey.[17]

Daneben finden sich Sonette und Madrigale, die als Epigramm galten. Um die zweite Kategorie neben der Kürze, die Scharfsinnigkeit, zu erfüllen, bedarf es zunächst einer Erwartungshaltung, die aufgebaut und dann wieder aufgelöst wird. ‚Scharfsinnigkeit' zielt damit auf einen aufmerksamen, mitdenkenden Leser, der sich an Überraschungsmomenten und Konventionsverletzungen erfreut. Dahinter steht die Theorie der *argutia* (lat. ‚Scharfsinnigkeit'), die die Jesuiten ausdifferenziert haben und die durch einen überraschenden, neuartigen Einfall (ital. *concetto*, span. *concepto*) zu bestechen sucht (vgl. Kap. 4.1.). Den besonderen, ‚arguten' Witz des Epigramms macht dabei aus, dass etablierte Motive und bekannte Figuren der Literatur- und Kulturgeschichte vorgestellt und im Anschluss überraschend ironisiert oder satirisch karikiert werden.

Die Vorliebe für die *argutia* im Barock hat in der ersten Hälfte des 18. Jahrhunderts den ‚Schwulst'-Vorwurf befördert und dafür gesorgt, dass teilweise bis heute die Barockliteratur verrufen ist. Hoffmannswaldau schrieb folgendes Epigramm:

> Grabschrifft Mariae Magdalenae
>
> Hie ruht das schöne Haupt, hie ruht die schöne Schoß,
> Auß der die Liebligkeit mit reichen Strömen floß.
> Nach dem diß zarte Weib verließ den Huren-Orden,
> So sind die Engel selbst derselben Buler worden.[18]

Dieses Epigramm ist in formaler Hinsicht konventionell. Die Pointe des Epigramms liegt darin, dass Maria Magdalena von ihren Reizen selbst im Himmel nichts eingebüßt hat. Die Engel werden zu ihren Verehrern, so dass mit frivolem Unterton die Keuschheit der Engel in Frage gestellt wird.

Figurengedichte

In Figurengedichten nutzt man das Druckbild, um einen Gegenstand abzubilden, der inhaltlich mit dem Thema des Gedichts korrespondiert. Birken erinnert in der *Teutschen Rede-bind- und Dicht-Kunst* daran, dass die „Bildgebände [...] keine neue Erfindung [seien]/ sondern fast vor zwei tausend Jahren allbereit üblich gewesen".[19] Er reklamiert damit Ancienität für die Praxis der Figurengedichte und legitimiert sie dadurch. Als Vorläufer können die meditativen Stundenbücher des Mittelalters gelten, in denen sich ähnliche Figurengedichte finden.

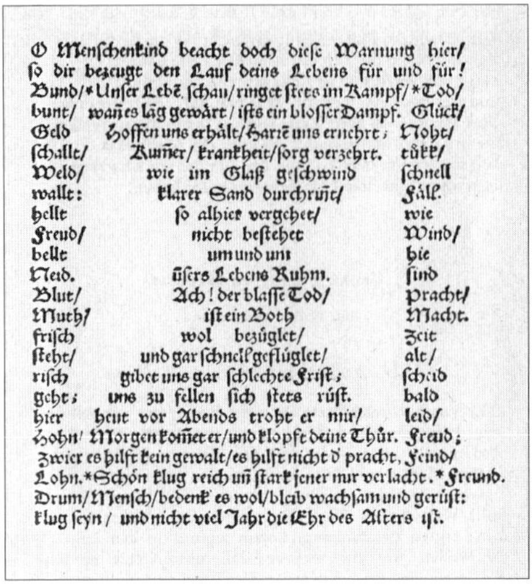
O Menschenkind beacht doch diese Warnung hier/
so dir bezeugt den Lauf deins Lebens für und für!
Bund/* Unser Lebē schau/ ringet stets im Kampf/ *Tod/
bunt/ wañ es lāg gewärt / ists ein blosser Dampf. Glück/
Geld Hoffen uns erhält/ Harrē uns ernehrt; Noht/
schallt/ Kum̄er/ krankheit/ sorg verzehrt. tükk/
Weld/ wie im Glaß geschwind schnell
wallt: klarer Sand durchruñt/ Fälk.
hellt so alhier vergehet/ wie
Freud/ nicht bestehet Wind/
bellt um und um hie
Neid. ūsers Lebens Ruhm. sind
Blut/ Ach! der blasse Tod/ pracht/
Muth/ ist ein Both Macht.
frisch wol bezüglet/ Zeit
steht/ und gar schnell geflüglet/ alt/
risch gibet uns gar schlechte Frist; scheid
geht; uns zu fellen sich stets rüst. bald
hier heut vor Abends troht er mir/ leid/
Hohn/ Morgen kom̄et er/ und klopft deine Thür. Freud;
Zwier es hilft kein gewalt/ es hilft nicht d' pracht, Feind/
Lohn.* Schön klug reich uñ stark jener nur verlacht. * Freund.
Drum/ Mensch/ bedenk es wol/ bleib wachsam und gerüst:
klug seyn/ und nicht viel Jahr die Ehr des Alters ist.

Abb. 39: ‚Sanduhr-Gedicht' in: Johann Helwig: *Die Nymphe NORIS*, Nürnberg: Endter 1650

Ähnlich selbstreferentiell wie das Figurengedicht, das die graphische Dimension von Lyrik betont und damit Überlegungen zur Grenze zwischen Text und Bild formuliert, geht der Klangreim vor. In ihm wird die akustische Dimension von Lyrik zentral. Beliebt waren die ‚Echogedichte', in denen jeweils am Versende ein Binnenreim steht, den Klang eines Echos nachahmend. Der Witz im Gedicht *Echo oder Wiederschall* von Opitz besteht darin, dass Sprecher und Echo in einen Dialog treten, indem das Echo dem Ich verheißt, dass seine Liebste auf ihn wartet:

Klangreime

Ist dann niemand der tröste mich/
Weil ich so trawer' jnniglich? Ich
O Echo/ wirst nur du alleine
Hinfort mich trösten/ vnd sonst keine? eine
Wie soll sie leschen meinen Brandt/
Ist sie mir doch noch vnbekandt? bekandt.[20]

Figurengedichte und Klangreime sind Beispiele dafür, dass die barocke Dichtkunst trotz aller Normiertheit spielerisch sein konnte. Geschätzt wurden auch Zahlengedichte, Chronosticha, und Buchstabenspiele wie Akrostichon, bei dem die Anfangsbuchstaben der Verse von oben nach unten gelesen werden, und Anagramm, bei dem die Buchstaben des ersten Verses oder Wortes zu einem neuen Vers oder Wort ohne Buchstaben-Rest umgebaut werden. Birken gibt – durchaus selbstbewusst – folgendes, wie er es nennt, ‚gebuchstabwechseltes' Beispiel:

Siegmund von Birken
Gib uns die MusenKrone[21]

Motive und Themenfelder

Der Zusammenhang von Barocklyrik und Dreißigjährigem Krieg ist grundlegend im kulturellen Gedächtnis Deutschlands verankert. Es sind vor allem zwei Gedichte, die immer und im-

Krieg und Barocklyrik

mer wieder herangezogen werden, um die Verarbeitung der Kriegsgräuel in der Barockliteratur zu veranschaulichen. Die Rede ist vom *Trostgedicht In Widerwertigkeit Deß Kriegs* (1633) und der *Trawrklage des verwüsteten Deutschlandes* – besser bekannt unter seinem späteren Titel *Thränen des Vaterlandes. Anno 1636.*

Das *Trostgedicht* ist von Martin Opitz und umfasst über 2000 Alexandriner. Opitz aktualisiert damit entsprechend seiner systematisch erschließenden schriftstellerischen Tätigkeiten eine weitere Gattung mit antikem Vorbild: das Klagegedicht, das auf Grund seiner stark deiktischen, also gezielt hinweisenden Funktion nicht nur poetologisch, sondern auch rhetorisch stark normiert ist. Opitz eröffnet den ersten Teil des *Gedichts* mit diesen Worten:

> DEß schweren Krieges Last/ den Teutschland jetzt empfindet/
> Vnd daß Gott nicht vmbsonst so hefftig angezündet
> Den Eyffer seiner Macht/ auch wo in solcher pein
> Trost her zu holen ist/ sol mein Gedichte seyn.[22]

memento mori

Das schon im Titel formulierte Anliegen der Klage, Trost zu spenden, wird in diesen Versen aufgenommen. Entscheidend ist, dass Opitz von Beginn an klarstellt, dass Gott Gründe hat, einen solchen Krieg geschehen zu lassen („nicht vmbsonst"). Damit kündigt sich an, dass das Trostgedicht sich philosophisch in die *constantia*-Tradition stellen wird, weil dem Menschen bei einem von Gott gewollten Krieg nichts bleibt, als ihn fromm zu ertragen. Zugleich klingt mit dem Hinweis auf Gott die Mahnung an, nicht zu vergessen, dass alle Menschen vor seinen Richterstuhl treten müssen. Der Hinweis fordert dazu auf, fromm und moralisch integer zu bleiben. Diese mahnende Erinnerung an den Tod wird in Anlehnung an ein mittelalterliches geistliches Gedicht *memento mori* genannt: „Gedenke des Todes!"

Auch in Gryphius' 1637 erstmals im Alter von 21 Jahren veröffentlichtem Sonett, dem er seinen heute bekannteren Titel *Thränen des Vaterlandes* erst in einer überarbeiteten Fassung 1643 gegeben hat, findet sich das *memento mori*. Wir zitieren die ursprüngliche Fassung:

> Trawrklage des verwüsteten Deutschlandes
>
> Wir sind doch numehr gantz/ ja mehr alß gantz vertorben.
> Der frechen Völcker schar/ die rasende Posaun/
> Daß vom Blutt feiste Schwerd/ die donnernde Carthaun/
> Hat alles diß hinweg/ was mancher sawr erworben/

Die alte Redligkeit vnnd Tugend ist gestorben;
Die Kirchen sind vorheert/ die Starcken vmbgehawn/
Die Jungfrawn sind geschänd; vnd wo wir hin nur schawn/
Jst Fewr/ Pest/ Mord vnd Todt/ hier zwischen Schantz vnd Korben
Dort zwischen Mawr vnd Stadt/ rint allzeit frisches Blutt
Dreymal sind schon sechs Jahr als vnser Ströme Flutt
Von so viel Leichen schwer/ sich langsam fortgedrungen.
Jch schweige noch von dehm/ was stärcker als der Todt/
(Du Straßburg weist es wol) der grimmen Hungersnoth/
Vnd daß der Seelen-Schatz gar vielen abgezwungen.[23]

Anders als bei Opitz ist in Gryphius' Sonett das *memento mori* nicht Ausgangspunkt der Dichtung, sondern Fluchtpunkt. Im ersten Quartett ruft Gryphius mit einem Isotopiengeflecht die Gräuel des Krieges auf, indem er in vier Halbversen vier Synekdochen für den Krieg nennt. Im zweiten Quartett nennt er die Kriegsfolgen. Wichtig ist bei der Lyrikanalyse älterer Gedichte, sich immer auch die Wortgeschichte zu vergegenwärtigen. Das Wort „vorheert" (‚verheert') im sechsten Vers geht auf das ‚Heer' zurück und meint ‚von einem Heer zerstört'. Das war den Menschen des 17. Jahrhunderts klar.

Im ersten Terzett findet der für das Sonett typische thematische Umschwung statt. Nicht mehr der konkrete Krieg und seine Folgen stehen im Zentrum. Nun geht es um die generalisierende Einordnung, was durch den apokalyptischen Hinweis auf die Dauer des Krieges veranschaulicht wird („Dreymal [...] schon sechs Jahr"). Abschließend legt sich Gryphius eindeutig fest. Es sind nicht die körperlichen Dimensionen des Krieges bis hin zum Tod, die es zu fürchten gilt, sondern die seelischen im theologischen, nicht psychologischen Sinne: Durch die Grausamkeiten des Krieges droht der „Seelen-Schatz" eines jeden Christen verloren zu gehen. Davor warnt Gryphius entschieden.

vanitas

Gleichzeitig impliziert seine Mahnung, dass vielen seiner Landsleute diese Gefahr drohe. Das kann man als indirekten Ausdruck für die Warnung vor *vanitas* (‚Eitelkeit') begreifen, also davor sich nicht den irdischen Versuchungen und Verlockungen hinzugeben. Während in diesem Gedicht die Warnung vor der *vanitas* durch das *memento mori* nur indirekt zum Tragen kommt, ist sie in zahlreichen anderen Gedichten der Zeit präsent. Ein anderes Sonett von Gryphius heißt *Es ist alles eitell.* Es ist neben seiner *Trawrklage* wohl sein berühmtestes Gedicht.

Petrarkismus

Wie ein Kontrastprogramm zur um den Krieg kreisenden Barocklyrik wirkt die petrarkistische Lyrik. Sie geht zurück auf den Italiener Francesco Petrarca (1304-1374). In seiner Nachfolge standen zahlreiche italienische, französische, spanische, englische und niederländische Dichter, die in der Volkssprache und in Latein diese Form der Liebeslyrik hervorbrachten.

Seit 1356 hatte Petrarca die 366 Gedichte seines *Canzoniere* an seine Geliebte Laura publiziert. Petrarkistische Lyrik ist antithetisch gebaut, sie hat eine reiche, festgelegte Motivik, kennt zahlreiche rhetorische Figuren – vor allem solche, die die Struktur unterstützen wie das Paradoxon. Die Mehrzahl der Gedichte sind Sonette, die durch die Zäsur zwischen den beiden Quartetten und den beiden Terzetten den aus der Liebesthematik resultierenden Widerspruch und die Zerrissenheit des Liebenden abbilden sollen.

Der Petrarkismus hielt nicht erst im 17. Jahrhundert Einzug in die deutschsprachige Literatur. Schon Oswald von Wolkenstein oder Sebastian Brant ahmten diese Liebeslyrik nach. Doch blieb es bis in den Späthumanismus bei punktuellen Auseinandersetzungen. Dann beschäftigten sich die für den poetologischen Diskurs und die Philosophie so wichtigen Scaliger, Heinsius und Grotius mit Petrarca. 1625 legte Opitz ein petrarkistisches Gedicht vor – und zwar die Nachahmung des 88. Sonetts des *Canzoniere*:

Francisci Petrarchae

ISt Liebe lauter nichts/ wie daß sie mich entzündet?
Ist sie dann gleichwol was/ wem ist jhr Thun bewust?
Ist sie auch gut vnd recht/ wie bringt sie böse Lust?
Ist sie nicht gut/ wie daß man Frewd' auß jhr empfindet?
Lieb' ich ohn allen Zwang/ wie kann ich schmertzen tragen?
Muß ich es thun/ was hilfft's daß ich solch Trawren führ'?
Heb' ich es vngern an/ wer dann befihlt es mir?
Thue ich es aber gern'/ vmb was hab' ich zu klagen?
Ich wancke wie das Graß so von den kühlen Winden
Vmb Versperzeit bald hin geneiget wird/ bald her:
Ich walle wie ein Schiff das durch das wilde Meer
Von Wellen vmbgejagt nicht kan zu Rande finden.
Ich weiß nicht was ich wil/ ich wil nicht was ich weiß:
Im Sommer ist mir kalt/ im Winter ist mir heiß.[24]

Opitz folgte mit dem Gedicht dem durch den Späthumanismus für die volkssprachliche Dichtung etablierten *imitatio*-Gedanken, indem er Petrarca nachdichtete und einem deutschen Publikum präsentierte. Etwa eine Generation später erfolgte die Ausdifferenzierung des barocken Petrarkismus in einen weltlichen und einen geistlichen Zweig.

Weltliche petrarkistische Lyrik

Entscheidenden Aufschwung erfuhr die weltliche petrarkistische Lyrik durch Paul Fleming. Er hatte zunächst lateinische Gedichte geschrieben, in denen sich petrarkistische Motive finden lassen. Breit ausdifferenziert wurde diese Motivik in seinen deutschen Gedichten:

> Geht/ ihr meine Thränen/ geht/
> und erweichet der ihr Hertze/
> die wie eine Klippe steht
> unbewegt von meinem Schmertze.
> Die das/ was mein hertze bricht/
> sieht/ und wils doch sehen nicht.[25]

Typisch für die petrarkistische Lyrik ist das offensive Gegenüber von Geliebter und Liebendem. Sie wird als abweisend, herzlos und starr charakterisiert, was in diesem Gedicht durch den Vergleich mit der Klippe veranschaulicht wird. Der Liebende beklagt angesichts dieser Ablehnung sein Schicksal und hofft auf eine Erwiderung der Liebe – sein Bitten bleibt unerhört.

Die in dem Gegenüber von Geliebter und Liebendem zum Ausdruck kommende Antithetik lässt sich – das zeigt das Beispiel von Opitz' Übersetzung – im Sonett durch das Gegenüber von Quartetten und Terzetten gut ausdrücken. Fleming geht einen anderen Weg, indem er eine petrarkistische Ode vorlegt. Dadurch wirkt sein Gedicht schlichter als das Sonett von Opitz, ohne dass es zu dessen Reformprogramm in Widerspruch tritt. Fleming wurde deswegen früh von der literaturwissenschaftlichen Forschung geschätzt. Er galt lange als ein seltenes Beispiel für barocke Erlebnislyrik – eine Form der Lyrik, die sich eigentlich erst im 18. Jahrhundert durchsetzte.

Exkurs

Barocke Erlebnislyrik? Zu Flemings *Grabschrifft*

Die petrarkistische Lyrik kennt ein starkes Sprecher-Ich. Die Lyrik des zunächst von Hermann Schein in der Leipziger Thomasschule ausgebildeten, später in Leiden zum Doktor der Medizin promovierten Fleming ist dafür ein gutes Beispiel. Seine Dichtung geht über die etablierten Grundmuster immer wieder hinaus. Doch kann man deswegen schon sagen, dass bei ihm die Verarbeitung von Erlebtem und Individuellem die rhetorische und motivische Normiertheit überwiegt? Dann wäre Fleming vielleicht tatsächlich der erste deutsche Dichter einer Erlebnislyrik.

Abb. 40: Paul Fleming (1609-1640)

Doch letztlich ist schon die Frage problematisch bzw. dem Umstand geschuldet, dass wir über Flemings Erfahrungen und über sein Liebesleben viel besser informiert sind, als über das vieler anderer Schriftsteller. So wissen wir etwa, dass er sich in Reval nach der erfolgreichen Rückkehr von einer Reise nach Persien unter der Führung von Adam Olearius (1603-1671) mit Anna Niehus verlobte und dass ihm wegen seiner medizinischen Kenntnisse klar war, dass er bald sterben würde, als er folgendes Sonett, seine *Grabschrifft*, schrieb:

> Ich war an Kunst/ und Gut/ und Stande groß und reich.
> Deß Glückes lieber Sohn. Von Eltern guter Ehren.
> Frey; Meine. Kunte mich aus meinen Mitteln nehren.
> Mein Schall floh überweit. Kein Landsmann sang mir gleich.
> Von reisen hochgepreist; für keiner Mühe bleich.
> Jung/ wachsam/ unbesorgt. Man wird mich nennen hören/
> Biß daß die letzte Glut diß alles wird verstören.
> Diß/ Deutsche Klarien/ diß gantze danck' ich Euch.
> Verzeiht mir/ bin ichs werth/ Gott/ Vater/ Liebste/ Freunde.
> Ich sag' Euch gute Nacht/ und trette willig ab.
> Sonst alles ist gethan/ biß an das schwartze Grab.
> Was frey dem Tode steht/ das thu er seinem Feinde.
> Was bin ich viel besorgt/ den Othem auffzugeben?
> An mir ist minder nichts/ das lebet/ als mein Leben.[26]

Das Grab- bzw. Begräbnisgedicht, das *Epicedium*, war im Barock beliebt. Davon hebt sich das vorliegende Gedicht in einem entscheidenden Punkt ab. Hier spricht nicht ein Dritter über einen Toten, sondern ein Ich nimmt seinen bevorstehenden Tod zum Anlass für eine rückblickende Bilanz, woraus das Gedicht seinen ganz eigenen Reiz gewinnt. Die von der Rhetorik vorgesehene Form des Sprechens über sich selbst ist überlicherweise der Rückgriff auf rhetorische Bescheidenheits- und Devotionstopoi, also z.B. auf eine Geste der Demut zu Beginn des Sonetts. Doch nichts davon findet sich bei Fleming. Das Gedicht strotzt nur so vor Selbstbewusstsein: „Ich war an Kunst/ und Gut/ und Stande groß und reich." So spricht keiner, der hinter den Berg hält mit seinen Lebensleistungen.

Zentral ist für dieses zur Schau gestellte Selbstbewusstsein das Wort ‚frei'. Das Ich ist frei, weil es wirtschaftlich unabhängig ist und keinem Adeligen zu Diensten stehen muss. Theologisch ‚frei' – etwa im Sinne von Luthers *Von der Freiheit eines Christenmenschen* – meint das, wie man wegen des Kontextes zunächst mutmaßen könnte, dagegen nicht. Fleming begreift, wie übrigens in vielen anderen Gedichten auch, Freiheit als eine politische Kategorie, die er zu schätzen weiß. Diese Freiheit geht einher mit einem offensiven Bekenntnis zum Geleisteten. Das Ich behauptet: „Kein Landsmann sang mir gleich." Beeindruckend wirkt dieses Selbstbewusstsein zumal in den beiden Terzetten, in denen nicht mehr nur der Rückblick, sondern auch der Ausblick in den Tod gewagt wird. Der Sprecher verabschiedet sich mit einfachen Worten von seinen Angehörigen und erklärt seinen ‚Abtritt' von der Welt, was vermutlich nicht als versteckte Reminiszenz an das *theatrum-mundi*-Konzept gedeutet werden kann. Immerhin ist dieser Sprecher weit davon entfernt, sich als Schauspieler in der Welt zu begreifen. Dieses Ich muss keine Maske ablegen. Es spricht nicht von dem Leben nach dem Tod.[27]

Dessen Macht erstreckt sich nur auf das körperliche Leben des Ichs, dann erfolgt der Abgesang. Entscheidend, so das Ich, sei, dass es in der Gewissheit stirbt, gelungen gelebt zu haben. Dieses Konzept hält das Ich optimistisch dem *memento mori* eines Gryphius entgegen. Dieses Ich zieht seinen Optimismus im Angesicht des Todes aus seinem Lebenswerk und nicht aus seiner Frömmigkeit: „Man wird mich nennen hören".

Flemings Optimismus in die eigene Wirkungsgeschichte hat sich bestätigt. Das liegt gewiss daran, dass er wie kein zweiter Barock-Dichter der ersten Jahrhunderthälfte vor dem Hintergrund eigener Erfahrungen versucht hat, die Dimension ‚Individualität' in die Barocklyrik einzubringen. Ob man deswegen gleich eine Kategorie wie Erlebnislyrik bemühen muss, bleibt fraglich. Denn durch die Hintertür öffnet man damit einer ahistorisch wertenden Literaturgeschichte das Tor, die sich zwar vordergründig nur um die Wertschätzung des zweifellos wunderbaren Paul Fleming bemüht, die aber indirekt die Dichtungen seiner Zeitgenossen abwertet, indem sie Fleming zum Maßstab macht.

Das Gegenüber von Liebendem und Geliebter und seine Verzweiflung angesichts ihrer Abweisungen in der petrarkistischen Lyrik mag heute fremd erscheinen. Das war auch im 17. Jahrhundert zum Teil schon so. Die weite Verbreitung petrarkistischer Motive rief auch Parodien hervor – etwa von Georg

Greflinger (nach 1618-1677). Das tat dem Petrarkismus aber keinen Abbruch. Allerdings wurde er unterschiedlich intensiv in den verschiedenen Dichtungszentren rezipiert. Zesen war damit wie die Nürnberger Harsdörffer und Birken gut vertraut. Inwieweit dagegen der Petrarkismus in Königsberg eine Rolle spielte, ist nicht klar. Unbestritten ist, dass er im späteren 17. Jahrhundert in Schlesien beliebt war. Das zeigt ein Vergleich zwischen der Morgenröte Aurora, die in einer Ode von Hoffmannswaldau direkt („Du") angesprochen wird, und der Verehrten: „Corinne läst sich nicht bewegen/ | [...] Sie speiset mich mit angst und bleichem leid/ | Wie du [Aurora] die welt mit lieblichkeit." Für sein Gedicht *Gedancken bey auffgehender morgen-röthe* hat sich der Schlesier eine kleine Pointe überlegt. So sehr sich Aurora zunächst eignet, um all das zu beschwören, was Corinne abgeht – hauptsächlich natürlich wärmende Strahlen –, so sehr enttäuscht sie zuletzt den Sprecher: „Aurora wilstu wie Corinne seyn? | Du läuffst und läst mich hier allein!"[28]

Mit der Wendung hin zur totalen Vereinsamung wird das Leid des Liebenden ins Ironische übersteigert, denn der Sprecher klagt über ein mehr als erwartbares Ereignis, den Sonnenuntergang. Er stellt sich als lebensfremd und blind vor Liebe bloß. Damit reizt Hoffmannswaldau seine Metaphorik aus. In seinen petrarkistischen Gedichten sind vielfach argute, auf Scharfsinnigkeit zielende Momente integriert. Dabei scheut er vor erotischen und frivolen Gedichten nicht zurück.

Die Tendenz zum scharfsinnigen Spiel mit den erotischen Dimensionen des Petrarkismus verschärfte sich in der galanten Dichtung. Das zeigt sich etwa in dem oben zitierten Madrigal von Neukirch, das die kalt/heiß-Opposition aufnimmt, sie aber rein körperlich denkt. Der Petrarkismus kam damit zeitlich an die Grenzen der Frühen Neuzeit, doch ist es nicht so, dass er damit seine Beliebtheit einbüßte. In der Anakreontik – einer in der Aufklärung wichtigen Dichtungsrichtung, die auf den griechischen Lyriker Anakreon zurückgeht und eine tändelnde, lebensfrohe Lyrik ist – finden sich zahlreiche Fortführungen petrarkistischer Motive. So wendete man sich dem Petrarkismus im Halberstädter Dichterkreis um Johann Gleim wieder zu. Im 19. Jahrhundert traten Conrad Ferdinand Meyer, Friedrich Rückert und Heinrich Heine in die Tradition.

Geistlicher Petrarkismus

Neben der weltlichen existierte eine geistliche petrarkistische Lyrik. Das mag angesichts der thematischen Entwicklung ihres weltlichen Zweigs in der galanten Dichtung erstaunen. Es zeigt letztlich aber nur, wie sehr das barocke Dichtungsverständnis von strukturellen Prinzipien geprägt und pragmatisch in der Lage war, existierende Dichtungsformen auf eigene Anliegen zu übertragen und dadurch zu resakralisieren. Beispiele für den geistlichen Petrarkismus finden sich in der Liedsammlung *Trutz-Nachtigal*.

1634 hatte diese Gedicht-Sammlung der Jesuit Friedrich Spee von Langenfeld (1591-1635) abgeschlossen. Damit ist Spees Lyrik eines der seltenen bekannten Beispiele deutschsprachiger katholischer Dichtung aus dem Barock. Selbstverständlich darf man daraus nicht den Rückschluss ziehen, dass es sonst keine katholische Lyrik gab. Ein wichtiger Vorläufer Spees war der jesuitische Kontroversprediger Conrad Vetter (1548-1627), der seine Liedsammlung *Paradeißvogel* 1613 publizierte und darin auf alternierende Verse setzte.

In Spees Dichtung gehen zwei Traditionslinien ein: einerseits die dezidiert katholische, sich aber nicht gegenreformatorisch gebende Dichtung und andererseits die petrarkistische. Wie aber finden diese beiden Traditionen zusammen? Spee nimmt das Motiv des sehnsuchtsvollen Liebesverlangens und überträgt es auf das Verhältnis Gläubiger-Christus: Der Heiland wird zum Objekt der Sehnsucht. Das Liebesverlangen wird auf diese Weise entsexualisiert und in den Dienst des Glaubens gestellt.

Nur JESV Lieb mich zehret,
Nur JESV krenckest mich:
Was quaal mir widerfähret,
Von JESV reget sich.
Von ihm was pein ich leyde,
Was fewr, vnd hertzen brand
Jch niemand recht bescheyde,
Wers nitt hatt selbst erkandt[29]

Abb. 41: Spees Entwurf zum Titelkupfer der *Trutz-Nachtigal*, 1649

Spee, der einer der wenigen prominenten Gegner des Hexenglaubens in der ersten Hälfte des 17. Jahrhunderts war, erlebte in der Romantik nachgerade eine Renaissance. 1806 publizierte Friedrich Schlegel einen Teil der Sammlung, 1817 Clemens Brentano eine vollständige Ausgabe, die wiederholt nachgedruckt wurde.

Auch auf protestantischer Seite gab es Vertreter der geistlichen petrarkistischen Lyrik; etwa die barocken Mystiker Daniel Czepko (1605-1660) und Quirinius Kuhlmann (1651-1689).

Bukolik

Die Bukolik, die Schäferdichtung, wurde, wie wir schon gesehen haben, maßgeblich von Opitz in die deutsche Literatur eingebracht (vgl. Kap. 3.5.). Neben den Prosaeklogen und den bukolischen Romanen existierte im Barock eine breite bukolische Lieddichtung. Sie lässt sich wie die petrarkistische Lyrik in einen geistlichen und eine weltlichen Zweig teilen. In der Schäferdichtung ist die Liebesklage der Schäfers über die abwesende Schäferin verbreitet, was erklärt, weswegen sich petrarkistische und bukolische Dichtung oftmals nahe sind und nicht selten Hand in Hand gehen.

Geistliche Schäferdichtung

In Spees *Trutz-Nachtigal* finden sich zahlreiche bukolische Motive. Das liegt schon wegen der prominenten Stellung des kirchlichen Amtsverständnisses als Hirte (lat. *pastor*) nahe. Bei Spee stehen petrarkistische und bukolische Motive mehr nebeneinander, als dass sie gemeinsam in einem Lied auftreten. Das hängt damit zusammen, dass Spee seine bukolischen Lieder in einigen Fällen explizit in die antike Eklogen-Tradition stellt, so dass die verschiedenen Motivstränge separiert sind.

Zum Beispiel findet sich bei ihm *Eine Ecloga das ist ein hirtengesang, oder hirtengespräch, darinn zween hirten, einer Damon, der ander Halton genandt, ie einer vmb den andern in die wett spilen, vnd zu Nacht Gott loben dieweil Mon, vnd Sternen scheinen*. Die Titelgebung ist präzise. Der erwähnten Unterscheidung in Prosa- und Versekloge entsprechend (vgl. Kap. 3.5.), ist dieser Text als Versekloge zu verstehen und nicht als Schäferlied. Er ist zwar einerseits in Strophen gegliedert, andererseits enthält er aber narrative Momente.

Die Ekloge wird eröffnet mit zwei Eingangsstrophen, in denen die Situation geschildert wird: „Der Mon auff Runder Hayden war, | Vnd hütet seiner Sternen; | Zween Hirten Jhm da spielten zwar, | Auff Harpffen, vnd Quinternen.“[30] Im Anschluss treten zwei Hirten in einem Wechselgesang in einen Wettstreit, wem es besser gelingt, seine Liebe zu Christus zu besingen. Auch die Anlage als Wettstreit ist typisch für die Eklogen-Tradition.

Spee liefert in seiner Sammlung gleich mehrere solcher Verseklogen. In anderen bukolisch motivierten Texten in *Trutz-Nachtigal* wird die Eklogen-Form nicht aufgenommen. In ihnen fehlen die Figurenrede und die situierenden Eingangsstrophen. Die Grenze zwischen Versekloge und Schäferlied ist in *Trutz-Nachtigal* also markiert. Trotzdem wird *Trutz-Nachtigal* oft der geistlichen Schäferlyrik zugeschlagen, was etwas ungenau ist. Entschuldigen kann man das damit, dass es im 17. Jahrhundert jenseits der 13 Verseklogen in *Trutz-Nachtigal* keine geistlichen, deutschsprachigen Verseklogen gibt.

Auffällig bei der geistlichen Schäferlyrik, die eben nicht die Eklogen-Form aufnimmt, ist jenseits von Spees Dichtung, dass sie „über weite Strecken nur als Kontrafaktur der petrarkistischen Liebesdichtung“[31] erscheint. Als Beispiel dafür seien die erste Verse der ersten Strophe vom Lied *Sie fraget bey den Creaturen nach jhrem Allerliebsten* angeführt. Geschrieben hat es Johannes Scheffler (1624-1677), der sich nach seiner Konversion zum katholischen Glauben 1653 Angelus Silesius nannte:

> Wo ist der schönste den ich liebe?
> Wo ist mein Seelen Bräutigam?
> Wo ist mein Hirt' und auch mein Lamm?
> Umb den ich mich so sehr betrübe?[32]

In diesem Lied spricht eine einsame Liebende. Damit wird das petrarkistische Setting variiert, in dem üblicherweise der Mann sich nach der Frau sehnt. Dadurch gelingt es Angelus Silesius im dritten Vers das Hirten-Motiv einzuführen. Zunächst paradox mutet dabei an, dass die Liebende sich nicht nur nach dem Schäfer sehnt, sondern auch nach dem Lamm. Mit diesem überraschenden Schwenk wird die Vorstellung von Christus als *agnus dei*, als Lamm Gottes, in das Gedicht integriert: Christus ist Hirte und Opfer-Lamm zugleich. Deswegen ist es nicht etwa eine Ungenauigkeit, sondern nur konsequent, wenn im vierten Vers nur eine Person („den“) als Objekt der Betrübnis genannt wird.

Weltliche Schäferdichtung

Die weltlichen Verseklogen sind nur wenig erforscht. Sie scheinen schon in der Wahrnehmung des Barock im Schatten der Prosaekloge gestanden zu haben. Die wenigen bekannteren Beispiele sind meist in höfischen Kontexten verfassten worden, wie die *Ecloge der Pegnitz-Hirten* (1655) von Birken. Darin wird die Geburt eines welfischen Fürstensohns besungen. In der weltlichen Versekloge sind die Grenzen zur Schäferlyrik fließender als in der geistlichen. In den *Deutschen Eclogen* (1648), die von Christoph Kaldenbach (1613-1698) an ein städtisches Publikum adressiert sind, ist das Verständnis des Begriffs ‚Ekloge' nicht derart präzise entwickelt wie in Spees *Trutz-Nachtigal*.

Die weltliche Schäferlyrik ohne narrative Eröffnung und meist auch ohne Wechselgesang ist im 17. Jahrhundert breiter vertreten. Ähnlich wie in ihrem geistlichen Pendant finden sich in ihr Kontrafakturen mit petrarkistischer Motivik. Wichtiger Wegbereiter für diese Entwicklung war der Leipziger Komponist Schein. Er machte die sächsische Handelsmetropole nicht nur zu einem wichtigen Zentrum der frühen weltlichen Barockdichtung. Literatur- wie musikgeschichtlich bedeutend war er, weil er die deutsche Liedtradition des 16. Jahrhunderts (vgl. Kap. 2.4.) aufnahm und um italienische Einflüsse ergänzte. Seine Sammlungen *Musica boscareccia* erschienen zwischen 1621 und 1628. Es sprach sich rasch herum, dass Schein seiner Ambition, anspruchsvolle Musik zu komponieren und anspruchsvolle Liedtexte zu schreiben, mehr als gerecht wurde.

Scheins Lieddichtung war für die weitere Entwicklung sowohl des literarischen Lebens in Leipzig als auch für die deutsche Lieddichtung bedeutend. Von Leipzig aus verbreiteten sich die Lieder gut, denn die Stadt war eine wichtige Handelsstadt und lag im Zentrum Deutschlands.

Liedsammlungen

Die Bedeutung von Scheins Lieddichtung für die Schäferlyrik zeigt sich daran, dass sich bukolische Motive nicht nur in einzelnen Gedichten wie bei seinem Schüler Fleming finden, sondern dass Schäferlieder wesentlich wurden für zahlreiche Liedsammlungen. Mitte des Jahrhunderts erschienen viele erfolgreiche Liedsammlungen mit Schäferliedern. 1650 publizierte David Schirmer (1623-1686) die *Rosen-Gepüsche*, 1657 Georg Neumark (1621-1681) den *Poetischen Lustwald* und 1660 Johann Georg Schoch (1627- um 1690) den *Poetischen Lust- und Blumen-Garten*. Unklar ist, ob der Aufschwung der Liedsammlungen in direktem Zusammenhang mit dem Ende des Krieges stand.

Neben den Liedsammlungen findet man die Schäferlyrik oft in der Gelegenheitsdichtung. Unzählige Male wurden im Barock bukolische Szenen in kleinen Oden oder ähnlichen Formen besungen, um einem Brautpaar auf diesem Weg alles Gute zu wünschen und nicht selten mit diesem Gruß den neckischen Wunsch nach vielen kleinen Lämmlein zu verbinden. Das Spektrum der Verfasser reicht dabei von heute gänzlich unbekannten Menschen, von deren Existenz wir nur durch das gedruckte Gelegenheitsgedicht wissen, bis hin zu Barock-Dichtern wie Fleming, Birken und Harsdörffer.

Die Tendenz, petrarkistische und bukolische Motive zu mischen, setzte sich in der zweiten Hälfte des Jahrhunderts fort. Das zeigt sich in einem Sonett von Hoffmannswaldau.

Er sahe sie über feld gehen.

ES gieng die Lesbia in einem schäfer-kleide
  Als Hirtin/ wie es schien/ der seelen/ über feld/
  Es schaute sie mit lust das auge dieser welt/
Es neigte sich vor ihr das trächtige gedraide;
Es kriegte meine lust auch wieder neue weyde
  Von wegen dieser brust/ da Venus wache hält;
  Der schultern/ wo sich zeigt der lieblichkeit behält;
Und dann der schönen schoos/ des hafens aller freude.
  Ich sprach: ach Lesbia! wie zierlich geht dein fuß/
  Daß Juno/ wie mich deucht/ sich selbst entfärben muß/
Und Phöbus dich zu sehn verjüngt die alte kertze;
  Nicht glaube Lesbia/ daß du den boden rührst/
  Und den geschwinden fuß auf graß und blumen führst/
Es geht ein ieder tritt auf mein verwundtes hertze.[33]

Fruchtbarkeitsassoziationen gehören naturgemäß zum bukolischen Bildfeld. Hoffmannswaldau erweitert diese Vorstellung im vorliegenden Gedicht ins Erotische. Der Schoß der schönen Lesbia wird recht unmissverständlich als ‚Hafen aller Freude' umschrieben. Ihre Brüste werden ebenso gepriesen. Unumwunden spricht das Ich von der „lust", die ihm erwachsen sei. Das steht im Kontrast zur für die Bukolik wichtigen Einfältigkeit und Harmlosigkeit. Deswegen ist der Hinweis gleich im zweiten Vers des Gedichts ernst zu nehmen: „Als Hirtin/ wie es schien".

Hoffmannswaldau spielt mit dem Wissen der Rezipienten. Seine Schilderung von Lesbia setzt die Kenntnis des bukolischen Diskurses voraus. Seine Einschränkung signalisiert vom ersten Quartett an: Hier spielt eine Frau die Unschuld vom Lande, aber sie ist es nicht. Der Sprecher hat die Situation durchschaut und scheinbar im Griff. Der Umschwung kommt, wie es die Konvention fordert, mit dem Wechsel von den Quartetten zu den Terzetten: Das Ich spricht Lesbia an und offenbart ihr sein Leid und seine Schmerzen, die durch jeden ihrer anmutigen Schritte auf dem grünen Grund beim Ich größer werden. Mit diesem Wechsel von der anmutigen Schilderung der Frau hin zum eigenen Leid vollzieht Hoffmannswaldau einen gewitzten Registerwechsel. Was als bukolisches

Sonett zu beginnen scheint, ist in Wirklichkeit ein petrarkistisches.

Diese Pointe versteht freilich nur der Leser, der in der Lage ist, beide Motivfelder voneinander zu separieren, was angesichts der Kontrafakturen beider nicht von jedem Rezipienten erwartet werden konnte und kann. Doch auch für die, die den gelehrt-arguten Witz nicht verstehen, bleibt das Gedicht im wahrsten Sinne des Wortes reizvoll – nämlich auf Grund seiner verhältnismäßig unverhüllt ausgesprochenen Erotik.

Man kann dieses Sonett als literaturgeschichtliches Symptom für das allmähliche Auseinandergehen von Petrarkismus und Bukolik werten. Der 1679 gestorbene Hoffmannswaldau war für die Dichtung bis ins frühe 18. Jahrhundert maßgeblich. Dann stand er – zusammen mit Lohenstein – im Fokus der aufklärerischen Barock-Kritik und galt als ‚schwulstig'. Der Bedeutungsverlust der Bukolik setzte schon früher ein mit dem Aufkommen der galanten Poesie, als deren Wegbereiter bzw. erster wichtiger Vertreter eben Hoffmannswaldau gilt. Wie das zitierte Beispiel zeigt, kannte die galante Dichtung die Bukolik, doch nutzte sie sie nur mehr als Zitat. Ernst nahm sie sie nicht. Vielleicht hatte die Bukolik mit ihrer zur Schau gestellten Harmlosigkeit schlicht ihren Reiz verloren in einer Zeit, die das Spiel eben mit den Reizen suchte.

Mystik

Wie die Ausführungen zum geistlichen Petrarkismus und zur geistlichen Bukolik angedeuten haben, standen wesentliche Teile der Barocklyrik der Mystik nahe. Hier galten die sonst stabilen konfessionellen Abgrenzungen nur zum Teil. Protestantische Mystiker nahmen katholische wahr und umgekehrt. Ihr Ziel war die Versinnlichung theologischer Ideen.

Typisch für mystische Lyrik ist ein starkes Sprecher-Ich, das nicht nur die Nähe, sondern die Einswerdung mit dem Göttlichen kennt. Diese ‚*unio*' ist vom Paradox dominiert, dass man einerseits eins werden kann mit dem Göttlichen durch Versenkung und Meditation und andererseits von der Begrenztheit menschlichen Glaubens und Wissens weiß. Das konnte in manchen Fällen zu einer recht offensiven Vernunft-Kritik führen.

Als Begründer der frühneuzeitlichen Mystik in Deutschland gilt Jakob Böhme (1575-1624). Wichtige Vertreter im 17. Jahrhundert waren die schon erwähnten Czepko, Kuhlmann, Scheffler und Spee. Die gewählten Formen in der Mystik sind vielfältig. Während Spee, wie wir gesehen haben, Verseklogen schrieb, schätzte Scheffler in seinem *Cherubinischen Wandersmann* (1675) das Epigramm. In Nürnberg war die Dichtung vielleicht noch ein wenig frommer als in den übrigen Dichtungszentren. Hier arbeitete die wichtigste Mystikerin des Barock: Catharina Regina von Greiffenberg.

Bedeutend für die Mystik war der Pietismus (vgl. Kap. 4.1.). Er macht deutlich, wie sehr das etablierte Säkularisierungsnarrativ problematisch ist. Zum Beleg für die zunehmende Ästhetisierung und die Loslösung der Literatur von der Religion um 1700 wird in der Forschung gerne die galante Dichtung untersucht. Gleichzeitig aber intensivierte sich der Pietismus und mit ihm die mystische Dichtung, in der Ästhetisierung und gesteigerte Frömmigkeit Hand in Hand gehen.

Das zeigt sich im lyrischen *Hohelied*-Kommentar von Gottfried Arnold (1666-1714), der in den Jahren 1699/1700 seine epochale *Kirchen- und Ketzer-Historie* vorgelegt hatte. Im direkten Anschluss daran, noch im Jahr 1700, publizierte er *Das Geheimnisz Der Göttlichen Sophia*, in deren Anhang die *Poetischen Lob- und Liebes-Sprüche/ von der Ewigen Weiszheit/ nach Anleitung Des Hohenlieds Salomonis* zu finden sind.

Das Buch ist anders als die meisten literarischen Auseinandersetzungen mit dem biblischen *Hohelied* keine Nachdichtung im üblichen Sinne. Arnold übersetzt das *Hohelied* in Prosa. Jedoch legt er die Übersetzung nicht geschlossen vor, sondern zitiert einen Vers und präsentiert im Anschluss seine poetische Meditation. Gleich zu Beginn sieht das folgendermaßen aus:

Zunächst nennt Arnold den vielen seiner Zeitgenossen bekannten Eröffnungsvers des *Hohelieds* in seiner Übersetzung: „Er küsse mich mit den küssen deines mundes.“ Es folgt ein 44 Verse langes Gedicht, dessen Beginn wir hier zitieren:

KUsse mich/ mein Salomo/ mit den küssen deines mundes/
Die voll milch und honig sind/ deiner süssen friedens-Lehr.
O wie schreyt der neue geist nach dem siegel dieses bundes/
Das ihm nur dein kuß aufdrückt/ und der schmack erfüllt noch mehr![34]

Arnold nutzt die Lektüre der *Bibel*, um den *unio*-Gedanken auf das *Hohelied* zu beziehen. Der Sprecher macht dadurch das *Hohelied*, das schon zu Arnolds Zeit viele Theologen als rein weltliche Liebesdichtung interpretiert haben, zu einer Allegorie für die Liebe zwischen einer geistlichen Vater-Figur und einem Ich. Diesem Verhältnis ist eine leidenschaftliche Dimension eigen, die Ausdruck für die Intensität des Gefühls ist, das die Vater-Figur Salomon beim Ich provoziert. Glauben ist in solchen mystischen Konzepten weniger eine Kategorie der Vernunft und des Bekenntnisses. Glauben lebt in der Mystik von der sinnlichen Erfahrung, die durch die Versenkung erreicht wird.

Analysebeispiel I: Catharina Regina von Greiffenberg: *Erklärung des Kupferbilds*

Erklärung des Kupferbilds.

Jch schauet' an den Mond/ mit geistlichen gedanken/
und schlieff darüber ein. Mich dünkt' im Traum zu sehn
den Mond/ als eine Kron/ dort vor der Sonne stehn/
doch Erdwarts nicht mit liecht die dunkle Scheibe fanken [funkeln].
Jch dacht/ was diß bedeut? Bald ist mir beygefallen/
was mir nie fället aus. Diß Bild dein Leiden ist/
mein höchster Schatz! der du ein Himmel-König bist/
in höchsten Glanz und Schein/ doch nicht erkennt von allen.[35]

Der Titel des Buchs, in dem das abgebildete Emblem und das fünf Strophen lange, hier auf die ersten beiden Strophen verkürzte Gedicht 1672 abgedruckt sind, lautet: *Des Allerheiligst- und Allerheilsamsten Leidens und Sterbens Jesu Christi Zwölf andächtige Betrachtungen:* [...] *Zu Vermehrung der Ehre Gottes und Erweckung wahrer Andacht/ mit XII. Sinnbild-Kupfern verfasset und ausgefertigt.* Es handelt sich um ein Meditationsbuch, das zwölf Embleme nutzt, um den Leser zur Andacht und Versenkung anzuregen. Aus dieser Anlage erklären sich zwei wesentliche Abweichungen von den meisten anderen (auch geistlichen!) Emblembüchern. Zum einen ist die *subscriptio* mit insgesamt 20 Versen verhältnismäßig lang. Zum anderen überrascht der offensive Einsatz des Ichs, das in direkten Dialog mit einem Du tritt, das seinerseits als Christus identifiziert werden kann. Ein solches starkes Ich ist in den Emblem-Texten, die die *pictura* rahmen (also *inscriptio* und *subscriptio*), untypisch, weil es dem Allgemeingültigkeitsanspruch der Emblematik entgegenwirkt. Aber die Dialogstruktur zwischen Ich und Du ist für Meditations- oder Andachtstexte typisch. Deswegen ist das vorliegende Emblem eine Art Grenzgänger zwischen Emblematik und Meditation.

Überraschend an den ersten beiden Strophen ist die Art der Meditation. Während die Überschrift *Der Sonne zu* zunächst wenig besagt (auch im Hinblick auf die beiden anderen Emblemteile), fällt das Zusammenspiel von *pictura* und *subscriptio* auf. Deren Perspektiven auf die drei Himmelskörper Sonne, Mond und Erde korrespondieren miteinander, ohne dass in der *subscriptio* das im Bild Dargestellte schlicht reproduziert wird. Das liegt an der Betrachterperspektive: Während der Betrachter aus der Distanz auf die drei Gestirne blickt, macht das Ich umgehend deutlich, dass es von der Erde aus auf den Mond sieht. Als es aber einschläft, nimmt es die gleiche distanzierte Perspektive ein.

Das wirft die Frage auf, weswegen es des Traums bedarf. Vordergründig muss der Traum-Hinweis schließlich nicht sein. Immerhin kann man auch von der Erde aus auf den Mond mit der Sonne im Hintergrund blicken. Im ersten Moment wirkt das Bild wie eine Modellskizze für eine Sonnenfinsternis, nur dass nicht der Schattenwurf zu sehen ist, sondern eine Krone auf dem Mond. Dieser Blickwinkel ist der Grund dafür, dass das Ich von einem Traum sprechen muss. Die bekrönte Seite des Mondes kann es tatsächlich nur sehen, wenn es von der Erde distanziert ist. Das Gedicht vollzieht damit eine typisch mystische Form der Distanznahme vom Irdischen. Einen späten Nachhall dieser Distanznahme kennen wir aus Matthias Claudius' *Abendlied* („Der Mond ist aufgegangen") von 1771.

Mit der Distanznahme geht eine Allegorie einher. Das Ich erkennt, dass die Betrachtung der drei Gestirne als Ausdruck für das Verhältnis von Mensch, Christus und Glauben verstanden werden kann, wobei die Gleichsetzung der Sonne mit dem Glauben bemerkenswert ist. Traditionellerweise steht in der geistlichen Emblematik die Sonne für Gott oder für Christus. Hier steht sie für den Glauben, wodurch der protestantische Subtext von Greiffenbergs Mystik offensichtlich wird. Die herausragende Stellung des Glaubens ist wesentliches Merkmal der lutherischen Theologie. Doch steht nicht das im Zentrum. Viel wichtiger ist, dass das Wesen der Allegorese, also der allegorischen Auslegung, transparent gemacht wird und in seiner menschlichen Begrenztheit vorgeführt wird.

Bei Greiffenberg ist die Welt lesbar. Das Ich sieht die Konstellation und fragt nach deren Bedeutung. Es beantwortet die Frage aber nicht naturwissenschaftlich. Es sagt nicht: „Das bedeutet Schatten." Vielmehr überträgt es durch einen überraschenden Analogieschluss die Himmelskörperkonstellation auf den Glauben. Dadurch gibt es ihr einen geistlichen Sinn. Dabei wird offensichtlich gemacht, dass dieses Verfahren ein menschliches ist. Denn die Analogie ist dem Ich „beygefallen". Es ist also ein begrenztes, stark von Zuschreibungen abhängiges Verfahren.

Gleichzeitig wird das Potential der Allegorese vorgeführt. Greiffenberg veranschaulicht, dass Einsicht in den Glauben nur durch Distanznahme von der Welt erfolgen kann. Denn das Emblem thematisiert ein Paradox: Der wahre Glauben, der Christus erstrahlen lässt und ihn krönt, kann von der Welt aus nicht gesehen werden. Damit formuliert die Greiffenberg einen mystischen Abgesang auf das etablierte Konzept des *theatrum mundi*. Nicht mehr die Welt ist Schauplatz des Glaubens. Entscheidend ist die individuelle Distanznahme von der Welt.

Analysebeispiele II: Christian Hoffmann von Hoffmannswaldau: *Auff ihre schultern*

Auff ihre schultern.

ISt dieses schnee? nein/ nein/ schnee kan nicht flammen führen.
Ist dieses helffenbein? bein weiß nicht weis zu seyn.
Ist hier ein glatter schwan? mehr als der schwanen schein/
Ist weiche woll allhier? wie kan sich wolle rühren?
Ist alabaster hie? er wächst nicht bey saphiren/
Ist hier ein liljen-feld? der acker ist zu rein.
Was bist du endlich doch? weil schnee und helffenbein/
Weil alabaster/ schwan/ und liljen sich verlieren.
Du schaust nun/ Lesbie/ wie mein geringer mund
Vor deine schultern weiß kein rechtes wort zu finden/
Doch daß ich nicht zu sehr darf häufen meine sünden/
So macht ein kurtzer reim dir mein gemüthe kund:
Muß Atlas und sein hals sich vor dem himmel biegen/
So müssen götter nur auf deinen schultern liegen.[36]

Die galante Dichtung führt auf formaler Ebene die am Übergang vom Späthumanismus zum Barock etablierten Formen fort und bricht nicht etwa mit ihnen, wie das vorliegende Sonett zeigt. Neben dem Alexandriner, der in *Auff ihre schultern* mustergültig entwickelt vorliegt – man beachte die Betonung der Binnenzäsuren in den Quartetten durch die je in der ersten Vershälfte formulierten Fragen, auf die in der zweiten Vershälfte die Antworten folgen –, ist hier der Formkonvention entsprechend der Wechsel von den Quartetten zu den Terzetten bemerkenswert. Damit wird aber nicht ein thematischer Wechsel oder ein überraschender Umschwung des Themas forciert, wie man es etwa aus Hoffmannswaldaus petrarkistischer Lyrik kennt. Auch spielt er nicht mit bukolischen Motiven.

Statt dessen markiert der Übergang einen Wechsel des Sprechmodus. Die beiden Quartette sind Ausdruck für ein Suchen nach einem adäquaten Begriff für die Schultern der verehrten Lesbia. Dabei formuliert der Sprecher, wie es sonst in galanten Gedichten zum Preis einzelner weiblicher Körperteile üblich ist, keinen endgültigen Vergleich oder eine Metapher. Durch die Fragen wird die Unsicherheit des Sprechers signalisiert und die letztlich herrschende Sprachlosigkeit. Im ersten Terzett thematisiert der Sprecher sein sprachliches Unvermögen, er „weiß kein rechtes wort zu finden". Mit seinen Fragen hat er versucht, Ausdrücke (‚*verba*') für das zu finden, was er vor sich sieht. Doch er muss sich das Scheitern dieses Vorhabens eingestehen.

Damit diskutiert Hoffmannswaldau das seit der Antike virulente ‚*res/verba*'-Problem. Er verhält sich zur rhetorischen Tradition und betont deren Aktualität für die galante Dichtung. Trotzdem ist der Sprecher nicht verzweifelt. Er spricht Lesbia an und gesteht seine Sprachlosigkeit angesichts ihrer Schultern. Dadurch preist der Sprecher die Angebetete intensiver als durch irgendwelche Vergleiche und Gesänge. Die Sprachlosigkeit wird zum Ausdruck für die Schönheit von Lesbias Schultern. Im zweiten Terzett überbietet der Sprecher dieses Verfahren durch einen zweiten Wechsel des Ausdrucksmodus. Er erklärt, Lesbias Schultern seien derart gestaltet, dass sogar Götter darauf „liegen" könnten. Die Schultern sind ein Ort, der sogar Göttern gefällt. Lesbias Schultern sind damit aus dem weltlichen in das göttliche Register überführt, wodurch gleichzeitig die Grenzen der ‚*res/verba*'-Problematik vor Augen geführt werden. Mit dem zweiten Terzett unterläuft Hoffmannswaldau die zuvor behauptete Beschränktheit des Ausdrucksverfahrens in der Hinsicht, dass er erklärt, dass die Grenzen des Ausdrucksvermögens dann nicht gelten, wenn von Göttlichem die Rede ist und davon im Modus der Dichtung („kurtzer reim") gesprochen wird. Dichtung kann dort das ‚*res/verba*'-Problem hinter sich lassen, wo sie nicht gezwungen ist in die Rhetorik. Die Form scheint das dagegen nicht zu berühren, sonst hätte Hoffmannswaldau kaum ein Sonett gewählt.

Zusammenfassung

Im Barock erreicht die deutschsprachige Lyrik eine Ausdrucksvielfalt, die wir aus den vorhergehenden Epochen nicht kennen. So bedeutend der Dreißigjährige Krieg für die Lyrik der Zeit ist, er dominiert sie nicht ausschließlich. Auffällig ist, dass sich Themen und Motivfelder durchsetzen, die ihrem Ursprung nach auf die Antike (Bukolik) und die italienische Renaissance (Petrarkismus) zurückgehen. Das gelehrte Fundament der frühneuzeitlichen Dichtung bleibt bis zum Ende des Jahrhunderts bestehen. Das gilt ebenso für die Präsenz der Rhetorik. Auch wenn sich erste Beispiele wie Flemings und später Hoffmannswaldaus Gedichte finden, die die Wirkungsmacht der Rhetorik in Frage stellen, so zeigt sich doch immer wieder, dass solche Beispiele versuchen, Spielräume auszureizen, aber nicht bahnbrechend und endgültig normzerstörend sind.

Literatur

Adam, Wolfgang, Poetische und kritische Wälder. Untersuchungen zu Geschichte und Formen des Schreibens „bei Gelegenheit“, Heidelberg: Winter 1988.

Baasner, Rainer, Lyrik, in: Die Literatur des 17. Jahrhunderts, hg. von Albert Meier, München: Hanser 1999, S. 517-538.

Hoffmeister, Gerhart, Petrarkistische Lyrik, Stuttgart: Metzler 1973.

Kemper, Hans-Georg: Deutsche Lyrik der Frühen Neuzeit, Bd. 3: Barock-Mystik; Bd. 4/1, 2: Barock-Humanismus; Bd. 5/1: Aufklärung und Pietismus; Bd. 5/2: Frühaufklärung, Tübingen: Niemeyer 1988-2006.

Meid, Volker, Barocklyrik, Stuttgart: Metzler 1986.

Stockinger, Claudia, Kasuallyrik, in: Die Literatur des 17. Jahrhunderts, hg. von Albert Meier, München: Hanser 1999, S. 436-452.

Trunz, Erich, Barocke Lyrik. Drei Sonette des Andreas Gryphius, in: ders., Weltbild und Dichtung im deutschen Barock. Sechs Studien, München: Beck 1992, S. 90-117.

Fragen

1. Warum ist das Sonett die bevorzugte Form der petrarkistischen Lyrik?
2. Was sind wesentliche inhaltliche Kennzeichen der mystischen Lyrik?

4.4 Trauerspiel, Lustspiel und barocke Festspielkultur

Nachdem im Späthumanismus poetologisch und exemplarisch dem Drama als sprachlicher Kunstform vorgearbeitet wurde, entsteht im Barock die bekannteste Dramenform der Frühen Neuzeit: das barocke Trauerspiel. Hinzu kommen weitere dramatische und theatrale Ausdrucksformen wie das Lustspiel, die Oper und das Ballett. Gegen Ende des Jahrhunderts erfährt die protestantische Schuldramatik ihren Höhepunkt.

Voraussetzungen

Späthumanistisches Fundament

Weniger mit der Poetik von Opitz als vielmehr mit der *Poetik* Scaligers und der Tragödien-Poetik des Niederländers Heinsius (*De Tragoediae Constitutione Liber*, 1611) war für die tragische Dramatik des Barock im Späthumanismus das theoretische Fundament gelegt worden. Das galt ebenfalls für die Komödie. Zudem lagen durch die Übersetzungen von Opitz Mustertexte vor. Trotzdem setzte, anders als in der Lyrik, nicht sogleich eine intensive Nachahmung ein. Das dürfte verschiedene Gründe haben. Nicht zuletzt war dafür gewiss der Krieg verantwortlich. Aufführungen waren kostspielig und zu Kriegszeiten nicht immer möglich.

Zwischenzeit

Bemerkenswerterweise kam es bis zum Ende des Krieges, also bis Mitte des Jahrhunderts, nicht zu einer produktiven Anwendung der poetologischen Überlegungen. Deswegen wird die Zeit zwischen der *Deutschen Poeterey* und den ersten schlesischen Trauerspielen als „Zwischenzeit“[37] verstanden. Der wichtigste Dramatiker dieser Zeit, der evangelische Pastor Johann Rist, war hervorragend mit Opitz vertraut und eiferte ihm in seiner Lyrik nach. Seine Dramatik blieb davon aber unberührt. In seinen Stücken hat sich die Erfahrung des Krieges eingebrannt. Seine *Irenaromachia* (1630) ist ein allegorisches Spiel über den Krieg und dem daraus resultierenden Sittenverfall. Zur Mitte des Jahrhunderts legte er die Friedensspiele *Das Friedewünschende Teutschland* (1647) und *Das Friedejauchzende Teutschland* (1653) vor – ebenfalls allegorische Dramen. Obwohl Rist mit dem Konzept der Ständeklausel vertraut war, hielt er sich in seinen Dramen nicht daran.

Theaterkritik

Während der Epoche begleitete ein theaterfeindlicher Diskurs die Dramatik. Der Umgang mit dem Theater war in den Konfessionen unterschiedlich. Die Katholiken hatten keine Schwierigkeiten mit dem Theater, wenn sie es auch in der Folge des Reformkonzils von Trient zunächst außerhalb kirchlich-religiöser Zusammenhänge ablehnten.

Dem Protestantismus war eine solch klare Linie nicht eigen. Die frühen Calvinisten akzeptierten das Theater zunächst. Noch im späten 16. Jahrhundert aber schlug die Meinung um. Der Calvinismus lehnte nun das Theater ab. In England etwa schrieben puritanische Schriftsteller wie der Verfasser des epochalen Epos *Paradise Lost*, John Milton, zwar Tragödien; ihre Aufführung aber lehnte er ab. Im Luthertum verhielt man sich anders. Luther selbst hatte das Theater zu den *adiaphora* gezählt, zu den ‚Mitteldingen', die für sich als moralisch unproblematisch galten und erst durch den Gebrauch ‚gut' oder ‚schlecht' zu werden drohten. Das aber öffnete der Theaterkritik indirekt wieder das Tor und forderte zur Auseinandersetzung mit dem Theater heraus. An den Auseinandersetzungen um das Theater beteiligten sich reformierte Theologen wie der Zürcher Pfarrer Johann Jacob Breitinger (1575-1645). Er legte 1624 seine *Bedencken Von Comoedien oder Spilen* vor. Im Pietismus teilte man mit den Reformierten die Theaterfeindlichkeit. Als im Januar 1678 die Oper in Hamburg eröffnet wurde, zogen Pietisten und ihnen Nahestehende im Hamburger Opernstreit zu Felde.

Das Trauerspiel

Ursprung des deutschen Trauerspiels

Um es vom ‚bürgerlichen' Trauerspiel des 18. Jahrhunderts abzugrenzen, spezifiziert man das Trauerspiel dieser Zeit durch das Attribut ‚barock'. Daneben findet sich auch ‚deutsches' und ‚schlesisches' Trauerspiel. Als Ausgangspunkt der Erforschung darf Walter Benjamins *Ursprung des deutschen Trauerspiels* (geschrieben 1925) gelten. Benjamin erarbeitete sein Buch in der Berliner Staatsbibliothek, wo ihm viele Trauerspiele des 17. Jahrhunderts zur Verfügung standen. Er schrieb sein Buch jedoch nicht in literaturwissenschaftlicher, sondern in philosophischer und – wie wir heute sagen würden – kulturwissenschaftlicher Absicht. Ihm ging es primär um die Rekonstruktion der barocken Geschichtsphilosophie und eines antiklassischen Literaturbegriffs. Sein Buch hatte entschieden Gegenwartsbezug (vgl. Kap. 1.6.). Deswegen war es aus Benjamins Sicht nur konsequent, vom ‚deutschen' Trauerspiel zu handeln. Sein Ansatz ist weiterhin populär – allerdings vor allem außerhalb der Frühneuzeit-Forschung, die bis heute teilweise distanziert auf Benjamins Buch reagiert.

,*Treurspel*' und ,Trauerspiel'

Das ,deutsche' Wort ,Trauerspiel' ist ein Ableger vom niederländischen ,*Treurspel*' – eine Wortschöpfung des niederländischen Sprachpurismus. Das deutsche Trauerspiel weist alle Formmerkmale auf, die für die Dramen insbesondere von Joost van den Vondel (1587-1679) und Pieter Corneliszoon Hooft (1581-1647) wesentlich sind.

Merkmale des barocken Trauerspiels:

- 5 Akte (,Abhandlungen')
- Wahrung der aristotelischen Einheiten Handlung, Ort und Zeit
- Kommentierende Chöre (,Reyen') am Ende der Akte
- Wahrung der Ständeklausel
- Alexandriner als dominierende Versform der Figurenrede jenseits des Reyen
- Dominanz historischer Stoffe

Die gedruckten Trauerspiele sind sehr ausladend. Neben Widmungs- und Leservorreden sowie den Inhaltsangaben zu Beginn sind für das schlesische Trauerspiel erläuternde Schlussanmerkungen typisch. In ihnen werden die Quellen genannt, die der Verfasser bei der Niederschrift verwendet hat. Einzelne Verse werden kommentiert und erläutert. Die Verfasser des Trauerspiels beriefen sich, trotz der Zwischenzeit, in der Regel auf Opitz. Das Trauerspiel war die künstlerisch anspruchsvollste Variante des protestantischen Schuldramas. Es war in Schlesien im Schultheater üblich, in deutscher Sprache zu spielen, und viele schlesische Trauerspiele wurden in den lokalen Aulen oder Höfen der Gymnasien gegeben.

Emblematische Struktur

Albrecht Schöne hat die These vertreten, dass das Trauerspiel eine emblematische Struktur hat (vgl. Kap. 3.2.): Das Titelblatt entspreche der *inscriptio*, der Dramentext der *pictura* und der Reyen der *subscriptio*. Im Zusammenhang seiner Forschungen hat Schöne weiterhin gezeigt, wie wichtig die Emblematik für das Verständnis des Trauerspiels ist. In ihm werden Bilder aufgerufen, die den Zeitgenossen aus der Emblematik vertraut waren. Uns ist es heute oft nur mit Hilfe von Emblem-Büchern möglich, Bedeutungsdetails und –möglichkeiten der Trauerspiele zu entschlüsseln.

Beispiel

Gryphius: *Leo Armenius*

Die barocke Vorstellung von der „Lesbarkeit der Welt" (vgl. Kap. 4.2.) hat ihre Tücken. Denn die Trauerspiele zeigen, dass die Zeichen nicht immer eindeutig entzifferbar sind, wie es Schönes lineares Verständnis der emblematischen Allegorese nahelegt. In Andreas Gryphius' *Leo Armenius* (geschrieben 1646) finden sich zahlreiche Dialoge, in denen mit dem Namen des Titelhelden gespielt wird. Dem Gegner von Leo Armenius, Michael Balbus, wird ein Bild vorgestellt, das gedeutet und vereindeutigt wird:

Das weise Buch zeigt vnß ein ebenbild deß Löwen/
Der mit entbrantem Muth vnd Klawen scheint zudräwen/
Er wirfft den förder-Fuß/ als rasend in die Lufft/
Das haar fleugt vmb den Kopff; ja das gemälde rufft
Von seiner grausen arth/ die hellen Augen brennen
Erhitzt von tollem Zorn/ die Leffz' ist kaum zu kennen
Für schaum vnd frischem Blut/ das auff die erden rint/
In dem er biß auff biß vnd mord auf mord begint.
Was mag wol klärer seyn? den starcken rücken decket
Ein purpur rothes Creutz/ wodurch ein Jäger stecket
Mit mehr denn schneller Hand ein scharff geschliffen schwert
Das durch haut fleisch vnd bein biß in das hertze fährt.[38]

Von Beginn an wird in *Leo Armenius* der Name des Titelhelden thematisiert. Die Aufrührer halten ein Buch in ihren Händen und sehen darin einen fürchterlichen Löwen, der auf seinem Rücken eine Art Decke trägt, die durch ein Kreuz geziert ist. Durch dieses Kreuz wird ein Schwert gebohrt, um den Löwen zu töten. Für die Verschwörer um Michael Balbus ist die Bedeutung des Bildes eindeutig: Leo Armenius ist der blutgierige Löwe, ihn gilt es zu töten.

Abb. 43: *Pictura* eines Schrecken verbreitenden Löwen

Aber das Bild ist nicht eindeutig. Der Löwe kann auch für den siegreichen Christus stehen, der durch den Verrat von Judas umkommt. Das Kreuz auf der Decke kann das signalisieren. Der vermeintlich legitimierte Tyrannenmörder Balbus wäre dann der wirkliche Verräter. Die Deutung des Bildes als Aufforderung zur Tötung von Leo wäre eine illegitime Selbstermächtigung.

Abb. 44: *Pictura* eines Löwen, der einen Christusknaben trägt

Dass diese zweite Deutung naheliegender ist als die der Verräter, deutet die Schlussszene an, in der berichtet wird, dass Leo in einer Kirche niedergeschlagen wird und ein Kreuz küssend verstirbt. Doch bleiben Zweifel. Der Reyen betont – besonders in der dritten Abhandlung –, dass die Zeichen vieldeutig sind. Deswegen kann nicht abschließend gesagt werden, ob Leo nun als Märtyrer stirbt oder als Tyrann: „Statt dem emblematischen Anspruch gemäß Erkenntnis zu sichern, verschärft mithin die festgefügte Emblematik gerade die Mehrdeutigkeit."[39] Gryphius entlässt sein Publikum in eine nachgerade postmoderne Unsicherheit.

Exkurs

Andreas Gryphius (1616-1664)

Nicht zuletzt wegen dieser intellektuellen Brillanz ist Andreas Gryphius heute der bekannteste deutsche Barock-Schriftsteller aus der Mitte des Jahrhunderts. Er wurde in Glogau (Schlesien) geboren, wo er auch gestorben ist. Sein Leben war geprägt vom Dreißigjährigen Krieg, er verwaiste früh. Gryphius wuchs in unterschiedlichen schlesischen Städten auf und kam schließlich nach Danzig, wo er Opitz kurz vor dessen frühem Tod begegnete.

Entscheidend für seine weitere literarische Entwicklung wurde, dass er die Söhne des Pfalzgrafen Georg von Schönborn fast sechs Jahre lang an die Universität Leiden begleitete. Reisen nach Frankreich und Italien schlossen sich an. In dieser Zeit publizierte Gryphius die *Sonnete* (1643). 1646 folgte das lateinische Passionsepos *Olivetum*. Gryphius war, so sehr er auch seiner schlesischen Heimat verbunden blieb, kein provinzieller Dichter. Er war mit der europäischen Hochkultur vertraut.

Nach seiner Rückkehr begann für Gryphius in den Jahren rund um den Westfälischen Frieden die erfolgreichste und produktivste Zeit. Die Trauerspiele *Leo Armenius, Catharina von Georgien, Cardenio und Celinde* und *Carolus Stuardus* sowie die Lustspiele *Peter Squentz* und *Horribilicribrifax* wurden verfasst. Sie erschienen aber teilweise erst später. 1649 wurde er zum Syndikus der Landstände im Fürstentum Glogau ernannt. Noch zuvor hatte er im Januar desselben Jahres Rosina Deutschländer geheiratet, mit der er sieben Kinder hatte. Nur drei haben den Vater überlebt. Bekannt wurde der älteste Sohn Christian Gryphius, der neun Monate nach der Hochzeit im September 1649 geboren wurde (gest. 1706). Er galt vielen als der Nachfolger des Vaters und sah sich auch selbst in dieser Rolle. Zudem besorgte er 1698 die gesammelten Werke des Vaters.

Die Stellung in Glogau behielt der bekennende Lutheraner Gryphius bis zu seinem Tod inne. Trotz seines schriftstellerischen und seines beruflichen Erfolgs blieb Gryphius der fromme, nie die Vergänglichkeit aus dem Blick verlierende Dichter. 1656 erschienen die *Kirchhoffs-Gedancken*. Angesichts dessen ist der Gesellschaftsname, der ihm bei seiner Aufnahme in die Fruchtbringende Gesellschaft 1662 verliehen wurde, gewiss anerkennend gemeint, aber eigentümlich verfehlt: „Der Unsterbliche“.

Trauerspiel und Dreißigjähriger Krieg

Gryphius hat in der Vorrede zu *Leo Armenius* zum Ausdruck gebracht, dass das Trauerspiel nur vor dem Hintergrund des Krieges zu verstehen ist und seine ganze Wirkung zu entfalten vermag:

> INdem vnser gantzes Vatterland sich nuhmehr in seine eigene Aschen verscharret/ vnd in einen Schawplatz der Eitelkeit verwandelt; bin ich geflissen dir die vergänglichkeit menschlicher sachen in gegenwertigem/ vnd etlich folgenden Trawerspielen vorzustellen. Nicht zwar/ weil ich nicht etwas anders vnd dir vielleicht angenehmers vnter händen habe: sondern weil mir noch dieses mal etwas anders vorzubringen so wenig geliebet/ alß erlaubet. Die Alten gleichwohl haben diese art zu schreiben nicht so gar geringe gehalten/ sondern alß ein bequemes mittel menschliche Gemütter von allerhand vnartigen vnd schädlichen Neigungen zu säubern/ gerühmet [...].[40]

Die Vorrede von Gryphius ist in vielerlei Hinsicht programmatisch. Zunächst fällt auf, dass Gryphius in der Vorrede die *theatrum-mundi*-Metapher aktualisiert (vgl. Kap. 4.1.), indem er zwar nicht die Welt, aber immerhin das ganze Vaterland zu einem ‚Schauplatz' macht. Allerdings reproduziert er die Metapher nicht einfach, sondern konkretisiert sie durch das Genitivattribut. Gryphius sieht einen ‚Schauplatz der Eitelkeit', auf dem die eigene Vergänglichkeit vergessen werde. Gryphius verknüpft damit die *theatrum-mundi*-Metapher mit dem *vanitas*-Motiv. Dem Leser wird die Vergänglichkeit seines irdischen Daseins in Erinnerung gerufen (vgl. Kap. 4.3.). Auffällig ist ferner, dass Gryphius (wie schon Opitz) diese Programmatik mit einer Wirkungspoetik verknüpft, wenn er davon spricht, dass das Trauerspiel in der Lage sei, „menschliche Gemütter von allerhand vnartigen vnd schädlichen Neigungen zu säubern". Damit bezieht sich Gryphius auf die Annahme von Aristoteles, dass die Tragödie durch *eleos* (Jammern) und *phobos* (Schaudern) kathartisch wirken solle. Entscheidend für das Verständnis des barocken Trauerspiels ist dabei, dass es – anders als das bürgerliche Trauerspiel des 18. Jahrhunderts – nicht das Mitleid als zentrale Wirkungskategorie in den Mittelpunkt stellt, sondern die *atrocitas* (vgl. Kap. 3.4.): Durch die Darstellung des Grauens auf der Bühne soll der Mensch abgehärtet werden gegen die Schrecken des realen Lebens, weil er durch die Anschauung in die Lage versetzt wird, seine Affekte zu kontrollieren und zu mäßigen. Damit wird die *atrocitas* zur Voraussetzung für eine Lebensführung, die durch *constantia* (vgl. Kap. 3.4.) und *magnanimitas* (‚Großmütigkeit') ausgewiesen ist und auf *consolatio* (‚Tröstung') setzt.

Märtyrerdrama

Viele barocke Trauerspiele können thematisch als Märtyrerdramen verstanden werden. In ihnen stehen den affektbeherrschten, großmütigen Helden affektgeleitete, oftmals sexuell erregte Tyrannen gegenüber. Nicht der Tod des Helden allein macht diesen zum Märtyrer. Sein toter Körper bezeugt (von griech. ‚martys': Zeuge) einerseits die grausame Tat des Tyrannen und andererseits das Festhalten und Beharren des Märtyrers auf seinem Glauben. Dementsprechend handeln viele barocke Märtyrerdramen im Orient. Hintergrund der Märtyrerdramen sind historische Ereignisse.

Geschichtsdrama

Man kann die Märtyrerdramen deswegen als eine Unterform des Geschichtsdramas betrachten, das in den letzten Jahren von der Forschung in den Blick genommen wurde. Wichtig ist zunächst, dass Begriffe wie Märtyrer- oder Geschichtsdrama nicht ausschließlich auf das barocke Trauerspiel zu beziehen sind. Auch im Humanismus gab es Geschichtsdramen, wie Dirk Niefanger gezeigt hat. Allerdings kann man sagen, dass das barocke Trauerspiel eine besondere Affinität zur Geschichte hat. Für das Geschichtsdrama gelten fünf, von Niefanger herausgearbeitete Merkmale:[41]

1. Das Geschichtsdrama muss semiotisch historische Authentizität reklamieren.
2. Die dargestellten Ereignisse müssen als ‚historisch' markiert werden. Das geschieht etwa durch die umfangreichen Anmerkungen im Anhang der Trauerspiele.
3. Das historische Ereignis weist über sich selbst hinaus. Es ist historisch bedeutend und exemplarisch.
4. Das Geschichtsdrama verwendet und problematisiert historiographische Verfahren. Es partizipiert also am historiographischen Diskurs.
5. Die dramatische Handlung spielt vornehmlich in der politisch-gesellschaftlichen Öffentlichkeit.

Bibeldrama

Niefangers Merkmale lassen sich auch auf zahlreiche Bibeldramen der Frühen Neuzeit beziehen. Die *Bibel* galt weitgehend als zuverlässiges historisches Buch, viele historische Einordnungen und Chronologien wurden mit ihrer Hilfe entwickelt. Inwieweit die Bibeldramen – analog zu den Märtyrerdramen – als Variante des Geschichtsdramas zu bewerten sind, ist bisher nicht diskutiert worden. Das kann daran liegen, dass Andreas Gryphius' wichtigste Trauerspiele keine biblischen Geschichten verarbeiten. Immerhin fertigte er 1640 eine Übersetzung von Vondels Bibeldrama *De Gebroeders* an. Sie trägt den Titel *Die Sieben Brüder/ Oder Die Gibeoniter*. Der wie Gryphius im schlesischen Herzogtum

Glogau geborene Prorektor an der Königsberger Lateinschule und spätere Tübinger Rhetorikprofessor Christoph Kaldenbach schrieb 1646 das Trauerspiel *Babylonischer Ofen*, das eine Geschichte aus dem *Alten Testament* dramatisiert. In der zweiten Hälfte des 17. Jahrhunderts aber blieb das deutsche Trauerspiel – anders als das niederländische und anders als das übrige Schuldrama in Deutschland – von biblischen Stoffen eigentümlich unberührt.

Daniel Casper von Lohenstein

Der zweite bedeutende Trauerspiel-Verfasser des Barock neben Gryphius ist Daniel Casper von Lohenstein. Er wurde 1635 in der Nähe von Breslau geboren, studierte Rechtswissenschaften in Leipzig und Tübingen und war später in verschiedenen juristischen Berufen tätig. 1675 wurde er Kaiserlicher Rat in Wien. Neben seinen Trauerspielen sind auch seine Lyrik und sein *Arminius*-Roman wichtig (vgl. Kap. 4.5.).

mediocritas-Prinzip

Auch Lohensteins Trauerspiele sind Geschichtsdramen. Er behandelt in ihnen Ereignisse aus verschiedenen Epochen und Kontinenten – man unterscheidet seine türkischen (*Ibrahim Bassa* und *Ibrahim Sultan*), römischen (*Epicharis* und *Agrippina*) und afrikanischen Trauerspiele (*Sophonisbe* und *Cleopatra*). Dabei setzt Lohenstein weit entschiedener auf *atrocitas* als Gryphius, indem er Gewalt und unkontrollierte Affekte darstellt. Auch die Erotik ist bei ihm zentral. Bei Lohenstein löst die Schönheit einer Frau meist die dramatische Handlung aus. Doch ist das nicht der einzige Unterschied zu den Trauerspielen von Gryphius. Anders als bei diesem erdulden die Frauen bei Lohenstein nicht einfach ihre Rolle. Sie eignen sich nicht ohne weiteres zur Märtyrerin. Vielmehr nutzen sie ihre erotische Macht und versuchen, sie in politische umzumünzen. Diese „Machtweiber“[42] unterlaufen das auf deutliche Opposition setzende Konzept der *consolatio*. Lohensteins Figuren sind deswegen weniger durch ein kategorisches Gegenüber gekennzeichnet als durch das *mediocritas*-Prinzip; d.h., dass sich die Figuren im Verhältnis gemäßigt gegenüberstehen.

Das von Lohenstein favorisierte *mediocritas*-Prinzip war insgesamt weniger beliebt als das auf Figurenopposition setzende Prinzip der *consolatio*. Deswegen verwundert es nicht, dass spätere Trauerspiele weiterhin Märtyrerdramen sind, wie Johann Christian Hallmanns *Mariamne* (1670). In diesem Trauerspiel wird die Ermordung der gleichnamigen jüdischen Königin dargestellt. Auftraggeber ist ihr Mann Herodes. Aber nicht nur Märtyrergeschichten wurden gezeigt, sondern auch Ereignisse der jüngeren politischen Geschichte, wie die Ermordung von Maria Stuart. Ihr widmete August Adolf von Haugwitz 1683 ein Trauerspiel. Wie beliebt dieser Stoff in der Trauerspiel-Geschichte blieb, belegt

Friedrich Schillers Trauerspiel *Maria Stuart*, das im Jahr 1800 vollendet wurde.

Lustspiel

> Die Comedie bestehet in schlechtem wesen vnnd personen: redet von hochzeiten/ gastgeboten/ spielen/ betrug vnd schalckheit der knechte/ ruhmrätigen Landsknechten/ buhlersachen/ leichtfertigkeit der jugend/ geitze des alters/ kupplerey vnd solchen sachen/ die täglich vnter gemeinen Leuten vorlauffen. Haben derowegen die/ welche heutiges tages Comedien geschrieben/ weit geirret/ die Keyser vnd Potentaten eingeführet; weil solches den regeln der Comedien schnurstracks zuewieder laufft.[43]

Widerspruch von Sein und Schein

Nicht nur für das Trauerspiel, auch für das Lustspiel – wie die Komödie seit dem Barock analog zu ‚Trauerspiel' genannt wird – fordert Martin Opitz die Einhaltung der Ständeklausel. Es ist also nicht so, dass im Barock das Lustspiel keinen Regeln unterlag. Das ist ein erheblicher Unterschied zum 16. Jahrhundert, wo vielfach jedes Drama, das kein tragisches Ende hat, ‚Komödie' genannt wurde. Komische Elemente waren, das zeigt das Zitat, konstitutiv für das barocke Lustspiel. Vielleicht noch deutlicher als im Trauerspiel wird im Lustspiel das theatrale Moment des Daseins betont, wie es in der Vorstellung vom *theatrum mundi* (vgl. Kap. 4.1.) zum Ausdruck kommt. Denn die Komik entsteht im barocken Lustspiel „aus dem spannungsreichen Widerspruch zwischen Sein und Schein, Maske und Wahrheit, Rollenspiel und Stand".[44] Die Komik ist Folge davon, dass während des Komödienspiels die Weltordnung außer Kraft gesetzt ist. Das Wissen um die Diskrepanz zwischen Bühnenwirklichkeit und sozialer Realität motiviert die Lacher. Ergänzend dazu finden sich metatheatrale Elemente und das Spiel im Spiel. Durch die Ansprache des Publikums wird die Geschlossenheit des Dramas durchbrochen und der Spielcharakter der Inszenierung offensichtlich.

Komisches Personal

Entscheidender Träger der Komik ist nicht die Handlung. Es sind wie schon im Fastnachtspiel vornehmlich die Figuren, die das Lachen provozieren. Im Barock differenziert sich das komische Personal aus. Aus den verschiedenen europäischen Spieltraditionen, von der *Commedia dell'arte* und den Englischen Wandertruppen, auf die wir in diesem Kapitel noch eingehen, werden komische Figuren übernommen. Sie tragen unterschiedliche Namen (Harlekin, Prahlhans oder Hans Wurst) und signalisieren dem Publikum dadurch und durch Insignien, dass sie für

Komik stehen. Diese Figuren sind derb. Sie haben ihre Affekte nicht unter Kontrolle, weswegen sie u.a. als verfressen dargestellt werden. Auch ihre Sprache soll zum Lachen reizen. Sie sprechen oft Mundart oder Kauderwelsch. Daneben existieren weiterhin Narrenfiguren, die durch ihr schalkhaftes Wesen und ihren ironischen Spott die derb-komischen Figuren bloß stellen.

Gegenwartsbezug

Im Unterschied zum Trauerspiel nimmt das Lustspiel oft Bezug auf die Gegenwart. Man macht sich über jüngst vergangene Ereignisse lustig oder verspottet einzelne Personen oder Typen der eigenen Gegenwart. Doch kennt dieses Spiel mit der Realität Grenzen. Am Schluss der Komödien wird die gesellschaftliche Ordnung wieder hergestellt, auch wird die grundsätzliche Ständehierarchie nicht in Frage gestellt. Lediglich einzelne soziale Missstände können kommentiert oder kritisiert werden. Gesellschaftliche Fundamentalkritik ist nicht das Anliegen der Komödie.

Vielfältige Ursprünge

Anders als das Trauerspiel, das sich konkret auf die antike Tragödientradition bezieht, hat das Lustspiel mehrere Ursprünge. Neben den genannten Impulsgebern blieb weiterhin die römische Komödientradition wichtig, die durch das Schultheater bekannt war (vgl. Kap. 2.3.). Auch hier waren es verschiedene Figuren, die – immer aufs Neue variiert – dem Publikum die Tränen in die Augen trieben.

Literaturgeschichtliche Bedeutung

Im Vergleich zum barocken Trauerspiel hat das Lustspiel weniger Aufmerksamkeit durch die Forschung erfahren. Das liegt gewiss nicht an den Autoren. Mit Andreas Gryphius und dem Schuldramatiker Christian Weise, auf den wir noch eingehen, sind zwei der bekanntesten und wichtigsten Dramatiker als Komödienschriftsteller hervorgetreten.

Das Hauptproblem dürfte sein, dass ihr Witz zeitverhaftet ist. Anders als in der sächsischen Typenkomödie eines Lessing ist der Witz nicht überzeitlich und ohne Vermittlung zu verstehen. Das zeigen etwa die beiden *Schlampampe*-Komödien von Christian Reuter (1665- um 1712) aus den Jahren 1695 und 1696. Die Stücke spielen im Studentenmilieu. Zwei Studenten machen sich über die Gewohnheiten der Frau Schlampampe und ihrer Töchter lustig, die dem höfischen Lebensstil übertrieben nacheifern. Dass Reuters Zimmerwirtin in Leipzig das Drama auf sich bezog und ihren Mieter verklagte, ist eine beliebte literaturgeschichtliche Anekdote. Aus literaturwissenschaftlicher Sicht aber bringt es wenig, den derben studentischen Witz Reuters zu aktualisieren. Entscheidend ist vielmehr, die *Schlampampe*-Komödien als „Experimente" zu begreifen, die den „Spielraum *zwischen* Fiktion und

Faktizität der umgebenden Wirklichkeit"[45] neu ausleuchten. So verstanden sind Reuters Komödien nicht mehr nur Beispiel, sondern selbst Motor einer sich um 1700 vollziehenden kulturellen Um- und Neuorientierung.

Beispiel

Andreas Gryphius: *Horribilicribrifax Teutsch*

Andreas Gryphius' Lustspiel mit dem beinahe unaussprechlichen Titel *Horribilicribrifax Teutsch* erschien 1663. Doch können wir davon ausgehen, dass es schon in der Spätphase des Krieges begonnen und 1650 abgeschlossen wurde. Der Titelheld Horribilicribrifax ist ein aufschneiderischer Soldat, dessen literaturgeschichtliches Vorbild der *miles gloriosus* beim römischen Komödiendichter Plautus oder *Capitano Spavento* in der *Commedia dell'arte* ist. Bei Gryphius wird dieser Figurentyp verdoppelt. Neben Horribilicribrifax erscheint der Hauptmann Daradiridatumtarides, der ebenfalls ein Aufschneider, Betrüger und Frauenheld ist – also eine absolute Karikatur des großspurigen Söldners:

> Der grosse Chach Sesi von Persien erzittert/ wenn ich auff die Erden trete. Der Türckische Kaiser hat mir etlich mahl durch Gesandten eine Offerte von seiner Kron getahn. [...] Africa hab ich vorlängst meinen Cameraden zur Beute gegeben.[46]

Abb. 46: Capitain Daradiridatumtarides

Entscheidend für das Lustspiel sind aber weder die literaturgeschichtlichen Referenzen noch die aufgeblasenen Bekundungen der beiden Großsprecher. Die Verdoppelung der Capitano-Figur steht für eine Verdoppelung des Spiels, das sich auf zahlreichen Strukturebenen wiederfinden lässt. Das Stück verdoppelt sogar die Handlungsebenen – eine steht in der ausschließlich auf Unterhaltung setzenden *commedia dell'arte*-Tradition, eine in der des rührenden und moralischen Lustspiels. Gryphius stellt die Soldaten als Verursacher des Elends bloß und treibt ein Spiel mit dem Entsetzen über die barbarische Dummheit der Protagonisten – mit deutlichem Gegenwartsbezug:

Horrib. WAs? daß der Keyser Friede gemacht habe sonder mich um Rath zu fragen? [...].
Page. So sagen sie/ daß der Keyser Frieden gemacht habe mit dem König in Schwaben.
Horrib. Mit dem König in Schweden wilst du sagen?
Page. Ja Schweden oder Schwaben/ es ist mir eins.[47]

Durch die Verdoppelung des großspurigen Soldaten gelingt es Gryphius, ein Gegenüber zu konstruieren, das weite Teile der Komödie prägt. Dabei wird das ‚Schwert durch die Zunge' ersetzt: Statt des Tötens wird Prahlerei zum täglichen Geschäft der Soldaten.[48]
Gryphius hat mit seinem Lustspiel einen tief in seiner Zeit verwurzelten Kommentar verfasst. Verschiedene Studien der letzten Jahre haben gezeigt, dass der Schlesier auch eine implizite Auseinandersetzung über die Möglichkeiten des Dramas vorgelegt hat.[49] Ferner belegt die Komödie, dass der bekennende Lutheraner Gryphius trotz oder wegen seines Glaubens, wir können hier nur mutmaßen, ein Freund krachender Komik sein konnte.

Schuldramatik: Jesuitentheater, Christian Weise

Selbstverständlich entwickelte sich das Jesuitentheater seit dem Späthumanismus weiter. Es erschloss sich neue Themen. Je weiter der Orden sich in Südostasien und in Amerika etablierte, um so mehr Berichte von Konversionserfolgen bei den ‚Heiden' oder von grausamen Schicksalen von Missionaren, die zu Märtyrern stilisiert wurden, drangen nach Deutschland. All diese Berichte boten Gelegenheit für glorifizierende Dramatisierungen. Hinzu kam eine Entwicklung, die zeigt, dass auch das Jesuitendrama zunehmend als Kunstform begriffen wurde. Die Jesuiten im Barock publizierten, anders als in der Generation um Bidermann (vgl. Kap. 3.4.), vereinzelt Lesedramen, die entschieden überarbeitete Aufführungstexte sind. Ein Beispiel dafür ist die *Jephtias Tragoedia* (1654), die der Jesuit Jacob Balde (1604-1668) veröffentlichte.

Protestantisches Schultheater

Der wichtigste Reformer des protestantischen Schultheaters war Christian Weise (1642-1708), der seit 1670 Rhetorikprofessor in Weißenfels und ab 1678 Rektor des Gymnasiums in Zittau war.

Weise war einer der produktivsten Schriftsteller des Barock, der zudem mit theoretischen Überlegungen und Konzeptionen hervortrat. Neben seinen Dramen schrieb er verschiedene Rhetorik-Lehrbücher, u.a. den *Politischen Redner* (1677), in dem er

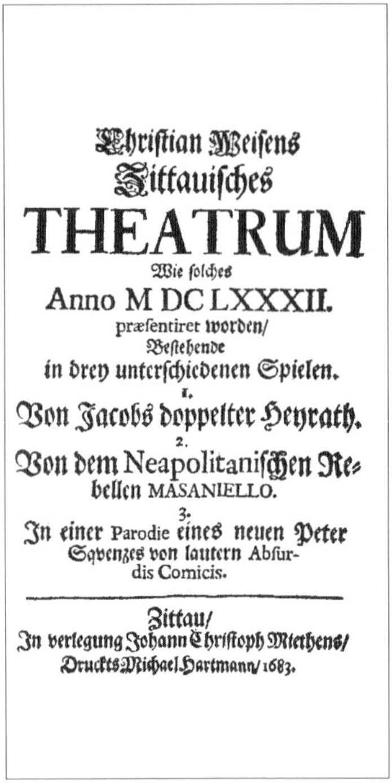

Christian Weisens
Zittauisches
THEATRUM
Wie solches
Anno M DC LXXXII.
præsentiret worden/
Bestehende
in drey unterschiedenen Spielen.
1.
Von Jacobs doppelter Heyrath.
2.
Von dem Neapolitanischen Rebellen MASANIELLO.
3.
In einer Parodie eines neuen Peter Squenzes von lautern Absurdis Comicis.

Zittau/
In verlegung Johann Christoph Miethens/
Druckts Michael Hartmann/ 1683.

Abb. 47: Titelblatt der Schuldramen Christian Weises von 1683

nicht nur Anleitungen gab, wie eine Schulrede zu verfassen sei, sondern in dem er bürgerliche und höfische Redesituationen zu unterscheiden und jeweils angemessen zu sprechen lehrte. Weise war ein wichtiger Vermittler des *politicus*-Ideals (vgl. Kap. 4.1.) in Deutschland. Sein Ziel war es, seine Schüler auf die beruflichen Herausforderungen vorzubereiten. Deswegen nahm das Schultheater bei ihm, wie es seit der Reformation üblich war, eine zentrale Funktion im Rhetorikunterricht ein. Die Theateraufführungen in Zittau dauerten mehrere Tage. Ein Bibeldrama eröffnete den meist drei Stücke umfassenden Aufführungsreigen. Eine Tragödie und eine Komödie schlossen sich an.

Weises Trauerspiele galten der Literaturwissenschaft lange als Verfallserscheinungen. Denn der Zittauer Gelehrte hat seine tragischen Dramen in Prosa verfasst. Sie verstoßen damit gegen die Forderung, in der Tragödie den hohen Stil zu pflegen, der üblicherweise durch den Alexandriner zum Ausdruck kommt. Auch treten in seinen Trauerspielen komische Personen (meist in Nebenhandlungen) auf. Durch sie wird gegen die aristotelische Einheit der Handlung verstoßen. Der Schauplatz wechselt regelmäßig – auch innerhalb der Akte. Einzelepisoden und Parallelhandlungen machen die Stücke kleinteilig. Die Grenzen zwischen Trauer- und Lustspiel verschwimmen damit auf der formalen Ebene. Unterschieden werden können die beiden dramatischen Formen meist nur noch durch das Ende und durch die Wahrung der Ständeklausel, die insofern weiterhin gilt, als dass nur Personen hohen Standes in der Lage sind, tragische Schicksale zu erfahren. Aber selbst das gilt nur bedingt, wie das folgende Beispiel zeigt.

Exkurs

Christian Weise: *Masaniello*

Weises heute bekanntestes Stück trägt vollständig den Titel *Trauer-Spiel Von dem Neapolitanischen Haupt-Rebellen Masaniello*. Es wurde 1682 erstmals aufgeführt. Mit dem Titel war den Zeitgenossen schon viel gesagt. Die Geschichte von Masaniello (Thomas Aniello bzw. Agnello) hatte für Aufsehen gesorgt. Der aufrührerische Fischer hatte 1647 einen Aufstand gegen den Vizekönig in Neapel angeführt und war schließlich Regent der italienischen Hafenstadt geworden. Doch währte seine Regentschaft nur wenige Tage.

Im Drama wird Masaniello in den Wein heimlich Gift gemischt, wodurch er den Verstand verliert. Das nehmen neapolitanische Edelleute zum Anlass, den neuen König zu erschießen. Das Stück hat damit alles, was ein Schuldrama braucht: Massenszenen, einen entsprechenden Umfang, viele Redepartien für viele Mitspieler und verschiedene Redesituationen, denen sich die Schüler anzupassen hatten.

Im Vergleich zu dem, was der Theorie nach ein barockes Trauerspiel kennzeichnet, fällt *Masaniello* glatt durch: die Redepartien sind in Prosa, die fünf Akte werden durch keinen Reyen beschlossen, dem Titelhelden steht in der entscheidenden Szene nicht ein tyrannischer Protagonist gegenüber, sondern eine Gruppe. Auch lässt Weise die einfache Bevölkerung schlicht sprechen, was an die Komödie erinnert. Und sein Stück trägt angesichts der sozialen Herkunft des Titelhelden der Ständeklausel nicht Rechnung.

Masaniello ist kein Held, der das Zeug zum tragischen Märtyrer hat. Zwar lässt Weises Konzeption des Stücks den Rückschluss zu, dass er das Verhalten des Adels vor dem Aufstand nicht billigt. Aber andererseits lässt er keinen Zweifel daran aufkommen, dass auch der Titelheld nicht rechtens gehandelt hat. Das wird im Verlauf des Stücks mit Verweis auf die von Gott gegebene Ordnung von den Weggefährten bestätigt: „Ich denke hin und her/ es wäre vielleicht nicht zuwünschen; wenn die armen Leute wollen Herren werden/ so wirds darnach an Dienern fehlen: Deswegen macht unser HErr GOtt mehr arme Leute als reiche/ weil ein grosser Herr offt 20. 30. 40. Diener von nöthen hat."[50]

Das Stück endet damit, dass die Nobilitäten, die sich während des Aufstandes zurückgehalten haben, triumphieren. Weise lässt deren politische Klugheit durch den Nachredner loben: „Wenn das Eichen-Holtz von der grausamen Lufft zerschmettert wird/ so bücket sich die Weide/ biß ein stilles Wetter die sämtlichen Zweige von sich selber wiederum aufrichtet."[51]

Doch nicht nur im Hinblick auf die Ausbildung seiner Schüler war Weises Handeln von Zweckorientiertheit geprägt. Er erkannte, dass seine Wirkungsabsichten durch das Schultheater nur einen relativ kleinen Rezipientenkreis erreichten. Weise vollzog deswegen einen „Medienwechsel"[52] hin zum Buch, der ganz der Logik des *politicus*-Ideals verpflichtet war und konsequent war, weil ihm dadurch die Möglichkeit gegeben wurde, weit über seine Schule hinaus wirken zu können.

Dramatische Mischformen

Festspiel

Christian Weises Dramen sind das bekannteste Beispiel dafür, dass die dramatischen Formen im 17. Jahrhundert immer wieder gemischt wurden, dass also viele Dramen nicht sauber und systematisch als Lust- oder Trauerspiel klassifiziert werden können. Das gilt, wie wir gehört haben, schon für die Friedensspiele von Rist. Sie sind eine Variante der im Barock weit verbreiteten Festspiele, die oftmals als Triumphzüge gestaltet waren, wie sie seit der Renaissance zunächst in Italien üblich waren, und die durch Mummenschanz oder Ballett ergänzt wurden. Dabei waren die Spiele oftmals Teil einer Gesamtinszenierung, in der Feuerwerke, Wasserspiele oder kunstvolle Reitaufführungen in extra für den Anlass errichteten und gestalteten Landschaften zu sehen waren. Die in diesem Zusammenhang dargebotenen Stücke waren meist Mischspiele, was notwendig war, um eine abwechslungsreiche Dramaturgie mit tragisch-spannenden und komischen Elementen zu erhalten. Erst durch tragische Elemente war es möglich, Figuren hohen Standes in die Festspiele zu integrieren – etwa in Form einer verzweifelten Liebesgeschichte, die freilich ein gutes Ende nahm.

Schäferspiel

Eine Variante der Mischspiele sind die Schäferspiele. Sie sind poetologisch ein Sonderfall, denn sie werden in manchen Barockpoetiken als dritte dramatische Gattung betrachtet. Damit löst das Schäferspiel faktisch das Satyrspiel ab, das noch bei Scaliger oder Opitz die dritte Stelle einnimmt. Das Schäferspiel ist eine vergleichsweise junge dramatische Form, die ihren Ursprung in der italienischen Renaissance hat (zuerst Tassos *Aminta*, 1573).

Die Handlung des Schäferspiels ist vergleichsweise einfach. Meist ist es eine Schäferin, die sich zunächst einem schäferlichen Verehrer verweigert und diesen damit traurig macht. Schließlich kommen beide doch zusammen, weswegen das Schäferspiel tragische und komische Elemente zu integrieren vermag. Das Schäferspiel ist meist in Prosa gehalten, Allegorien und Personifikationen wie der Liebesgott Armor treten auf. Die Figuren sind Prototypen, wie sie schon die antike Bukolik kennt. Chorelemente, Gesang und Musik werden integriert. Oftmals findet man Schäferspiele als Teil von höfischen Festlichkeiten.

Oper

Da es im 17. Jahrhundert zunächst keine Häuser für sie gab, erlebte die Oper in Deutschland die meisten Aufführungen im Kontext von höfischen Festlichkeiten. Die Oper griff vielfach auf Elemente der Schäferdichtung zurück. 1627 wurde während einer Hochzeit am Hof von Hessen-Darmstadt die erste deutschsprachige Schäferoper (auch Pastoraloper) inszeniert. Sie trug den Titel *Daphne*, das Libretto kam von Martin Opitz und die Musik vom berühmten Komponisten Heinrich Schütz (1585-1672). Neben bukolischen fanden biblische und mythologische Motive rege Aufnahme. Wiederholt wurde das einfache Schäferszenario geistlich ergänzt, was sich wegen der Figur des Hirten (lat. *pastor*) anbot. Die Schäferoper war funktional fest in die höfische Gesellschaft integriert. Sie wirkte „sozialpazifizierend", weil die Schäfer in einem friedlichen arkadischen Raum leben, und sie bildete „eine strikt hierarchische Gesellschaft ab, deren Intaktheit auf einem stetigen Sich-Bewähren vor moralischen und göttlichen Instanzen beruht."[53]

Oratorium

Oper und bukolisches Singspiel waren Formen, die unterhalten sollten. Wie wir schon gehört haben, standen viele Protestanten dem Theater distanziert und kritisch gegenüber. Einen Ausweg versprachen biblische Oratorien, in denen der biblische Text rezitiert oder gesungen wurde. Insgesamt verweist das Oratorium ins 18. Jahrhundert. Georg Friedrich Händels *Messias* etwa wurde 1741 aufgeführt. Im Barock existierten auch reine Redeoratorien. Sie gehen auf Johann Klaj zurück und wurden Mitte des 17. Jahrhunderts in Nürnberger Kirchen inszeniert.

Hamburger Opernhaus

Das Oratorium konnte das große Interesse an der Oper nicht aufhalten. Herausgefordert wurde sie vielmehr durch sich selbst. Sie stellte immer umfangreichere Ansprüche an die Bühnentechnik und an die akustischen Bedingungen des Aufführungsraums. Der Bau von Opernhäusern wurde überfällig. 1677 wurde das größte deutsche Opernhaus des 17. Jahrhunderts in Hamburg eröffnet. Es fasste etwa 2000 Besucher und war damit ein Repräsentationsbau erster Güte, auch wenn die Hamburger Oper ein kommerzielles Unternehmen war. Der Hamburger Opernbau zeigt, dass die Oper zunehmend ihren höfischen Charakter verlor und bürgerliches Repräsentationsmittel wurde.

Wandertruppen

Commedia dell'arte

In der Mitte des 16. Jahrhunderts gab es in Deutschland keine professionellen Schauspieler. Theater wurde von Laien gespielt, etwa von den Handwerkern der Fastnachtspiele oder den Schülern des Schultheaters. Anders war es im europäischen Ausland. Als erstes kamen aus Italien *Commedia dell'arte*-Truppen, die mit komischen Spielen bei höfischen Festen in Süddeutschland für Unterhaltung sorgten. Die *Commedia dell'arte* blieb die Frühe

Neuzeit hindurch an den Höfen im Süden des Reiches präsent. Außerhalb der Höfe war ihre Wirkung begrenzt. Das lag an der italienischen Sprache. Allerdings verdankt die Theaterlandschaft Deutschlands der *Commedia dell'arte* neben einigen komischen Figuren einen weiteren Impuls. In ihr wurden weibliche Rollen von Frauen gespielt. In den *Commedia*-Truppen gab es den Beruf der Schauspielerin. Jenseits dieser Truppen setzte sich dies in Deutschland erst allmählich in der zweiten Hälfte des Jahrhunderts durch.

Englische Wandertruppen

Ende des 16. Jahrhunderts kamen aus England die ersten Wandertruppen nach Nord- und Mitteldeutschland. Nach ersten Erfolgen noch vor der Jahrhundertwende kam es zu einem regelrechten *run* auf Deutschland und die Niederlande, der allerdings mit dem Dreißigjährigen Krieg vielerorts zum Erliegen kam. Die englischen Wandertruppen spielten vor allem Komödien. Sie arbeiteten auf eigenes Risiko und waren deswegen vom Zuspruch des Publikums abhängig. Aber sie spielten auch Tragödien, etwa die William Shakespeares, wobei wir jedoch davon ausgehen dürfen, dass die gespielten Stücke von den Textvorlagen abwichen und durch komische Zwischenspiele aufgelockert wurden. Während des Krieges wurde in vielen Städten den Wandertruppen der Eintritt verwehrt, nach dem Krieg kehrten sie zurück.

Prinzipale

Die Wandertruppen wurden vom Prinzipal geleitet und waren überschaubar zusammengesetzt. Noch in der ersten Jahrhunderthälfte hatten sie erste deutsche Schauspieler aufgenommen. Etwa 1650 wurden erste deutsche Truppen gegründet, über die wir bis heute außer den Namen der ersten Prinzipale relativ wenig wissen, nämlich Daniel Treus und Carl Andreas Paulsen. Dessen Truppe übernahm 1678 Johannes Velten. Die bekannteste deutsche Wandertruppe der Frühen Neuzeit wurde die von Johann und Friederike Caroline Neuber, weil sie im Kontext der frühaufklärerischen Theaterreformen mit Johann Christoph Gottsched in Leipzig zusammenarbeitete.

Die beiden folgenden Analysebeispiele gehen, anders als die übrigen Analysebeispiele, nicht von konkreten Textausschnitten aus. Sie setzen die Lektüre des jeweiligen Trauerspiels voraus und sind Angebote für eine eigenständige und weiterführende Beschäftigung mit dem Trauerspiel.

Analysebeispiel I: Märtyrerdrama und Säkularisierung. Zu Gryphius' *Catharina von Georgien*.

Walter Benjamin gilt als einer der wenigen kulturwissenschaftlichen Theoretiker, der die Kategorie ‚Religion' in seine Überlegungen zu integrieren versucht hat. Dadurch hat er zu einer Differenzierung des Konzepts der Säkularisierung beigetragen und auf die ihr inhärente Dialektik hingewiesen. In seinem *Ursprung des deutschen Trauerspiels* heißt es an entscheidender Stelle: „Denn wenn die Verweltlichung [...] in beiden Konfessionen sich durchsetzte, so verloren darum nirgends die religiösen Anliegen ihr Gewicht: nur die religiöse Lösung war es, die das Jahrhundert ihnen versagte, um an deren Stelle eine weltliche ihnen abzufordern oder aufzuzwingen."[54] Was meint das konkret im Hinblick auf das deutsche Trauerspiel?

Mittels der tragischen Dramatik des 17. Jahrhunderts werden gerne Säkularisierungsentwicklungen verdeutlicht. Quasi als theatrale Zwischenstufe zwischen mittelalterlichem Mysterienspiel und bürgerlichem Trauerspiel soll mit seiner Hilfe gezeigt werden, wie religiöse Muster in der Frühen Neuzeit genutzt und überführt wurden, damit ihrerseits politische – mit Benjamin

Abb. 48: „Die Ewigkeit kommet von dem Himmel": Gryphius, *Catharina von Georgien*, Szenenkupfer von Johann Using, 1655

gesprochen – „Anliegen" formuliert werden konnten. Der Rückgriff auf religiöse Stoffe oder Erzählmuster sei erfolgt, um quasi durch die ‚religiöse Maske' hindurch Herrschaftskritik etwa am absolutistischen Fürsten formulieren zu können. Der literarische Text wird so zu einer Art U-Boot frühneuzeitlicher Herrschaftskritik.

Dass es Beispiele geben mag, die dieses Konzept bestätigen, soll nicht bestritten werden. Allerdings erweist sich eine solche Vereindeutigung als zu einseitig, wie Gryphius' Trauerspiel *Catharina von Georgien* belegt.

Das Stück ist gerahmt durch Hinweise auf Heilsgeschichte und göttliche Ewigkeit. Das betont schon die berühmte erste Bühnenanweisung:

> Der Schauplatz lieget voll Leichen-Bilder/ Cronen/ Zepter/ Schwerdter etc. Vber dem Schau-Platz öffnet sich der Himmel/ vnter dem Schau-Platz die Helle. Die Ewigkeit kommet von dem Himmel/ vnd bleibet auff dem Schau-Platz stehen.[55]

Die Eröffnung korrespondiert mit der Schlussszene, in der die Höllenqualen des heidnischen Tyrannen angedeutet werden. Da ihm die tote Catharina erscheint, schreit Chach Abas:

> Princessin Ach! Princessin! Ach wir brennen!
> Feuer! Feuer! Feuer! Feuer! Feuer kracht in disem Hertzen!
> Wir verlodern/ wir verschmeltzen angesteckt durch Schwefel-
> [Kertzen![56]

Doch reicht eine solche heilsgeschichtliche Rahmung hin, um damit ein umfassendes Narrativ wie das der Säkularisierung in Frage zu stellen? Auch wenn Chach Abas sich hier verzweifelt gibt, steht am Ende des Stücks immerhin sein weltlich-politischer Triumph. Die Opposition ist ausgeschaltet, seine absolute Macht erweist sich im Moment des Ausnahmezustands.

Dass die politische Macht des Tyrannen als Argument allein nicht zu überzeugen vermag, liegt – wie Thomas Borgstedt gezeigt hat – daran, dass Gryphius nicht nur in der Exposition und nach der Katastrophe eine umfassende „Entwertung des Politischen"[57] betreibt, sondern letztlich im gesamten Trauspiel. Das erreicht er durch eine „Poetik der Sakralisierung".[58] Entscheidend dafür ist, dass Gryphius das ihrem Kern nach säkulare *constantia*-Ideal von Lipsius „christlich überformt": zur „Standhaftigkeit des aufrechten Christen".[59] Gryphius' Trauerspiel resakralisiert die jüngere Geschichte. Die historische Catharina starb, das stand seinen Zeitgenossen vor Augen, 1624 in Persien den Martertod. Gryphius gibt diesem Ereignis einen Sinn. *Catharina* kann als Beispiel dafür interpretiert werden, dass dem barocken Trauerspiel das religiöse Anliegen nicht abhanden gekommen ist – auch wenn nur die Lösung des Konflikts in der Welt und nicht im Jenseits gezeigt wird. Was der Lutheraner Gryphius seinem Publikum nicht verspricht – anders als die Jesuiten –, ist ein direktes Eingreifen Gottes in die Welt. Dieser Optimismus fehlt dem deutschen Luthertum im Barock. Mit Säkularisierung hat das aber wenig zu tun, sondern vielmehr mit einer von Grausamkeit geprägten Welterfahrung und mit Ehrlichkeit gegenüber dem Publikum.

Analysebeispiel II: Politische Klugheit und Geschichtsdramatik. Zu Lohensteins *Sophonisbe*.

Prudentia gilt mehr noch als *constantia* als eine wichtige philosophische Kategorie in Lohensteins Dramen. In seinem vor Dezember 1666 fertiggestellten, aber erst 1680 gedruckten Trauerspiel *Sophonisbe* scheint dagegen *prudentia* nicht entscheidend zu sein. Die attraktive Numiderkönigin versucht zunächst, sich die verschiedenen Machtkonstellationen dienstbar zu machen, indem sie zu Beginn des Trauerspiels die männlichen Protagonisten gegeneinander ausspielt. Doch letztlich ergibt sie sich ihrem Schicksal und tötet sich selbst, statt sich mit der Situation zu arrangieren. Auch die drei männlichen Hauptfiguren handeln nur bedingt ‚klug'. Die beiden Könige Syphax und Masanissa sind affektgeleitete Herrscher, deren Handeln wenig rational ist.

Anders verhält sich Scipio. Er kennt zwar die Lust, doch interessiert ihn nur ihre Überwindung, wozu er auch Masanissa anhält: „Wer Wollust übermannt/ | Thut mehr/ als der den Feind an Sieges-Wagen spannt [...].“[60] Doch genügt das schon, um darin ein Beispiel für die Lohenstein unterstellte kühle, auf *prudentia* zielende Rationalität zu sehen?

Entscheidend für die Beantwortung dieser Frage ist die Beurteilung der Titelfigur. Gegen die Betonung der *prudentia* in Lohensteins Trauerspiel spricht die Präsenz der *theatrum-mundi*-Metapher im Stück. Immer wieder wird betont, wie sehr das Leben ein Spiel ist und der Mensch ein Spielball des Schicksals – so schon in der berühmten Widmungsvorrede. Vor diesem Hintergrund scheint Sophonisbes Handeln nichts anderes als die Folge des Schicksals zu sein: „Für allen aber ist der Mensch ein Spiel der Zeit. | Das Glücke spielt mit ihm/ und er mit allen Sachen.“[61]

Helmut Loos hat, diesen Hintergrund berücksichtigend, gezeigt, dass Lohensteins *prudentia*-Konzept dezidiert lutherische

Züge trägt.[62] Wesentlich für die lutherische *prudentia* ist die Verpflichtung auf das Staatswohl, dem das individuelle Streben untergeordnet wird. Diesem Prinzip gemäß stellt Sophonisbe im zweiten Akt fest: „Das Vaterland geht für/ dem alles weichen muß."[63] Daher ist es nur konsequent, dass sie im Sieg Scipios nicht nur seinen Triumph über sich sieht, sondern den Triumph Roms über ihr Reich. Dass Lohenstein damit den Gedanken der *translatio imperii* aktualisiert, ist wiederholt betont worden. Diese Vorstellung geht auf das biblische *Buch Daniel* zurück. Dessen allegorische Deutung besagt, dass die Welt nacheinander von vier Weltreichen beherrscht werden wird. Rom gilt als letztes Weltreich, wobei der deutsche Kaiser als legitimer Nachfolger des römischen Kaisers verstanden wird. Deswegen lässt Lohenstein im abschließenden Reyen Allegorien der vier Weltreiche nacheinander auftreten und die damals bekannten vier Kontinente Europa, Asien, Afrika und Amerika dem Haus Österreich als dem Haus des Kaisertums huldigen.

Mit ihrem Selbstmord fügt sich die afrikanische Königin nicht nur ihrem persönlichen Schicksal, sondern dem in der *Bibel* prophezeiten Weltenlauf. Sie handelt in dem Sinne prudentistisch, dass sie den Weg frei macht für die von Gott gewollte Herrschaft Roms über die Welt.

Zusammenfassung

Im Zentrum der literaturwissenschaftlichen Beschäftigung mit dem barocken Drama steht das Trauerspiel, weil es eine besonders artifizielle Kunstform ist, die bis heute zu immer neuen Auslegungen reizt. Daneben dürfen aber all die anderen dramatischen und theatralen Formen nicht vergessen werden: Lustspiel, Schäferspiel, Oper und Schultheater wandten sich an ganz unterschiedliche Gesellschaftsgruppen.

Literatur

Alexander, Robert J., Das deutsche Barockdrama, Stuttgart: Metzler 1984.

Asmuth, Bernhard, Daniel Casper von Lohenstein, Stuttgart: Metzler 1971.

Brenner, Peter J., Das Drama, in: Die Literatur des 17. Jahrhunderts, hg. von Albert Meier, München: Hanser 1999, S. 539-574.

Engelhardt, Markus, Oper, Festspiel, Ballett, in: Die Literatur des 17. Jahrhunderts, hg. von Albert Meier, München: Hanser 1999, S. 333-346.

Haekel, Ralf, Die Englischen Komödianten in Deutschland. Eine Einführung in die Ursprünge des deutschen Berufsschauspiels, Heidelberg: Winter 2004.

Kaminski, Nicola, Andreas Gryphius, Stuttgart: Reclam 1998.

Niefanger, Dirk, Geschichtsdrama der Frühen Neuzeit 1495-1773, Tübingen: Niemeyer 2005.

Scheitler, Irmgard, Deutschsprachige Oratorienlibretti. Von den Anfängen bis 1730, Paderborn: Schöningh 2005.

Schings, Hans-Jürgen, Die patristische und die stoische Tradition bei Andreas Gryphius, Köln, Graz: Böhlau 1966.

Thomke, Hellmut, Geistliches Drama und Kritik am Theater, in: Die Literatur des 17. Jahrhunderts, hg. von Albert Meier, München: Hanser 1999, S. 377-400.

Fragen

1. Weswegen spricht man von der emblematischen Struktur des barocken Trauerspiels?
2. Das Trauerspiel ist das Zentrum der literaturwissenschaftlichen Betrachtungen zur Dramatik des Barock. Ist das angesichts des Zeitraums, in dem es in Blüte steht, gerechtfertigt?

Erzählliteratur: Barockroman und Prosaekloge 4.5

Unser Blick auf die barocke Erzählliteratur ist getrübt. Jenseits einer Handvoll Fachleute kennt selbst an Universitäten kaum jemand mehr als einen Barockroman, diesen einen aber kennen viele: Grimmelshausens *Simplicissimus Teutsch*. Doch repräsentiert dieser satirische Roman nur einen kleinen Ausschnitt aus der beeindruckenden Vielfalt des Barockromans. Neben den Romanen bleibt die von Opitz geschaffene Prosaekloge zentral.

Hoher und niederer Barockroman

Einige bedeutende Romane der Weltliteratur erschienen im 17. Jahrhundert: Miguel de Cervantes' *Don Quichotte* (1605) und Baltasar

Graciáns *El Criticón* (1651). Die Orientierung in Deutschland an den europäischen Romantypen (Pikaro-, Schäfer- und höfischer Roman) im Späthumanismus setzte sich im Barock fort (vgl. Kap. 3.5.).

Der deutsche Barockroman und überhaupt die barocke Erzählliteratur stehen im Schatten der Lyrik und des Trauerspiels. Das erklärt sich zunächst schlicht aus dem Umfang des Materials. Barocke Romane sind lang, manche von ihnen sind mit ungeheuren Mengen Wissen aufgefüllt, das zumindest den modernen Leser zu erschlagen droht. Deswegen hat Joseph von Eichendorff die Barockromane auch „poetische, gewissermaßen toll gewordene Realenzyklopädien" genannt.

Die Roman-Literatur hat nur einen Teil der Bevölkerung erreicht. Weiterhin konnten die meisten Menschen wenig oder gar nicht lesen, deswegen war das Theater erfolgreich. Doch nicht nur der einfachen Bevölkerung war der Roman fremd. Für viele gelehrte Dichter war er eine problematische Form, weil er nicht ins poetische Spektrum passte, das entlang des Gattungsspektrums der Antike entwickelt war. Erst Birkens Poetik *Teutsche Rede-bind- und Dicht-Kunst* (1679) führte den Roman als selbständige Form: „In die [...] Gattung solcher [Helden-]Gedichte/ die die Rede mit Gebänden mängen/ gehörn die neuen *Geschicht-Gedichte*/ welche ingemein Romanzi oder Romains genennt werden".[64] Knapp ein Jahrzehnt später veröffentlichte Christian Thomasius in der Zeitschrift *Monatsgespräche* ein *Gespräch über Romane*, in dem er eine erste Systematik des Romans vorstellte. Weitere theoretische Äußerungen zum Roman finden sich in den Vorreden der Romane. Erst aus ihnen erschließt sich, dass bei einigen gelehrten Schriftstellern der Roman durchaus angesehen war, was bereits Opitz' Roman-Übersetzungen vermuten lassen.

Letztlich blieb der Roman eine Gattung für die Bevölkerungsteile, die einerseits gut lesen konnten und hinreichend Zeit hatten und die andererseits Dichtung nicht primär als gelehrte Praktik, sondern als Medium der Unterhaltung begriffen. Angesichts dieser ‚Zielgruppen'-Umschreibung überrascht es kaum, dass der Roman im 17. Jahrhundert vielfach von Frauen hohen Standes gelesen wurde.

Dieser Sachverhalt wurde von den barocken Theoretikern frühzeitig erkannt und begrüßt. In den insgesamt acht Bände umfassenden *Frauenzimmer Gesprächspiele* (1641-1649) lässt Harsdörffer in Form von Dialogen seine Gesprächspartner zu verschiedenen gesellschaftlichen und literarischen Fragen Stellung beziehen und spielerische Streitgespräche führen. Eines der ‚Frauenzimmer' meint:

> Solte man nun auch das Lesen der ergetzlichen Lust-Gedicht vns berauben/ würden wir gewiß aller [...] Wolredenheit/ Höflichkeit/ vnd Gemüts-Belustigung entnommen/ vnd vnsere angeborne Einfalt noch in viel grössern Schimpff vnd Spott gesetzt werden/ da gewißlich vns zu Regierung deß Haußwesens/ nicht weniger Verstand/ so durch Lesen geschärffet wird/ vonnöthen/ als denen/ welchen Land vnnd Leut zu beherrschen obliget.[65]

Hoher und niederer Roman

Entsprechend der rhetorischen Dreistil-Lehre hat man die drei Romantypen nach ihrem je dominierenden Personal unterteilt in den niederen Roman (Pikaro-Roman und andere satirische Romane), mittleren Roman (Schäferroman und andere Mischformen) und hoher Roman (höfischer Roman). Diese Unterteilung ist überzeugend. Mit dem zunehmenden Bedeutungsverlust der Rhetorik um 1700 aber büßte die Dreistil-Lehre langsam ihre Wirkungskraft ein. Nun entstand mit dem galanten Roman ein weiterer Typ, der sich einer solchen Unterscheidung entzog.

Die Gliederung des Romans nach der Dreistil-Lehre läuft faktisch auf eine Zweiteilung hinaus, ähnlich wie bei Trauer- und Lustspiel. Für die Mischformen lässt sich im Einzelfall nur selten eindeutig sagen, ob sie der hohen oder der niederen Form näher stehen. Für den hohen Roman hat Albert Meier sieben wesentliche Aspekte genannt,[66] Dirk Niefanger hat dieses Konzept auf den niederen Roman übertragen.[67] Darauf aufbauend wird im Folgenden eine beide Überlegungen integrierende Übersicht gegeben:

Hoher Roman	Niederer Roman
1. „höchstrangiges Personal“ (Meier), weitgehend kongruent mit dem Personal des Trauerspiels, jedoch nur historische und biblische Helden, keine heidnisch-mythologischen;	1. einfaches Personal, weitgehend kongruent mit dem Lustspiel: Soldaten, Bedienstete, Räuber, einfache Handwerker, Bauern als Sonderfall;
2. Handlungsgegenstand ist meist ein Liebeskonflikt, der staatsphilosophische Fragen miterörtert;	2. episodisch- satirischer Handlungsverlauf, der es erlaubt, verschiedene Themen anzureißen;
3. neostoizistisches Weltbild, das auf Bestätigung bestehender Gesellschaftsstrukturen und auf den Triumph der Tugenden über die Laster hinausläuft;	3. ebenfalls Tugendvermittlung: allerdings durch Überspitzung und Karikierung der Laster und ‚Versüßung‘ (Niefanger) der Tugendideale;

4. Verschlüsselung aktueller Ereignisse in einer antiken oder biblischen Erzählung;	4. keine Verschlüsselung, aber auch keine Personen-Polemik, sondern satirische Eigenschaften-Polemik;
5. epische Breite durch „Auffüllung" (Meier) der Erzählung in Gestalt von Zwischentexten bis hin zu enzyklopädischen Ausführungen;	5. episodische Darstellung, Verknüpfung vor allem durch den Helden;
6. extreme Länge, Handlung äußerst komplex;	6. wesentlich kürzer und weniger komplex;
7. Geschlossenheit von Handlung, Motivik und Personal.	7. „Unstetigkeit des Helden" (Niefanger) als Strukturmerkmal, auch sonst starke Wechselhaftigkeit.

Hinzu kommt beim hohen Roman die „Verpflichtung zur Wahrscheinlichkeit",[68] die nicht nur dort gilt, wo er sich der Geschichtsschreibung nähert, sondern auch bei frei erfundenen Handlungen. Wegen der in allen Romanen dominierenden Prosa darf andererseits die Gegenüberstellung von hohem und niederem Roman nicht übertrieben werden, denn beide „zeichnen sich durch eine mittlere Stilebene und die Orientierung am religiös legitimierten Hof mitsamt seinem Wertesystem und Verhaltenskodex aus."[69] Wie im 16. Jahrhundert gilt im Barock die Nähe zwischen Erzählliteratur und Geschichte (vgl. Kap. 2.5.).

Parallelen zum Trauerspiel

Auch im Hinblick auf die historische Entwicklung weist der hohe Roman Parallelen zum Trauerspiel auf: Nachdem Opitz seine Übersetzungen vorgelegte hatte, verging etwa ein Vierteljahrhundert, bis der erste deutsche Originalroman erschien. Anders jedoch als Gryphius' *Leo Armenius* ist der Roman *Des Christlichen Teutschen Groß-Fürsten Herkules Und Der Böhmischen Königlichen Fräulein Valiska Wunder-Geschichte* von Andreas Heinrich Buchholtz (1607-1671) heute kaum mehr bekannt und an Universitäten nur sehr selten Unterrichtsgegenstand.

Dieser geringe Bekanntheitsgrad entspricht nicht der zeitgenössischen Beliebtheit. Nachdem der Roman 1659/60 in Braunschweig erschienen war, erlebte er bis 1728 fünf Auflagen. Die schon im Titel genannte Figurenkonstellation lässt ahnen, dass der Roman in der Tradition des Ritter-Romans steht. Erzählt wird die Geschichte von Herkules, der der Sohn eines deutschen Großfürsten ist und entführt wird. Er wird von seinem Freund Ladisla gerettet und befreit quasi im Gegenzug dessen Schwester, was in mehrere Hochzeiten mündet.

Buchholtz zielt mit seinem Buch in erster Linie gegen den aus dem 16. Jahrhundert stammenden *Amadis*-Roman, indem er auf einen christlich-tugendhaften Helden setzt. Doch grenzt sich der Roman nicht nur ab, sondern bezieht sich auch auf Vorbilder aus dem 16. Jahrhundert, namentlich auf Wickrams christlich-moralische Erzählliteratur.

Buchholtz' Christianisierung des Romans stieß nicht nur auf Zustimmung beim Publikum. Obwohl er selbst mehr Lyriker und Dramatiker war, verteidigte deswegen Rist in seinen *Monats Unterredungen*, die eine Art Fortsetzung von Harsdörffers *Frauenzimmer Gesprächspiele* waren, Buchholtz:

> Eines eintzigen Christlichen und hoch nützlichen Romans/ werde ich [...] noch erwähnen müssen/ nemblich/ des unvergleichlichen Hercules [...] welches schönes Buch/ nebenst deme/ daß es viele lustige und anmuthige Händel in sich begreiffet/ auch über die masse nützlich und bequem ist/ unser Christenthum zu erbawen und fortzusetzen.[70]

Bei Buchholtz ist die Handlung vergleichsweise überschaubar. Anders ist das bei den beiden Romanen von Herzog Anton Ulrich von Braunschweig-Wolfenbüttel (1633-1714). Er führte den von seiner Schwester Sibylle Ursula (1629-1671) begonnenen Roman *Die Durchleuchtigste Syrerinn Aramena* zusammen mit Philipp von Zesen fort und publizierte ihn zwischen 1669 und 1673. Eine hohe Zahl an Hauptpersonen, die fast alle heiraten, machen es schwer, dem Roman zu folgen. Das wird dadurch gesteigert, dass im Roman Identitäten verwirrt werden. Sowohl dem Umfang nach als auch im Hinblick auf die Komplexität der Handlung übertrifft der zweite Roman des Herzogs, *Octavia/ Römische Geschichte*, die *Aramena* noch. Er erschien zwischen 1677 und 1707, von 1712 bis ins Todesjahr des Herzogs wurde der Roman überarbeitet und umfasste nun über 7000 Seiten![71] Erzählt wird die Geschichte der Gattin Neros, Octavia. Ihr historisches Vorbild soll auf Anweisung ihres Mannes auf einer Insel bei Neapel hingerichtet worden sein. Bei Anton Ulrich misslingt der Anschlag, und Octavia lebt fortan als Christin in den Katakomben Roms. Die Schauplätze des Romans wechseln, auch hier werden wieder verwickelte Liebeshandlungen geschildert.

Es mag zunächst überraschen, dass sich mit Anton Ulrich und seiner Schwester zwei Adelige als Schriftsteller betätigten. Sigmund von Birken hat das in seiner Vorrede zur *Aramena* indirekt berührt. Er unterscheidet zwischen der Darstellung historischer Begebenheiten und fiktiven Geschichten. Das habe aber keine Auswirkungen auf die Anlage des Romans, der sich immer als wahrscheinlich und nützlich erweisen müsse – und zwar besonders für Adelige, da der Roman die bevorzugte Lektüreform des Adels sei. Durch diese Nobilitierung tritt der Roman in Konkurrenz zur pädagogischen Literatur wie etwa die Fürstenspiegel des 16. Jahrhunderts.

1689/90 erschien der heute vielleicht bekannteste höfische Barockroman: *Großmüthiger Feldherr Arminius oder Herrmann, Als Ein tapfferer Beschirmer der deutschen Freiheit* von Lohenstein. Mit diesem gewichtigen Beitrag initiierte er den patriotischen Her-

Abb. 49: Daniel Casper von Lohenstein (1635-1683)

mann-Diskurs, der bis Heinrich von Kleists Drama *Hermannsschlacht* (verfasst 1808) reicht und die Vernichtung des römischen Heeres unter Führung des Feldherren Varus 9.n.Chr. behandelt.

Lohensteins Roman hat eine reichspolitische Dimension. Er bezieht die Auseinandersetzung zwischen Rom und Germanien auf Frankreich und Deutschland. Der Titelheld lässt sich als Kaiser Leopold I. dechiffrieren, weswegen das Buch als „Schlüsselroman"[72] begriffen wird. Im Hinblick auf den propagierten Tugendkatalog erinnert der Roman an das Trauerspiel. Im Titel wird die Großmut beschworen. Auch Lohensteins Lust am Nachweis verwendeter Quellen erinnert an seine Trauerspiele.

Anders als diese neigt der Roman jedoch auf Grund der konstitutiven epischen Breite zu Ausführungen, denen im Trauerspiel niemals Raum gegeben würde. Im Barockroman, und in Lohensteins *Arminius* gilt das ganz besonders, machen immer wieder die enzyklopädischen Passagen den Leser mit Sachverhalten vertraut, die der Handlung fern zu liegen scheinen. Lohenstein rechtfertigt das damit, dass die Handlung unter anderem die Funktion habe, den Leser zu interessieren und ihm *en passant* Wissen etwa aus wissenschaftlichen und technischen Zusammenhängen zu ganz unterschiedlichen Sachverhalten gewissermaßen ‚unterzuschieben'. Der Roman wird zur „implizite[n] Enzyklopädie".[73]

In der Forschung der letzten Jahre wurde das Augenmerk auf den Stellenwert der Liebe in Lohensteins Roman gelegt. Dabei wird ein zweiter Unterschied zum Trauerspiel offensichtlich. Während dort die Beherrschung der Affekte wesentlich ist, darf sich hier der Herrscher Empfindungen gestatten. In Lohensteins Roman deutet sich an, weswegen der Roman zu einer wichtigen Gattung der Aufklärung werden wird. Am Schluss des Romans erahnt man erstmals die „Zukunft [...] des bürgerlichen Individuums".[74]

Bibelroman

Neben den Romanen von Anton Ulrich und Lohenstein erschienen zahlreiche weitere. Als Sonderfall des Romans werden die Bibelromane begriffen. Sie waren nicht Bücher christlich bewegter Exzentriker. Bekannte Autoren der Zeit schrieben Bibelromane. Grimmelshausens *Histori vom keuschen Joseph in Egypten* erschien 1667. Zesens *Assenat* (1670) erzählt die Josefgeschichte, *Simson* (1679) die des gleichnamigen Helden aus dem alttestamentlichen *Buch Richter*. Überzeugende neuere Studien zu diesen Werken existieren nicht, was in literaturgeschichtlicher Hinsicht als Defizit begriffen werden muss.

Die Bibelromane sind – ähnlich wie die Bibeldramen – eine Herausforderung für den Schriftsteller. Er steht unter Rechtfertigungsdruck für die Teile der Erzählung, die Ergebnis der Dichter-Fiktion sind und keine Entsprechung in der *Bibel* oder in anderen Geschichtsbüchern haben. Außerdem ist jeder Bibelroman die Folge einer umfangreichen und komplizierten Auseinandersetzung und damit das Produkt eines Deutungsprozesses. Das zeigt sich in Zesens Roman *Simson*.

Der von den Philistern geblendete und geschwächte Simson ist, ohne dass es seine Peiniger wissen, wieder erstarkt. Er wird von ihnen am Ende des Romans wie am Ende der biblischen Erzählung (vgl. Ri 16) in einen Tempel geführt. Dort wird er an zwei Säulen gekettet. Simson bringt sie zum Einsturz, wodurch er sich und seine Gegner umbringt.

Zesen vergleicht Simson bei der Schilderung der Ereignisse im Tempel wiederholt mit Christus. Simson sei wie dieser in einer „kreutzweise gemachten Stellung“[75] zwischen den Säulen angekettet gewesen. Auch hätten ihn die Philister verspottet. Damit rekurriert Zesen auf eine präfigurative Deutung, die im Kontext des vierfachen Schriftsinns steht (vgl. Kap. 4.2.) und Erzählungen des *Alten Testaments* als eine Art prophetische Ankündigung für das Kommen Christi deutet. Die Präfiguration war innerhalb der Bibelhermeneutik nicht unumstritten. Im Roman zeigt sich das. Im Anschluss an die zitierte Stelle durchbricht der Erzähler seine ansonsten weitgehend neutrale und distanzierte Haltung. Die Stellung Simsons sei „fast eben also/ wie [die von] unserem leidenden gekreutzigte[n] Heilande“[76] gewesen. Man merkt sofort, dass es dem Erzähler nicht behagt, den archaischen Kraftmenschen Simson mit Christus zu vergleichen. Andererseits will er die präfigurative Deutung in ihr Recht setzen, woraus sich eine Diskrepanz in der Darstellung ergibt.

Abb. 50: ‚Simson zerstört den Tempel‘, Abbildung aus Zesens Bibelroman

Satire und Roman

Biblische Erzählungen fanden keinen Eingang in den niederen Roman. Eine solche Einbettung wäre ein Verstoß gegen das rhetorische Gebot der Angemessenheit gewesen, obwohl satirisches Schreiben in der Frühen Neuzeit üblicherweise ein moralisches Anliegen verfolgte. Wir hatten schon bei den Ausführungen zur Satire im 16. Jahrhundert gesehen, dass sie weniger darauf zielte, den Leser durch Spott über Dritte zu unterhalten, sondern ihm vielmehr einen Spiegel vorzuhalten und ihn dadurch zu ‚bessern' versuchte. Diese Funktion haben auch satirische Bücher des Barock, die in der Tradition der humanistischen Narrensatire stehen wie Abraham a Sancta Claras *Narrennest* (vgl. Kap. 2.5.). Der niedere Roman war geeignet für eine solche Form der Satire. Mitte des 17. Jahrhunderts erschienen niedere Romane, die romanische Vorbilder haben und gleichzeitig der Narrensatire nahe sind.

Das bekannteste Beispiel dafür ist der Roman *Philander von Sittewald* von Johann Michael Moscherosch (1601-1669). Er hat das erstmals 1640 erschienene Buch in den folgenden Jahren mehrfach überarbeitet. Auch wurde es nachgedruckt, weswegen Moscherosch als einer der erfolgreichsten Roman-Autoren des Barock gilt. Strukturell arbeitet Moscherosch mit der Technik der Reiserevue, die ihm episodisches Erzählen erlaubt.

Die satirischen Romane des Barock stehen meist im Schatten von Grimmelshausens Epochenroman *Simplicissimus Teutsch.* Das gilt zumal für die später erschienenen satirischen Romane. Im Hinblick auf die Entwicklungsgeschichte muss Christian Reuters *Schelmuffsky* (1696/97) erwähnt werden. In ihm wird das Wahrscheinlichkeitspostulat aufgegeben. Dadurch kann der Leser den Text nicht mehr auf sich selbst beziehen. Damit aber ist die Möglichkeit, auf den Rezipienten satirisch zurückzuspiegeln, unterbrochen. Reuter bereitete durch seinen Roman das Ende der von Brant initiierten und für die gesamte Frühe Neuzeit so wichtigen Satire entscheidend vor.

Grimmelshausen: *Simplicissimus Teutsch*

Hans Jacob Christoph von Grimmelshausens (1621/22-1676) Roman *Der Abentheurliche Simplicissimus Teutsch* (1669) ist der bekannteste deutsche Roman der Frühen Neuzeit. Auch von den Zeitgenossen wurde dieses Buch geschätzt. Es wurde in zahlreiche europäische Sprachen übersetzt. Der *Simplicissimus* ist der einzige deutsche Roman, der den sonst für die Frühe Neuzeit

Abb. 51: Titelkupfer zum *Simplicissimus Teutsch* von 1669

typischen Rezeptionsweg von einer anderen europäischen Literatursprache ins Deutsche umkehrt.

Der Roman hat durch seinen Autor und durch die Druckgeschichte viele Rätsel aufgegeben. Normalerweise sind wir über die Verfasser von barocken Romanen (im Unterschied etwa zu denen von Prosaromanen) recht gut informiert. Bei Grimmelshausen ist das anders. Zwar wissen wir, dass er nach dem Dreißigjährigen Krieg in Südwestdeutschland als Verwalter und als Schultheiß arbeitete, also als ein Art lokaler Beamter mit polizeilicher und juristischer Kompetenz. Über seine erste Lebenshälfte aber gibt es nur wenige Quellen, weswegen der Roman immer wieder als die satirisch überzeichnete Lebensgeschichte des jugendlichen Autors in den Wirren des Dreißigjährigen Krieges gelesen wurde. Doch wie will man solche Vermutungen bestätigen ohne weitere Zeugnisse? Diese Frage stellt sich zumal, da eine genaue Lektüre immer wieder zeigt, wie intensiv die Erzählperspektiven reflektiert werden. Das setzt ein Bewusstsein vom Unterschied zwischen dem Erzähler im Text und dem historischen Autor voraus.

Der *Simplicissimus* ist ein satirischer Roman. Er steht in der Pikaro-Tradition, also in der Tradition des spanischen Schelmenromans. Erzählt wird von einem Ich in Episoden das Leben eines Jungen und später jungen Mannes mit dem sprechenden Namen Simplicius während des Dreißigjährigen Krieges.

Grimmelshausen verharmlost mittels seiner satirischen Darstellungstechnik nicht den Krieg. Die simplicianische Perspektive erlaubt ihm überhaupt erst die Darstellung der fürchterlichen Gräuel. Simplicius schildert vielfach lediglich, was er erlebt bzw. gesehen hat, begreift es aber (im Unterschied zum Leser) nicht und sorgt damit für ein kopfschüttelndes Lachen ob der Naivität des Simplicius, die dadurch hervorgehoben wird, dass der Ich-Erzähler rückblickend sein Handeln kommentiert. Das zeigt sich schon zu Beginn des fünften Kapitels, da Simplicius eben den marodierenden Söldnern entkommen ist:

> DA machte ich gleich den Anfang/ meinen unglücklichen Zustand/ den ich vor Augen sahe/ zu betrachten/ und zu gedencken/ wie ich mich förderlichst außdrehen möchte; wohin aber? darzu war mein Verstand viel zu gering [...]: die stockfinstere Nacht bedeckte mich zwar zu meiner Versicherung/ jedoch bedauchte sie meinen finstern Verstand nicht finster genug/ dahero verbarg ich mich in ein dickes Gesträuch/ da ich wol das Geschrey der getrillten [gepeinigten] Bauren/ als das Gesang der Nachtigallen hören konte/ [...] darumb legte ich mich auch ohn alle Sorge auff ein Ohr/ und entschlieff.[77]

Die Schilderung der Jugend des Titelhelden hat Anklänge an den mittelalterlichen Roman *Parzival*. Simplicius stammt aus einem vornehmen Haus, wächst aber bei Bauern auf. Anders als Parzival wird sein einfältiges Dasein nicht durch vorbildliche Ritter, sondern durch die Söldner zerstört, wie das Zitat zeigt. Im Anschluss gelangt Simplicius zu einem Eremiten, bei dem er längere Zeit zubringt. In den folgenden Kapiteln wird das Auf und Ab seines Lebens während des Krieges geschildert. Simplicius heiratet, was scheitert. Er gelangt zu Gold und verliert es wieder. Er wird gepeinigt und entkommt. Simplicius schlägt sich durch die Welt, dabei wird der Erzählhorizont immer weiter. Zunächst gelangt der Titelheld in die deutsche Großstadt Köln, dann nach Paris und später gar bis nach Konstantinopel. Nach zahlreichen Irrwegen und nach dem Westfälischen Frieden kehrt er zurück, um als Einsiedler zu leben, obwohl er inzwischen erfahren hat, dass er adeliger Herkunft ist. Am Ende des Romans steht das umfangreiche Bekenntnis zur Weltabgeschiedenheit: Zehn Absätze des letzten, 24. Kapitels im V. Buch setzen mit den Worten „*Adjeu* Welt" ein, sieben Absätze mit „Behüt dich Gott O Welt". Allein durch die vielen Wiederholungen ironisiert Grimmelhausen das Motiv der Weltflucht abschließend und lässt Zweifel daran aufkommen, ob das Eremitendasein für seinen Helden der beste Lebensentwurf ist. Konsequenterweise stellt Simplicius zuletzt fest: „ob ich aber [...] biß an mein End darin verharren werde/stehet dahin."[78]

Fortführungen

Grimmelshausen hat, der Schluss des *Simplicissimus* lässt es erahnen, den Roman auf verschiedenen Ebenen weitergeführt. Er schrieb eine *Continuatio*. Sie ist nicht eine bloße ‚Fortsetzung', wie es der Titel verheißt. Gleich zu Beginn zeigt sich das hohe erzähltheoretische Niveau, da sich der Erzähler als Autor begreift und sich mit Simplicius gleichsetzt:

> WAnn ihm jemand einbildet/ ich erzehle nur darumb meinen Lebens-Lauff/ damit ich einem und anderem die Zeit kürtzen: oder wie die Schalcks-Narrn und Possen-Reisser zu thun pflegen/ die Leut zum lachen bewögen möchte; so findet sich derselbe weit betrogen![79]

Grimmelshausen hat seinen Roman nicht nur fortgesetzt. Er hat zudem in weiteren Romanen anderen Figuren aus dem *Simplicissimus* ein literarisches Eigenleben gegeben.[80] Die bekannteste Figur ist die Courasche aus dem Roman *Lebensbeschreibung der Ertzbetrügerin und Landstörzerin Courasche* (1670). Dieser Roman wird wie der *Simplicissimus* aus der Ich-Perspektive erzählt. Diese aus dem Krieg immer wieder Profit ziehende Marketenderin und Prostituierte war Bertolt Brecht Vorbild bei seinem Drama *Mutter Courage und ihre Kinder* (entstanden 1939).

Grimmelshausens simplicianische Romane bilden zusammen die vielleicht faszinierendste literarische Welt des Barock. Allein schon die vielen Spiele, die der Ich-Erzähler mit dem Leser treibt,

Abb. 52: Titelkupfer zur *Courasche* von 1670

lassen ahnen, dass die Romane nur einen beschränkten Einblick in die Welt des Dreißigjährigen Krieges geben. Das ergibt sich schon aus dem vielgestaltigen Sprecher-Ich. Anders als es sonst im Roman üblich ist, ist das Ich hier nicht der „Ort der *Sinnzentrierung*". Es ‚faltet' immer neue „Sinnschichten"[81] auf und fasziniert dadurch den Leser. Auch jenseits dessen bieten Grimmelshausens Romane zahlreiche weitere Deutungsebenen und –perspektiven. Deswegen wurde gerade diesem Autor viel Aufmerksamkeit durch die Forschung gewidmet. Eine hilfreiche Orientierung über die wichtigsten Forschungsansätze bietet das Barock-Buch von Niefanger.[82]

Politischer und galanter Roman

Obwohl sich der politische Roman satirischer Techniken bedient, zielt er in eine ganz andere Richtung als der *Simplicissimus*. Das zeigt sich in *Die drey ärgsten Ertz-Narren* (1672) von Christian Weise, in dem wie bei Moscherosch auf die episodenhafte Reiserevue zurückgegriffen wird. Christian Weise hat den Begriff ‚politischer Roman' geprägt, was ahnen lässt, dass sich dahinter das *politicus*-Ideal verbirgt, das den Rezipienten konkret zu klugem und lebenspraktischem Handeln anleiten wollte. Weises pädagogischem Anliegen entsprechend, kreisen dieser und seine beiden anderen Romane, *Die drey Klügsten Leute in der gantzen Welt* (1675) und *Der politische Näscher* (1678), um das Problem des angemessenen Sprechens. Weise hat das dahinter stehende Konzept selbst erläutert:

> Ein andere Bewandnüs hat es *mit den drey Ertz-Narren/* da man das Wort *Narr/* nicht in diesen engen Verstande/ sondern [...] etwas weiter auslegen muß/ daß alle Menschen darunter begrieffen werden/ *welche sich die blinden Affecten zu einer verderblichen und schädlichen Lust verleiten lassen.*[83]

Hinter der Maske der Satire vermittelt der politische Roman die Decodierung von Äußerungen und Gesten in unterschiedlichen Kontexten. Dabei ist Weises Roman eine kritische Dimension eigen. Er unterscheidet, ob das Handeln letzten Endes dem Staatswohl dient oder nur dem eigenen Fortkommen.

Einen anderen Schwerpunkt setzt der galante Roman, in dem das Gegenüber von Öffentlichkeit und Privatheit bestimmender ist. Anders als der politische Roman kommt er ohne Satire aus. Er handelt in höfischen Milieus. Formal knüpft der galante Roman an den höheren Roman an. Das liegt an der Bedeutung der

Rede. Inhaltlich steht ein weiteres Mal die Vermittlung des *politicus*-Ideals im Mittelpunkt. Hinzu tritt ein Plädoyer für die galante Kommunikation, also für das Aussprechen von Komplimenten, das Verstellen in dazu gebotenen Situationen und die umfassende Kontrolle der eigenen Affekte. Adressat solcher Romane dürfte das gehobene Bürgertum gewesen sein, das sich mittels der Erzählungen mit dem Handeln und Sprechen am Hof vertraut zu machen versuchte. Als typischer galanter Roman gilt *Die liebenswürdige Adalie* (1702) von Christian Friedrich Hunold (1680-1721). Behandelt wird in ihm eine Liebesgeschichte zwischen einem Adeligen und der bürgerlichen Titelheldin. Zur glücklichen Trauung kommt es erst, da Adalie zur Herzogin wird – Kritik an der Ständegesellschaft ist offensichtlich nicht das Anliegen dieses Buches.

Exkurs

Johann Beer

Von den meisten Romanen des Barock hatte die Literaturgeschichte lange Zeit zwar keine hohe Meinung, aber immerhin eine ungefähre Vorstellung. Das war bei Johann Beer (1655-1700) anders. Er hatte seine Romane unter verschiedenen Pseudonymen veröffentlicht und war seinen Zeitgenossen und der historischen Forschung bis ins 20. Jahrhundert zwar als Komponist, nicht aber als Roman-Autor bekannt. Er musste erst regelrecht entdeckt werden – und zwar von Richard Alewyn, den wir als einen der Begründer der germanistischen Frühneuzeit-Forschung kennengelernt haben (vgl. Kap. 1.6.). Sein Buch *Johann Beer. Studien zum Roman des 17. Jahrhunderts* erschien 1932, kurz bevor er in die Vereinigten Staaten emigrieren musste.

Alewyn hat an Beer dessen „Realismus" fasziniert. Damit meinte der Germanist jedoch nicht eine an ‚dargestellter Wirklichkeit', an ‚Mimesis' orientierte Kategorie wie der Romanist Erich Auerbach fast zeitgleich.[84] Alewyn ging es „um historische Mentalitätsforschung, um Entzifferung anthropologischer Entwürfe".[85] Ein solcher Zugriff auf Literatur ist in Deutschland erst rund 40 Jahre später wieder auf Interesse gestoßen.

Das Potential, das Beers Texte bereit halten, wurde trotz Alewyns Buch lange Zeit übersehen. Die Forschung beschränkte sich darauf, literaturhistorische Fakten zu sammeln. Das ist nicht schlecht. Es hilft für das Verständnis von Beer, wenn man weiß, dass er mit dem *Simplicianischen Welt-Kucker* (1677-1679) eine Simpliciade geschrieben hat – einen Roman, der sich offensiv in die Tradition des *Simplicissimus* stellt. Auch sollte man von Beers Aufnahme weiterer Roman-Traditionen wissen; mit *Der berühmte Narren-Spital* (1681) hat er die Narrensatire fortgeführt, mit *Der politische Bratenwender* (1682) den politischen Roman satirisch bloß gestellt.

Jenseits dieser literaturgeschichtlichen Fakten eignet sich Beers Roman-Werk hervorragend, um die in der zweiten Hälfte des 17. Jahrhunderts immer komplexer werdenden Erzählperspektiven zu bewundern und sie als Ausdruck einer immer umfassenderen Fabulierlust zu begreifen. Dass dies aber nicht zugleich als Bruch mit der rhetorischen Tradition verstanden werden darf, hat erst vor wenigen Jahren Andreas Solbach in einem elementaren Buch zu Beer gezeigt.[86]

Der Ich-Erzähler der *Jucundi Jucundissimi Wunderliche Lebens-Beschreibung* (1680) setzt folgendermaßen ein:

> Ich hab der traurigen Stunden mehr als zuviel gefressen, deswegen ist es vonnöten, daß ich meinem Gemüt den Trauermantel abnehme und meine verdrüßliche Zeit mit einer kurzweiligen Stunde verwechsle. Indem ich aber vormalen meine Zeitvertreibung im Bücherschreiben gesuchet, will ich solches Mittel nicht aus der Hand lassen zu einer solchen Zeit, da es mir höchst vonnöten ist.[87]

Dieses Bekenntnis steht im offensiven Widerspruch zum ganz zeittypischen Hinweis auf dem Titelblatt, eine „kurzweilige Histori“ zu geben, die „ersprießlich und nützlich zu lesen“ sei. Das Ich im Roman erklärt, nicht belehren und nicht andere unterhalten zu wollen. Es wolle sich selbst vielmehr die Zeit vertreiben. Damit tritt das Schreiben dem Lesen zur Seite. Die Haltung, die hinter einem solchen Bekenntnis steht, erinnert an selbstreflexive Passagen in Internet-Blogs und dürfte Ausdruck einer unbändigen Fabulierlust sein. Das Bekenntnis geht einher mit der Zumutung an den Leser, sich bewusst zu sein, dass „keine Zierlichkeit“ die „Feder führe“,[88] dass also kein Formbewusstsein das Schreiben präge.

Den Unterschied zwischen einem Ich im Blog und Beers Roman-Ich macht die Einbettung in die Erzähltradition aus. Erzählen im Internet hat bisher aus historischen Gründen nur wenige eigene Erzählkonventionen ausgebildet. Beer dagegen schreibt vor dem Hintergrund der frühneuzeitlichen Er-

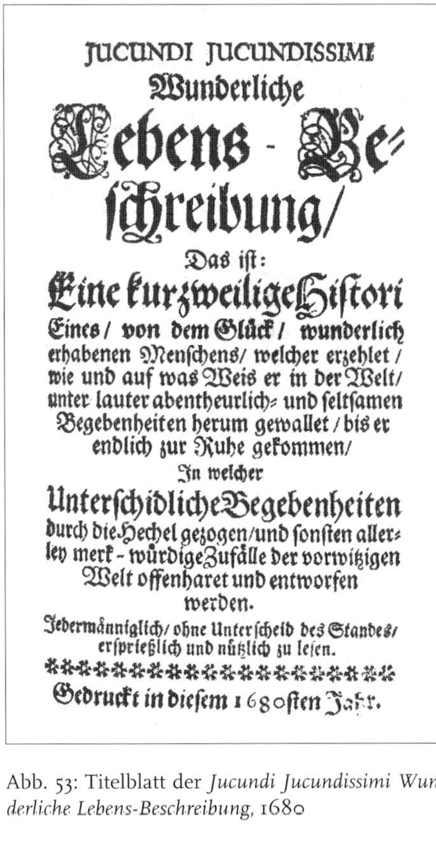
JUCUNDI JUCUNDISSIMI
Wunderliche
Lebens-Be-
schreibung/
Das ist:
Eine kurzweilige Histori
Eines/ von dem Glück/ wunderlich
erhabenen Menschens/ welcher erzehlet/
wie und auf was Weis er in der Welt/
unter lauter abentheurlich- und seltsamen
Begebenheiten herum gewallet/ bis er
endlich zur Ruhe gekommen/
In welcher
Unterschidliche Begebenheiten
durch die Hechel gezogen/ und sonsten aller-
ley merk-würdige Zufälle der vorwitzigen
Welt offenbaret und entworfen
werden.
Jedermänniglich/ ohne Unterscheid des Standes/
ersprießlich und nützlich zu lesen.
Gedruckt in diesem 1680sten Jahr.

Abb. 53: Titelblatt der *Jucundi Jucundissimi Wunderliche Lebens-Beschreibung*, 1680

zähltraditionen. Der Erzähler im *Jucundus Jucundissimus* meint, seine Affekte nicht mehr unter Kontrolle zu haben und sein Publikum nicht belehren zu müssen. Gleichzeitig kann er zu sich selbst in Distanz treten und über sein Sprechen nachdenken. Ein solcher Erzähler begegnet uns als Individuum und bricht mit dem Nützlichkeitsanliegen der Rhetorik. Das bedeutet aber nicht, dass die Rhetorik insgesamt verabschiedet wird.

Ob das von einem Wort wie ‚Realismus' erfasst wird, sei dahin gestellt. Viel wichtiger ist, dass Johann Beers Erzählen an der Schwelle zur Neuzeit steht und dies auch weiß. Das ist noch keine Garantie dafür, dass uns seine Bücher gefallen müssen. Aber zumindest ihr intellektueller Reiz sollte sich erschließen.

Bukolische Erzählformen: Schäferroman und Prosaekloge

Im Späthumanismus wurde die Bukolik, die Schäferdichtung, wichtig für die deutsche Erzählliteratur. Opitz gab mit einer Übersetzung das Muster für den Schäferroman vor und mit der *Schäfferey Von der Nimfen Hercinie* entwickelte er den Prototyp für die Prosaekloge (vgl. Kap. 3.5.). Von dort nahmen beide Gattungen im Barock ein bemerkenswertes Eigenleben.

Schäferroman

Viele Schäferromane erschienen anonym. Ihnen gemeinsam ist, dass in ihnen die Liebe immer wieder das harmonische Zusammenleben bedroht, weil sie unkontrollierbare Affekte provoziert. Die frühen Schäferromane enden deshalb meist mit der Trennung der Liebenden, wodurch Affektkontrolle propagiert wird. In der zweiten Jahrhunderthälfte werden sowohl das Personal als auch der Handlungsverlauf ausdifferenziert. Fluchtpunkt dieser Entwicklung ist nach Meinung von Klaus Garber eine „Verbürgerlichung"[89] des Schäferromans. Diese These überzeugt, wie etwa der Roman *Damon und Lisille* (1663) von Johann Thomas zeigt. Er ist ein indirektes Lob des Westfälischen Friedens, der dem Schäferleben seine Friedfertigkeit zurückgibt. Das kann als Ausdruck für die Sehnsucht nach öffentlicher Ordnung verstanden werden, die für das Bürgertum Existenzgrundlage war.

Jenseits dieser sozialen Dimension des Schäferromans wissen wir über ihn aber wenig, denn er ist vergleichsweise schlecht erforscht. Wolfgang Iser hat für den europäischen Schäferroman gezeigt, wie sehr dieser zum Versuchsfeld neuer Fiktionalisierungsstrategien wurde und die Gelegenheit nutzte, nicht nur Verbote zu umgehen, sondern sich in der Literatur „Autonomie"[90] zu erarbeiten. Ob das auch für den deutschen Schäferroman gilt, ist nicht geklärt.

Prosaekloge

Ausführlicher erforscht ist die Prosaekloge. Dazu hat gewiss beigetragen, dass einige Texte in Editionen vorliegen und besser

PEGNESISCHES
SCHAEFERGEDICHT/
in den
BERINORGISCHEN
GEFILDEN/
angestimmet
von
STREFON und CLAJUS.

Nürnberg/ bey Wolfgang Endter.
M. DC. XXXXIV.

Abb. 54: Titelblatt des *Pegnesischen Schäfergedichts*, 1644.

zugänglich sind als die Schäferromane. Die bekanntesten Prosaeklogen nach Opitz' *Hercinie* sind das *Pegnesische Schäfergedicht* (1644) und dessen *Fortsetzung* (1645) – eine Gemeinschaftsproduktion der Nürnberger Dichter Harsdörffer und Klaj, bei der *Fortsetzung* war Birken federführend.

Ähnlich wie in der *Hercinie* und im Schäferroman sind auch in diese beiden Prosaeklogen Gedichte eingebettet. Daneben finden sich Wechselgesänge der Schäfer. Anlass für das *Pegnesische Schäfergedicht* war eine Doppelhochzeit von Patriziern in Nürnberg. Den Namen gab der Fluss Pegnitz, an dessen Ufer Nürnberg liegt. Im Unterschied zur *Hercinie* führt hier allerdings keine antike Nymphe die Schäfer an anmutige Orte und in rätselhafte Grotten, sondern das personifizierte ‚Gerücht'. Das kann als Ausdruck für eine Ablehnung heidnischer Elemente und als Bekenntnis zum Einklang von Dichtung und christlicher Religion verstanden werden.

Das *Pegnesische Schäfergedicht* gilt als Initiationstext des Pegnesischen Blumenordens, der weit über Nürnberg hinaus wirkenden Dichtergesellschaft. Harsdörffer war ihr Gründer, Birken stand der Gesellschaft nach Harsdörffers Tod bis zu seinem eigenen Ableben 1681 vor. Auf die Ordensgründung bezieht sich die *Fortsetzung*, die mit einem Gesang beginnt:

> ES war die Nacht vorbey/ das frühe Pferdgetümmel
> Gieng von der Sonnen her/ am liechtbegläntzten Himmel.
> Die Welt war von dem Schlaf zur Arbeit aufgewekkt/
> Das Feld war mit dem Tau durchsafftet und bedekkt.
> Der Tag war jetzt am tag – – –
> Als sich FLORIDAN/ mit niemanden/ als seinen freyen Gedanken/ begleitet/ hinter seiner geringen Heerde zu denen gewönlichen Trifften [Weiden] truge.[91]

Nach diesem allgemein gehaltenen Auftakt wird die Gründung des Blumenordens gepriesen. Außerdem kommt das Lob der Stadt Nürnberg nicht zu kurz. Die Hirten werden in eine Höhle geführt, in der sie auf zahlreiche Tafeln stoßen, auf denen verdiente Männer verehrt werden. Die Pointe dabei ist, dass hier – anders als in der Grotte bei Opitz – nicht regionale Kapazitäten besungen werden, sondern nationale – und das sogar über die Konfessionsgrenzen hinweg. Die *Fortsetzung* imaginiert, dass die Reichsstadt Nürnberg das Gedächtnis an das untereinander verfeindete Vaterland bewahrt und sich patriotisch zum Reich in all seiner regionalen und konfessionellen Vielfalt bekennt.

Erst nach dem *Pegnesischen Schäfergedicht* und der *Fortsetzung* machten sich andere Schriftsteller daran, Prosaeklogen zu schreiben. Opitz gab das Vorbild, zum Erfolg machten die Gattung die Nürnberger.

Die meisten Prosaeklogen sind an einen Anlass gebunden, vielfach lassen sich die Schäfer historischen Personen zuordnen. Deswegen sind die Prosaeklogen ähnlich wie die Kasuallyrik für sozialhistorische und regionale Forschungen geeignet. Allerdings muss man bei der Rückbindung an historische Realien vorsichtig sein und beachten, dass die Prosaekloge normiert ist wie wohl keine andere erzählende Form und zudem immer wieder das schäferliche Maskenspiel nutzt, um sich Frei- und Spielräume zu erobern. Über das Ende der Prosaekloge sind wir anders als über seine Anfänge schlecht informiert. Die Idyllen-Dichtung des 18. Jahrhunderts gilt als ihre Fortsetzung, ohne dass der Übergang zu ihr genau bekannt ist.

Analysebeispiel I: Andreas Heinrich Buchholtz: Freundliche Erinnerung *An den Christlichen Tugendliebenden Leser des Teutschen Herkules*

> Mir zweifelt nicht/ der trefliche Barklaius mit seiner berümten Argenis; Herr Sidnei mit seiner Arkadia [...] und andere dergleichen züchtige ehrliebende GeschichtSchreiber/ haben/ der Jugend den Amadis aus den Händen zureissen/ nicht die geringste Ursach genommen/ jhre Schriften hervorzugeben/ Und muß ein jeder gestehen/ daß jezt gedachte Bücher ohn Anstoß und ärgerniß wol können gelesen werden; aber die wahre Gottesfurcht ist in denselben nicht eingeführet/ viel weniger des Christlichen Glaubens einige Meldung geschehen [...].[92]

In der hier in Auszügen abgedruckten Vorrede zu seinem anonym erschienenen höfischen Roman *Herkules* skizziert Andreas Buchholtz eine Entwicklungsgeschichte des Romans. Ausgangspunkt ist für ihn der spanische *Amadis*-Roman. Ihn lehnt Buchholtz ab, weil sich darin nach seiner Meinung Handlungen finden, die nicht ‚züchtig' sind. Damit kommt die Moral bei der Beurteilung des Romans ins Spiel.

Im Unterschied zum *Amadis*-Roman scheinen Sidneys Schäferroman *Arcadia* und Barclays höfischer Roman *Argenis* keine Kritik hervorzurufen. Die beiden von Opitz übersetzten Autoren lobt Buchholtz als „züchtige ehrliebende GeschichtSchreiber" und stellt sie so den *Amadis*-Romanen gegenüber. Zudem vereinnahmt er sie in seiner Kritik, wenn er ihnen unterstellt, sie hätten nicht zuletzt deswegen ihre Romane geschrieben, weil sie „der Jugend den Amadis aus den Händen zureissen" versucht hätten.

Außerdem bescheinigt er Sidney und Barclay, man könne ihre Romane „ohn Anstoß und ärgerniß" lesen. Aufrichtige Begeisterung klingt anders! Buchholtz leitet mit dieser Feststellung vorsichtig seinen wesentlichen Kritikpunkt an der *Arcadia* und der *Argenis* – und damit am Roman generell – ein: Es fehle ihm bisher an „wahre[r] Gottesfurcht".

Buchholtz war Superintendent und Professor für Moralphilosophie in Rinteln. Ihm drohte, durch seinen *Herkules* in Verruf zu geraten. Vielleicht hat er ihn deswegen anonym ausgehen lassen. Warum dann aber ein solches Unterfangen? Eine Antwort auf diese Frage findet man nur, wenn man die Vorrede ernst nimmt. Buchholtz diskutiert indirekt die horazische Frage nach dem Verhältnis von Nutzen und Erfreuen der Dichtung (*prodesse et delectare*). Der Roman ist in seiner Wahrnehmung eine Gattung, die den Leser zwar unterhalten darf, ihn primär aber belehren soll. Das meint keine realienorientierte Belehrung wie bei Teilen des höfischen Romans, sondern moralische Belehrung. Die aber ist für einen Theologen und Moralphilosophen ohne christliche Religion nicht vorstellbar.

Historisch sollte man ein solches Plädoyer für einen christlichen Roman vor dem Hintergrund der sich formierenden Romankritik zu begreifen versuchen, die sich analog zur Theaterkritik entwickelte. Sie wurde besonders von Theologen formuliert. Buchholtz war so gesehen ein Moderator zwischen den Fronten. Das wurde schon von seinen Zeitgenossen, aber auch im 18. Jahrhundert anerkannt.

Analysebeispiel II: Hans Jacob Christoph von Grimmelshausen: *Lebensbeschreibung der Erzbetrügerin und Landstörzerin Courasche*

> Ich dorfte aber drumb dasselbige Kleid nicht tragen noch mich for ein Weibsbild, viel weniger aber for seine Gespons [Geliebte] ausgeben; und was mich zum allermeisten verdrosse, war dies, daß er mich nicht mehr Janko, auch nicht Libuschka, sondern Courage nannte; denselben Namen ähmten andere nach, ohne daß sie dessen Ursprung wußten, sondern vermeinten, mein Herr hieße mich dessentwegen also, weil ich mit einer sonderbaren Resolution und unvergleichlichen Courage in die allerärgste Feindsgefahrn zu gehen pflegte; und also mußte ich schlucken, was schwer zu verdauen war. Darumb, o ihr lieben Mägdchen, die ihr noch euer Ehr und Jungfrauschaft unversehrt erhalten habt, seid gewarnet und lasset euch solche so liederlich nicht hinrauben, [...] und ihr geratet in ein solche Marter und Sklaverei, die schwerer zu erdulden ist als der Tod selbsten.[93]

Courasche hat viele Namen. Im Roman variiert schon die Schreibweise zwischen Courasche und Courage. Eigentlich heißt sie Libuschka und stammt aus Böhmen. Sie verkleidet sich als Mann, nennt sich Janko und kann so Kammerdiener des Rittmeisters werden. In Grimmelshausens Roman werden gleich zu Beginn – der zitierte Ausschnitt stammt vom Anfang des vierten Kapitels – die Möglichkeiten des *gender-crossings* ausgelotet. Das meint den Wechsel der kulturell auf ein Geschlecht bezogenen Zeichen. Hintergrund dieses Begriffs ist die von Judith Butler eingeführte Unterscheidung zwischen *sex* (für das biologische Geschlecht) und *gender* (für das kulturelle Geschlecht).[94] In der Barockliteratur ist ein solches *gender-crossing* nicht selten. Es genügen meist ein Namens- und ein Kleiderwechsel – schon wird aus einem Mann eine Frau und umgekehrt. Dieser spielerische Umgang mit dem kulturellen Geschlecht bedeutet seine konsequente Integration in das *theatrum-mundi*-Konzept.

Gleichzeitig ist das barocke Weltbild geprägt vom Ordnungsdenken. Er lässt das *gender-crossing* immer wieder in Konflikt mit dem biologischen Geschlecht geraten. Courasche signalisiert ein heimliches Verlangen, *sex* und *gender* in Ausgleich zu bringen, wenn sie davon spricht, sie würde gern ein Kleid anziehen und sich als Geliebte des Rittmeisters zu erkennen geben. Auf die Idee des Welttheaters übertragen heißt das: Es darf nur Geltungsanspruch formulieren, wenn es die göttliche Ordnung nicht bestreitet.

Auffällig an der zitierten Stelle ist Couraschess Unterscheidung zwischen dem Verständnis von „Courage“ beim Rittmeister und bei den übrigen Soldaten. Diese nennen die als Kammerdiener verkleidete Frau „Courage“, weil sie gehört haben, dass der Rittmeister sie so nennt. Sie halten „Courage“ für einen anerkennenden Spitznamen, der für die Tapferkeit des Kammerdieners steht. Für sie ist „Courage“ ‚dessen‘ Eigenschaft, die sie als Synekdoche auf den ganzen ‚Mann‘ beziehen.

Doch ist dies eine Umdeutung des ursprünglichen Sinns von „Courage“, wie der Leser aus dem vorhergehenden Kapitel weiß. Dort hatte ein anderer Mann entdeckt, dass sie eine Frau ist und ihr „nach der Courage gegriffen [...], wohin sonst noch keines Mannsmenschen Hände kommen sein.“[95] Der Rittmeister übernimmt diese Bezeichnung und verwendet sie fortan als Namen. „Courage“ ist also im Sprachgebrauch des Rittmeisters eine Synekdoche für die offenbar gewordene und zugleich verschwiegene Weiblichkeit der Titelheldin. Gerade dadurch unterwirft der Rittmeister Courasche und kann sie zu seiner heimlichen Bettgefährtin machen. Deswegen vergleicht sie sich auch mit einer Sklavin, obwohl sie wiederholt bekennt, dass sie am Geschlechtsverkehr mit dem Rittmeister Spaß habe.

Der Name „Courage“ bzw. „Courasche“ ist zu Beginn von Grimmelshausens Roman ein allegorischer Ausdruck für patriarchale Verfügungsgewalt. Die wird erst durch das Erzählen gebrochen. Indem Courasche die ganze Geschichte ihrer Namensgebung schildert, gewinnt sie die Verfügungsgewalt über sich selbst zurück. Großartiger als Grimmelshausen konnte man zumindest im 17. Jahrhundert von Emanzipation nicht erzählen.

Zusammenfassung

Der Roman differenziert sich im Barock in hohe, gemischte und niedere Typen aus. Die Grenzen dazwischen sind freilich fließend, spätestens mit dem galanten Roman werden sie eingerissen. Bemerkenswert ist das erzähltheoretische Niveau der Barockromane, besonders das des satirischen Romans. Das damit einhergehende Spiel zwischen Faktizität und Fiktionalität wird auch in der Prosaekloge getrieben.

Literatur

Breuer, Dieter, Grimmelshausen-Handbuch, München: Fink 1999.
Breuer, Ingo, Formen des Romans, in: Die Literatur des 17. Jahrhunderts, hg. von Albert Meier, München: Hanser 1999, S. 575-593.
Meid, Volker, Der deutsche Barockroman, Stuttgart: Metzler 1974.
Meid, Volker, Grimmelshausen. Epoche – Werk – Wirkung, München: Beck 1984.
Meier, Albert, Der Heroische Roman, in: Die Literatur des 17. Jahrhunderts, hg. von Albert Meier, München: Hanser 1999, S. 300-315.
Singer, Herbert, Der galante Roman, Stuttgart: Metzler 1961.

Fragen

1. Warum sollte man den gern gezogenen Vergleich zwischen Trauerspiel und barockem Roman nicht auf die Spitze treiben?
2. Warum eignet sich die Prosaekloge innerhalb der barocken Erzählliteratur besonders gut für sozial- und kulturgeschichtliche Forschungen?

Antwortteil

Schlüssel zum Basismodul, S. 27

Die Frühe Neuzeit umfasst die Zeit von etwa 1500 bis ca. 1720. Sie gegen 1500 beginnen zu lassen, bietet sich an, weil sich in der Folge von Buchdruck und Reformation die deutsche Sprache entschieden weiterentwickelt hat. In der Zeit um 1700 setzt eine (Um-)Orientierung zunächst der Philosophie und dann der Literatur hin zur Aufklärung ein. Einige Germanisten und viele Historiker zählen die folgende Aufklärung mit zur Frühen Neuzeit. Insgesamt hat sich aber die Tendenz in der Germanistik durchgesetzt, Frühe Neuzeit und Aufklärung zu trennen. **1.**

Mit dem Konzept der Säkularisierung ist die Verweltlichung von Ideen und Anschauungen gemeint. Im Hinblick auf die Literaturwissenschaft meint das vor allem die Loslösung der Literatur aus religiösen Kontexten. Auch wenn diese Tendenz insgesamt zu beobachten ist, hat sich doch immer wieder gezeigt, dass ein all zu lineares Verständnis dieser Entwicklung zu unzulässigen Vereinfachungen führt. **2.**

Wir sprechen im Hinblick auf die frühneuzeitliche Literatur vom erweiterten Literaturbegriff. Damit ist gemeint, dass eine Beschränkung auf die literarischen ‚Naturformen' Lyrik, Dramatik und Epik am Literaturverständnis der Frühen Neuzeit vorbeigeht, weil dadurch ihr rhetorisches Fundament nicht berücksichtigt wird. **3.**

Schlüssel zu Kap. 2.1, S. 43

Die Geschichtswissenschaft fasst die Reformationszeit eng. 1530 verfassten führende Reformatoren die *Confessio Augustana*, die Augsburger Bekenntnisschrift, und formulierten damit positiv die ihrer Meinung nach zentralen Glaubenssätze. Damit beginnt aus Sicht der Geschichtswissenschaft das Konfessionelle Zeitalter, das bis zum Westfälischen Frieden 1648 dauert. In den folgenden Jahrzehnten nach 1530 bildeten sich die drei Konfessionen heraus: Katholiken, Lutheraner und Reformierte. **1.**

In der Reformationszeit haben die lesefähigen Menschen meist laut gelesen, dadurch konnten Menschen, die nicht lesen konnten, der Lektüre folgen. Luther hat seinen Stil diesem Sachverhalt angepasst. Außerdem hat er darauf **2.**

geachtet, sich kurz und prägnant zu fassen, wenn er sich einfachen Rezipienten zuwandte.

Schlüssel zu Kap. 2.2, S. 58

1. Diese Textsorten sind deswegen rhetorisch, weil sie eine konkrete Wirkungsabsicht haben. Sie verfolgen eine Intention, die direkt auf die Gesellschaft zielt. Sie beschränken sich nicht darauf, den Leser zu unterhalten und zu erfreuen. Die Texte verfolgen Strategien, um ihre Meinungen und Ansichten zu vermitteln und den Rezipienten davon zu überzeugen.

2. Die beiden wichtigen rhetorischen Textsorten des Gottesdienstes sind Predigt und Gebet. Die Predigt differenziert man meist thematisch (nämlich nach den Anlässen wie Beerdigung, Hochzeit oder Kriegsbeginn). Das Gebet unterscheidet man dagegen formal nach Prosa- und Vers-Gebet.

Schlüssel zu Kap. 2.3, S. 67

1. Die drei wesentlichen Spielformen des Spätmittelalters überdauern alle die Reformation: das geistliche Spiel, das Fastnachtspiel und das humanistische Schuldrama. Allerdings kommt mit der *Bibel* eine wesentliche zusätzliche Quelle für die Handlungen des Schuldramas hinzu.

2. Strukturelle Gemeinsamkeit von Moralitäten und *Jedermann*-Dramen ist das allegorische Personal. Die Dramen zeigen zudem eine Figur, die generalisierbar ist. Den Unterschied macht die Handlungsstruktur aus. Während die Moralität fürchterlich endet und dadurch das Publikum vom gezeigten Handeln abzuschrecken versucht, schließt das *Jedermann*-Drama glücklich mit der Bekehrung des Jedermann.

Schlüssel zu Kap. 2.4, S. 76

1. Das Bar ist ein dreistrophiges Lied. Es wird in einen Aufgesang in zwei Stollen und einen Abgesang unterteilt. In den beiden Stollen ist das Reimschema gleich, der Abgesang weicht davon notwendig ab.

2. Der Meistersang gilt als ein Musterbeispiel für die weltliche Lieddichtung des 16. Jahrhunderts. Doch steht und fällt diese Beurteilung mit der Frage, wann ein geistliches Lied ‚geistlich' ist. Muss es von einem Geistlichen geschrieben sein? Muss es in einem geistlichen Kontext gesungen werden, in der Kirche oder bei einer privaten Andacht? Ist dagegen der Liedtext entscheidend für die Bewertung, dann wird rasch offensichtlich, dass die Grenzen zwischen ‚weltlich' und ‚geistlich' in der Frühen Neuzeit schwer zu ziehen sind. Denn der Meistersang vor der Reformation konnte die Marienandacht zum Zweck haben. Während der Reformation konnte er zur propagandistischen Unterstützung der religiösen Anliegen genutzt werden. Deswegen kann man nur festhalten, dass im Meistersang weltliche Themen überwiegen.

Schlüssel zu Kap. 2.5, S. 94

1. Die Neigung zum episodenhaften Erzählen im 16. Jahrhundert verweist auf die Dimension der Mündlichkeit des Erzählens. Es wird noch nicht leise in der eigenen Kammer gelesen, sondern laut in einer größeren Runde. Das episodenhafte Erzählen stellt damit einen Zwischenschritt zwischen dem mündlich Vortrag (der durch den Knittelvers befördert wurde) und dem modernen, stillen Lesen dar.

2. Wichtige Kleinformen des 16. Jahrhunderts sind Schwank, Facetie und Sprichwort. Jenseits ihrer Kürze kann man für alle drei zusammen keinen übergreifenden Aspekt benennen. Schwank und Facetie ist aber gemeinsam, dass sie auf eine Pointe zielen, während des Sprichwort weniger witzig und stärker belehrend sein wollte.

Schlüssel zu Kap. 3.1, S. 102

1. Der Neostoizismus war die Aktualisierung des antiken Stoizismus, dessen wichtigster Philosoph Seneca war. Der Niederländer Justus Lipsius war der Begründer des Neostoizismus, der Beständigkeit (‚*constantia*') zur wichtigsten Maxime hatte. Das meint die Bereitschaft, seine Affekte auch in schwierigen Lebenslagen zu beherrschen. Der Neostoizismus berücksichtigte den christlichen Stoizismus und war so für die Frühe Neuzeit sehr reizvoll.

2. Katholische Gelehrte wie die Jesuiten pflegten alle gelehrten Praktiken, die auch die anderen Humanisten und Späthumanisten betrieben. Trotzdem war das Konzept der *res publica litteraria* für die katholischen Gelehrten der Frühen Neuzeit problematisch, weil in ihr die unbestrittene Dominanz der Theologie faktisch nicht akzeptiert wurde.

Schlüssel zu Kap. 3.2, S. 114

1. Die drei Bestandteile eines Emblems sind die Überschrift (*inscriptio*), das Bild (*pictura*) und die Unterschrift (*subscriptio*). Die Überschrift ist im Emblem meist nicht eindeutig formuliert, sie fordert die Neugier oder den Scharfsinn des Rezipienten heraus, was durch das Bild unterstützt werden kann. Die Unterschrift gibt dem Rezipienten die Antwort, wobei nicht endgültig gesagt werden kann, wie sehr das Bild schon Teile der Antwort bereit hält oder nicht.

2. Der Zusammenhang von Rhetorik und Poetik zeigt sich in Martin Opitz' *Buch von der Deutschen Poeterey* in den Kapiteln V, VI und VII. In Kapitel V werden *inventio* und *dispositio* behandelt, also die beiden ersten rhetorischen Produktionsphasen. Die Kapitel VI und VII widmen sich der dritten Phase, der *elocutio*.

Schlüssel zu Kap. 3.3, S. 120

1. Psalmenübersetzungen waren für die Calvinisten wichtig, weil in ihren Gottesdiensten ausschließlich das Wort Gottes – ergänzt höchstens um Instrumentalmusik – verkündet werden durfte. Psalmengesang wurde dieser Forderung gerecht und ermöglichte gleichzeitig eine Art Gemeindegesang.

2. Die sog. pindarische Ode wurde in der Frühen Neuzeit in der lateinischen Dichtung sehr geschätzt. Sie ist dreigeteilt in Strophe, Antistrophe, Epode. Erste und dritte Strophe können weitgehend frei gestaltet werden, die Antistrophe muss der ersten Strophe entsprechen. In der deutschsprachigen Barocklyrik meint Ode aber meist nur ein in Strophen unterteiltes Lied. In der lateinischen Dichtung ist die Ode also entschieden normierter als in der deutschen.

Schlüssel zu Kap. 3.4, S. 127

1. Opitz' Literaturreformen äußern sich in der Dramatik kaum durch poetologische Überlegungen, sieht man einmal von den Vorreden zu den Tragödien-Übersetzungen ab. Entscheidend waren vielmehr seine Übersetzungen selbst, die entsprechend der rhetorischen Tradition zugleich Ausweis seiner Nachahmungsfähigkeit waren.

2. Periochen waren im Jesuitentheater eine Art Programmheft mit Inhaltsangaben zu den Stücken entsprechend der Szenenfolge, so dass Zuschauer, die kein Latein verstanden, der Aufführung folgen konnten. Auch konnten in den

Periochen kurze historische Sachverhalte erläutert werden. Außerdem wurden darin Figuren und Schauspieler vorgestellt.

Schlüssel zu Kap. 3.5, S. 133

Die Forschungen zum frühneuzeitlichen Versepos stehen im Schatten der Forschungen zum Roman. Das liegt daran, dass der Roman im 18. Jahrhundert die Erzählliteratur weitgehend dominiert. Das ist aber eine Perspektive, die dem 17. Jahrhundert nicht gerecht wird. Bei den Späthumanisten genoß das Epos auf Grund seiner Verankerung in der antiken Poetik viel größere Wertschätzung als der Roman. **1.**

Die Prosaekloge ist deswegen literaturhistorisch bedeutend, weil Opitz mit ihr eine Gattung vorlegte, die in dieser Form der europäischen Literatur fremd war. Zwar finden sich eigentlich alle wichtigen ‚Bauteile' der Prosaekloge in der Versekloge oder im Schäferroman. Opitz' Kombination aber war neu. Dadurch war die Prosaekloge einerseits innovativ, andererseits traditionell. **2.**

Schlüssel zu Kap. 4.1, S. 152

Das *polticus*-Ideal geht zurück auf die Klugheitslehre des spanischen Jesuiten Gracián. Dadurch sollten Menschen zu um- und weitsichtigem Lebenswandel angehalten werden. Es schloss taktierendes und täuschendes Verhalten nicht aus. Wichtig für das *politicus*-Ideal in Deutschland wurde Christian Weise. **1.**

Unter Internationalität der deutschen Barockliteratur versteht man die starke Abhängigkeit der deutschen Literatur von den anderen europäischen Literatursprachen. Sie zeigt sich auch in philosophischer Hinsicht. Viele philosophische Überlegungen, die für die Barockliteratur wichtig waren, kamen aus dem Ausland. **2.**

Schlüssel zu Kap. 4.2, S. 158

Vom rhetorischen Fundament der Barockliteratur spricht man einerseits, weil die Schriftsteller eigentlich immer ‚gelehrt' waren und eine umfassende rhetorische Ausbildung erfahren hatten. Hinzu kam, dass die Poesie als eine Variante der Rhetorik angesehen wurde bzw. dass zumindest angenommen wurde, dass Poesie nach den gleichen Regeln produziert wird wie die Rede. **1.**

2. Hinter der Metapher vom ‚Buch der Natur' steht die Vorstellung von der ‚Lesbarkeit der Welt' – dem zweiten wichtigen Welterklärungsmodell des Barock neben dem *theatrum mundi*. Das ‚Buch der Natur' ist der metaphorische Gegenentwurf zum Alleingültigkeitsanspruch der *Bibel*, dem ‚einen' Buch Gottes, dem alles Wissen zu entnehmen ist. Die Metapher vom ‚Buch der Natur' bestreitet letztlich die frühneuzeitliche Vorherrschaft der Theologie über die anderen Wissenschaften.

Schlüssel zu Kap. 4.3, S. 187

1. Das Sonett ist zunächst aus historischen Gründen die bevorzugte Form der petrarkistischen Lyrik, weil Petrarca selbst überwiegend Sonette geschrieben hat. Hinzu kommt ein inhaltliches Argument. Der Übergang von den Quartetten zu den Terzetten in den Sonetten markiert üblicherweise einen Perspektivwechsel. In der petrarkistischen Lyrik betont der Übergang die antithetische Bauweise.

2. Einerseits ist der Versuch des Einswerdens mit Gott wichtig, die *unio*. Dazu kann es aber nur kommen, wenn das Subjekt sich zuvor von der Welt distanziert und sich der Versenkung in die Meditation hingibt.

Schlüssel zu Kap. 4.4, S. 209

1. Ein Emblem ist dreigeteilt in *inscriptio*, *pictura* und *subscriptio*. Dieser Dreiteilung entspricht nach Albrecht Schöne der Aufbau des gedruckten Dramas: ein mottohaftes Titelblatt, die Veranschaulichung im Sprechtext und die Auslegung und Erklärung im Reyen.

2. Das erste barocke Trauerspiel erscheint erst nach dem Dreißigjährigen Krieg: *Leo Armenius* von Gryphius. Nicht einmal ein halbes Jahrhundert später, in der Schuldramatik von Christian Weise, werden viele Kategorien des Trauerspiels fraglich. Letztlich also beansprucht das eng normierte barocke Trauerspiel gerade einmal für einen Zeitraum von etwa vierzig Jahren Gültigkeit. Deswegen kann es nicht für ‚das' barocke Drama stehen.

Schlüssel zu Kap. 4.5, S. 230

1. Den gern gezogenen Vergleich zwischen Trauerspiel und hohem Roman sollte man nicht auf die Spitze treiben, weil der Roman nach rhetorischem Verständnis niemals einen hohen Ausdrucksstil haben kann. Dieser ist der gebundenen Sprache vorbehalten. Die Prosa des hohen Romans legt ihn auf die mittlere Stilebene fest.

---

2. Die Prosaekloge eignet sich innerhalb der barocken Erzählliteratur besonders gut für sozial- und kulturgeschichtliche Forschungen, weil sie anders als die restliche Erzählliteratur zur Kasualdichtung zu zählen ist. Prosaeklogen wurden meist zu feierlichen Anlässen geschrieben. Darauf nahmen sie Bezug, und das macht sie für die genannten Forschungen interessant.

Anmerkungen

Anmerkungen zum Basismodul

1 Jaumann, Herbert, Frühe Neuzeit, in: Reallexikon der deutschen Literaturwissenschaft, hg. von Klaus Weimar, Bd. I, Berlin, New York: de Gruyter 1997, S. 632-636, hier 632f.

2 Schöne, Albrecht, Säkularisation als sprachbildende Kraft. Studien zur Dichtung deutscher Pfarrersöhne, 2. Aufl., Göttingen: Vandenhoek & Ruprecht 1968.

3 Kemper, Hans-Georg, Deutsche Lyrik der Frühen Neuzeit, Bd. 1: Epochen- und Gattungsprobleme; Bd. 2: Konfessionalismus, Tübingen: Niemeyer 1987.

4 Vgl. Blumenberg, Hans, Carl Schmitt, Briefwechsel 1971-1978, hg. von Alexander Schmitz, Marcel Lepper, Frankfurt/M.: Suhrkamp 2007.

5 Vgl. Weidner, Daniel, Zur Rhetorik der Säkularisierung, in: *Deutsche Vierteljahrsschrift für Literaturwissenschaft und Geistesgeschichte* 78 (2004), S. 95-132.

6 Vgl. Kemper, Deutsche Lyrik, Bd. 2: Konfessionalismus.

7 Vgl. Bremer, Kai, Religionsstreitigkeiten. Volkssprachliche Kontroversen zwischen altgläubigen und evangelischen Theologen im 16. Jahrhundert, Tübingen: Niemeyer 2005, S. 11f.

8 Vgl. Breuer, Dieter, Oberdeutsche Literatur 1565-1650. Deutsche Literaturgeschichte und Territorialgeschichte in frühabsolutistischer Zeit, München: Beck 1979.

9 Vgl. Trunz, Erich, Der deutsche Späthumanismus um 1600 als Standeskultur, in: ders.: Deutsche Literatur zwischen Späthumanismus und Barock, München: Beck 1995, S. 7-82.

10 Vgl. Nutz, Maximilian, Das Beispiel Goethe. Zur Konstituierung eines nationalen Klassikers, in: Wissenschaftsgeschichte der Germanistik im 19. Jahrhundert, hg. von Jürgen Fohrmann, Wilhelm Voßkamp, Stuttgart, Weimar: Metzler 1994, S. 605-637.

11 Scherer, Wilhelm, Geschichte der Deutschen Literatur, 15. Aufl., Berlin: Weidmann 1922, S. Vf.

12 Ebd., S. 320.

13 Vgl. Kiesant, Knut, Die Wiederentdeckung der Barockliteratur. Leistungen und Grenzen der Barockbegeisterung der zwanziger Jahre, in: Literaturwissenschaft und Geistesgeschichte 1910 bis 1925, hg. von Christoph König, Eberhard Lämmert, Frankfurt/M.: Fischer 1993, S. 77-91.

14 Vgl. Nutz, Maximilian, Messianische Ortsbestimmung und normative Menschenkunde. Gundolf und die Barockliteratur, in: Europäische Barock-Rezeption, hg. von Klaus Garber, Wiesbaden: Harrassowitz 1991, S. 653-673.

15 Vgl. Wesche, Jörg, Literarische Diversität. Abweichungen, Lizenzen und Spielräume in der deutschen Poesie und Poetik der Barockzeit, Tübingen: Niemeyer 2004.

16 Vgl. Wiedemann, Conrad, Barocksprache, Systemdenken, Staatsmentalität. Perspektiven der Forschung nach Barners *Barockrhetorik*, in: Erstes Arbeitstreffen des Internationalen Arbeitskreises für deutsche Barockliteratur, hg. vom Internationalen Arbeitskreis für deutsche Barockliteratur, Wolfenbüttel 1973, S. 21-51.

17 Vgl. Iser, Wolfgang, Das Fiktive und das Imaginäre. Perspektiven literarischer Anthropologie, Frankfurt/M.: Suhrkamp 1993, S. 129f.

18 Vgl. Braungart, Georg, Hofberedsamkeit. Studien zur Praxis höfisch-politischer Rede im deutschen Territorialabsolutismus, Tübingen: Niemeyer 1988.

19 Vgl. Garber, Klaus, Literaturgeschichte als Memorialwissenschaft. Die deutsche Literatur im Osten Europas, in: ders., Nation – Literatur – Politische Mentalität. Beiträge zur Erinnerungskultur in Deutschland, München: Fink 2004, S. 207-225.

20 Vgl. Dinges, Martin (Hg.), Hausväter, Priester, Kastraten. Zur Konstruktion von Männlichkeit in Spätmittelalter und Früher Neuzeit, Göttingen: Vandenhoeck & Ruprecht 1998.

21 Vgl. Meumann, Markus, Niefanger Dirk (Hg.), „Ein Schauplatz herber Angst". Wahrnehmung und Darstellung von Gewalt im 17. Jahrhundert, Göttingen: Wallstein 1997.

22 Vgl. Zedelmaier, Helmut, Martin Mulsow (Hg.), Die Praktiken der Gelehrsamkeit, Tübingen: Niemeyer 2001.

23 Vgl. Vollhardt, Friedrich (Hg.), Christian Thomasius (1655-1728). Neue Forschungen im Kontext der Frühaufklärung, Tübingen: Niemeyer 1997.

24 Vgl. Heudecker, Sylvia, Dirk Niefanger, Jörg Wesche (Hg.), Kulturelle Orientierung um 1700. Traditionen, Programme, konzeptionelle Vielfalt, Tübingen: Niemeyer 2004.

25 Schausten, Monika, Suche nach Identität. Das ‚Eigene' und das ‚Andere' in Romanen des Spätmittelalters und der Frühen Neuzeit, Köln, Weimar, Wien: Böhlau 2006.

26 Staatsbibliothek Preußischer Kulturbesitz (Hg.), Kulturen im Kontext. Zehn Jahre Sammlung Deutscher Drucke, Wiesbaden: Reichert 1999.

Anmerkungen zum Aufbaumodul 1: Reformation

1 Wohlfeil, Rainer, Reformatorische Öffentlichkeit, in: Literatur und Laienbildung im Spätmittelalter und in der Reformationszeit, hg. von Ludger Grenzmann, Karl Stackmann, Stuttgart: Metzler 1984, S. 41-52.

2 Vgl. Breuer, Dieter, Gibt es eine bürgerliche Literatur im Deutschland des 17. Jahrhunderts? Über die Grenzen eines sozialgeschichtlichen Interpretationsschemas, in: Germanisch-Romanische Monatsschrift 61 (1980), S. 211-226.

3 Vgl. Rüttgardt, Antje, Die Diskussion um das Klosterleben von Frauen in Flugschriften der frühen Reformationszeit, in: „In Christo ist weder man noch weyb". Frauen in der Zeit der Reformation und der katholischen Reform, hg. von Anne Conrad, Münster: Aschendorff 1999, S. 69-94.

4 Stolt, Birgit, Martin Luthers Rhetorik des Herzens, Tübingen: Mohr Siebeck 2000, S. 114.

5 Scherer, Georg, Postill Oder Außlegung der Sontäglichen Euangelien durch das gantze Jahr, München: Henricus 1610, Regel 10, unpaginiert.

6 Witzel, Georg: ODAE CHRISTIANAE, Mainz: Behem 1541, nach Lagenzählung Bl. Ciij^{v}.

7 Rädle, Fidel, Konversion. Zur Einführung, in: Konversionen im Mittelalter und in der Frühneuzeit, hg. von Friedrich Niewöhner, Fidel Rädle, Hildesheim, Zürich, New York: Olms 1999, S. 1-3.

8 Pirckheimer, Willibald, Eckius dedolatus. Der enteckte Eck, Lateinisch/Deutsch, übers. und hg. von Niklas Holzberg, Stuttgart: Reclam 1983, S. 25.

9 Bebel, Heinrich, Comoedia de optimo studio iuvenum. Über die beste Art des Studiums für junge Leute, Lateinisch/deutsch, hg. und übers. von Wilfried Barner und Mitarbeitern, Stuttgart: Reclam 1982, S. 15.

10 Ebd., S. 43.

11 Ebd., S. 71.

12 Sachs, Hans, Das Kälberbrüten, in: Fastnachtspiele des 15. und 16. Jahrhunderts, hg. von Dieter Wuttke, Stuttgart: Reclam 1989, S. 131-147, die Zitate S. 143.

13 Ebd., S. 146f.

14 Gengenbach, Pamphilus, Die Todtenfresser, in: Das Zürcher Spiel vom reichen Mann und vom armen Lazarus, hg. von Josef Schmidt, Stuttgart: Reclam 1969, S. 41-50, hier S. 46.

15 Bremer, Kai, Religiöse Dimension, Geschlechtlichkeit und politisches Moment. Zu Sixt Bircks *Judith*, in: *Daphnis* 35 (2006), S. 321-334.

16 Dammer, Raphael, Jeßing, Benedikt, Der Jedermann im 16. Jahrhundert. Die *Hecastus*-Dramen von Georgius Macropedius und Hans Sachs, Berlin: de Gruyter 2007.

17 Luther, Martin, Mitten wyr im leben sind, in: D. Martin Luthers Werke. Kritische Gesamtausgabe, Bd. 35, Weimar: Böhlau 1923, S. 453.

18 Oswald von Wolkenstein, Lieder. Mittelhochdeutsch und neuhochdeutsch, hg., übers. und erl. von Burkhart Wachinger, Stuttgart: Reclam 1967, S. 120.

19 Schanze, Frieder, Privatliederbücher im Zeitalter der Druckkunst. Zu einigen Lieddruck-Sammelbänden des 16. Jahrhunderts, in: Gattungen und Formen des europäischen Liedes vom 14. bis zum 16. Jahrhundert, hg. von Michael Zywietz, Volker Honemann, Christian Bettels, Münster: Waxmann 2005, S. 203-242.

20 Volz, Hans, In meister hans volczen passional 7 lied [Nr. 1], in: Die deutsche Literatur in Text und Darstellung. Renaissance, Humanismus, Reformation, hg. von Josef Schmidt, Stuttgart: Reclam 1976, S. 186.

21 Sachs, Hans, Ein epitaphium oder klag-red ob der leych D. Martini Luthers, in: ebd., S. 151-154, hier S. 154.

22 Müller, Jan-Dirk, Romane des 15. und 16. Jahrhunderts, in: Romane des 15. und 16. Jahrhunderts, hg. von Jan-Dirk Müller, Frankfurt/M.: Deutscher Klassiker-Verlag 1990, S. 989-1011, hier S. 991.

23 Ebd., S. 991.

24 Röcke, Werner, Fiktionale Literatur und literarischer Markt: Schwankliteratur und Prosaroman, in: Die Literatur im Übergang vom Mittelalter zur Neuzeit, hg. von Werner Röcke, Marina Münkler, München: Hanser 2004, S. 463-506, hier S. 494.

25 Braun, Manuel, Historie und Historien, in: ebd., S. 317-361.

26 Thüring von Ringoltingen, Melusine, in: Romane des 15. und 16. Jahrhunderts, hg. von Müller, S. 9-176, hier S. 176.

27 Warbeck, Veit, Magelone, in: Romane des 15. und 16. Jahrhunderts, hg. von Müller, S. 587-677, hier S. 590.

28 Müller, Jan-Dirk: Faustbuch, in: Romane des 15. und 16. Jahrhunderts, hg. von Müller, S. 1319-1430, hier S. 1336.

29 Historia von D. Johann Fausten, Text des Drucks von 1587, krit. Ausg. hg. von Stephan Füssel, Hans Joachim Kreutzer, Stuttgart: Reclam 1988, S 122f.

30 Münkler, Marina, Volkssprachlicher Früh- und Hochhumanismus, in: Die Literatur im Übergang, hg. von Röcke, Münkler, S. 77-96, hier S. 91.

31 Brant, Sebastian, Das Narrenschiff, übertragen von H.A. Junghans, durchges. und mit Anm. sowie einem Nachw. neu hg. von Hans-Joachim Mehl, Stuttgart: Reclam 1992, S. 8.
32 Ebd., S. 12-14.
33 Ebd., S. 444f.
34 Ein kurtzweilig Lesen von Dil Ulenspiegel, nach dem Druck von 1515 mit 87 Holzschnitten, hg. von Wolfgang Lindow, Stuttgart: Reclam 1978, S. 58.
35 Brant, Das Narrenschiff, S. 260.
36 Flohkrieg, in: Die deutsche Literatur, hg. von Schmidt, S. 148f.

Anmerkungen zum Aufbaumodul 2: Späthumanismus

1 Jaumann, Herbert, Handbuch Gelehrtenkultur der Frühen Neuzeit, Bd. 1: Bio-bibliographisches Repertorium, Berlin, New York: de Gruyter 2004, S. VIII.
2 Newald, Richard, Die deutsche Literatur vom Späthumanismus zur Empfindsamkeit 1570-1750, 6., Aufl., München: Beck 1967, S. 1.
3 Jaumann, Herbert, Gibt es eine katholische Respublica litteraria? Zum problematischen Konzept der Gelehrtenrepublik in der Frühen Neuzeit, in: Kaspar Schoppe (1576–1649). Philologe im Dienste der Gegenreformation. Beiträge zur Gelehrtenkultur des europäischen Späthumanismus, hg. von Herbert Jaumann, Frankfurt/M.: Klostermann 1998, S. 361–379.
4 Newald, Die deutsche Literatur, S. 2.
5 Lanzinner, Maximilian, Das römisch-deutsche Reich um 1600, in: Späthumanismus. Studien über das Ende einer kulturhistorischen Epoche, hg. von Notker Hammerstein, Gerrit Walther, Göttingen: Wallstein 2000, S. 19-45, hier S. 19.
6 Walter, Axel E., Späthumanismus und Konfessionspolitik. Die europäische Gelehrtenrepublik um 1600 im Spiegel der Korrespondenzen Georg Michael Lingelsheims, Tübingen: Niemeyer 2004.
7 Vgl. Belting, Hans, Bild und Kult. Eine Geschichte des Bildes vor dem Zeitalter der Kunst, München: Beck 1990.
8 Vgl. Allkemper, Alo, Norbert Otto Eke, Literaturwissenschaft, Paderborn: Fink 2004, S. 84-86.
9 Opitz, Martin, Buch von der Deutschen Poeterey (1624). Studienausgabe, hg. von Herbert Jaumann, Stuttgart: Reclam 2002, S. 52.
10 Ebd., S. 53.
11 Vgl. Wesche, Literarische Diversität, S. 164.
12 Vgl. Garber, Klaus, Der locus amoenus und der locus terribilis. Bild und Funktion in der deutschen Schäfer- und Landlebendichtung des 17. Jahrhunderts, Köln, Wien: Böhlau 1974, S. 26-38.
13 Newald, Die deutsche Literatur, S. 27.
14 Kaminski, Nicola, EX BELLO ARS oder Ursprung der ‚Deutschen Poeterey', Heidelberg: Winter 2004.
15 Zit. nach Trunz, Erich, Die Entwicklung des barocken Langverses. Die deutschen Alexandriner von Lobwasser bis Gryphius, in: ders., Deutsche Literatur, S. 228-286, hier S. 235.
16 Schede Melissus, Paul, AD ORLANDVM LASSVM MVSICVM [An den Tonkünstler Orlando di Lasso], in: Humanistische Lyrik des 16. Jahrhunderts.

Lateinisch und deutsch, hg. von Wilhelm Kühlmann, Robert Seidel, Hermann Wiegand, Frankfurt/M.: Deutscher Klassiker-Verlag 1997, S. 808-811, hier S. 809, der lateinische Text S. 808.

17 Opitz, Buch von der Deutschen Poeterey, hg. von Jaumann, S. 30.

18 Rädle, Fidel, Gegenreformatorischer Humanismus: die Schul- und Theaterkultur der Jesuiten, in: Späthumanismus. Studien über das Ende einer kulturhistorischen Epoche, hg. von Notker Hammerstein, Gerrit Walther, Göttingen: Wallstein 2000, S. 128-147.

19 Bidermann, Jakob, Cenodoxus. Deutsche Übersetzung von Joachim Meichel, hg. von Rolf Tarot, Stuttgart: Reclam 1986, S. 121.

20 Wehrli, Max, Sacra Poesis: Bibelepik als europäische Tradition, in: ders., Gegenwart und Erinnerung. Gesammelte Aufsätze, hg. von Fritz Wagner, Wolfgang Maaz, Hildesheim, Zürich: Weidemann 1998, S. 126-146, hier S. 142.

21 Lotichius Secundus, Petrus, Ecloga II, in: Lateinische Gedichte deutscher Humanisten. Lateinisch/deutsch, ausgew., übers. und erl. von Harry C. Schnur, Stuttgart: Reclam, 1987, S. 268-279, hier V. 33-35.

22 Garber, Der locus amoenus, S. 26-38.

23 Opitz, Martin, Trojanerinnen, in: ders., Weltliche Poemata 1644, 1. Teil hg. von Erich Trunz, Tübingen: Niemeyer 1967, S. 309-440, das Zitat S. 315.

Anmerkungen zum Aufbaumodul 3: Barock

1 Alewyn, Richard, Das große Welttheater. Die Epoche der höfischen Feste, München: Beck 1989, S. 60.

2 Gardt, Andreas, Die deutsche Sprache als Medium kultureller Identitätskonstruktion, in: Kulturelle Orientierung, hg. Heudecker, Niefanger, Wesche, S. 31-46.

3 Thomasius, Christian, Über die Begriffe ‚galant' und ‚galant homme', in: Der galante Stil 1680-1730, hg. von Conrad Wiedemann, Tübingen: Niemeyer 1969, S. 1-4, hier S. 1.

4 Burkhardt, Johannes, Der Dreißigjährige Krieg als frühmoderner Staatsbildungskrieg, in: Geschichte in Wissenschaft und Unterricht 45 (1994), S. 487-499.

5 Schmidt-Biggemann, Wilhelm, Topica Universalis. Eine Modellgeschichte humanistischer und barocker Wissenschaft, Hamburg: Meiner 1983, S. 20.

6 Opitz, Buch von der Deutschen Poeterey, hg. Jaumann, S. 35.

7 Foucault, Michel, Die Ordnung der Dinge. Eine Archäologie der Humanwissenschaften, Frankfurt/M.: Suhrkamp 1971, S. 75.

8 Werle, Dirk, Copia librorum. Problemgeschichte imaginierter Bibliotheken 1580-1630, Tübingen: Niemeyer 2007, S. 31.

9 Blumenberg, Hans, Die Lesbarkeit der Welt, Frankfurt/M.: Suhrkamp 1986.

10 Steiner, George, Von realer Gegenwart. Hat unsere Sprache Inhalt?, München: Hanser 1990, S. 60.

11 Opitz, Buch von der Deutschen Poeterey, hg. Jaumann, S. 18.

12 Vgl. Wesche, Literarische Diversität.

13 Schottel, Justus Georg, Ausführliche Arbeit Von der Teutschen HaubtSprache. 1663, Teil II, hg. von Wolfgang Hecht, Tübingen: Niemeyer 1967, S. 835.

14 Neukirch, Benjamin, An Sylvien, in: Der galante Stil, hg. Wiedemann, S. 115.

15 Weckherlin, Georg Rodolf, An die Marina, in: Epochen der deutschen Lyrik 1600-1700, hg. von Christian Wagenknecht, München: dtv 1969, S. 168.

[16] Opitz, Buch von der Deutschen Poeterey, hg. Jaumann, S. 31.

[17] Logau, Friedrich von, Glauben, in: Epochen, hg. Wagenknecht, S. 212.

[18] Hoffmann von Hoffmanswaldau, Christian, Grabschrifft Mariae Magdalenae, in: Der galante Stil, hg. Wiedemann, S. 119f.

[19] Birken, Sigmund von, Teutsche Rede-bind- und Dicht-Kunst, Nürnberg: Gerhard 1679, S. 144.

[20] Opitz, Martin, Echo oder Wiederhall, in: ders., Weltliche Poemata (1644) 2. Teil, hg. von Erich Trunz, Tübingen: Niemeyer 1975, S. 300.

[21] Birken, Rede-bind- und Dicht-Kunst, S. 150.

[22] Opitz, Martin, Gedichte. Eine Auswahl, hg. von Jan-Dirk Müller, Stuttgart: Reclam 1985, 32.

[23] Gryphius, Andreas, Trawrklage des verwüsteten Deutschlandes, in: Epochen, hg. Wagenknecht, S. 81.

[24] Opitz, Gedichte, hg. Müller, 173f.

[25] Fleming, Paul, Geht/ ihr meine Thränen/ geht, in: ders., Deutsche Gedichte, hg. von Volker Meid, Stuttgart: Reclam 1986, S. 83.

[26] Fleming, Paul, Grabschrifft, in: ebd., S. 112.

[27] Vgl. dagegen Kühlmann, Wilhelm, Sterben als heroischer Akt. Zu Paul Flemings *Grabschrifft*, in: ders., Vom Humanismus zur Spätaufklärung. Ästhetische und kulturgeschichtliche Dimensionen der frühneuzeitlichen Lyrik und Verspublizistik in Deutschland, hg. von Joachim Telle, Friedrich Vollhardt, Hermann Wiegand, Tübingen: Niemeyer 2006, S. 506-511.

[28] Hoffmann von Hoffmannswaldau, Christian, Gedancken bey auffgehender morgen-röthe, in: ders., Gedichte, hg. von Manfred Windfuhr, Stuttgart: Reclam 2002, S. 34f.

[29] Spee, Friedrich, Trvtz-Nachtigal, hg. von Theo van Oorschoot, Stuttgart: Reclam 1991, S. 30.

[30] Ebd., S. 162.

[31] Garber, Der locus amoenus, S. 49.

[32] Scheffler, Johannes, Sie fraget bey den Creaturen nach jhrem Allerliebsten, in: Epochen, hg. Wagenknecht, S. 224.

[33] Hoffmann von Hoffmannswaldau, Christian, Er sahe sie über feld gehen, in: ders., Gedichte, hg. Windfuhr, S. 4f.

[34] Arnold, Gottfried, Poetische Lob- und Liebes-Sprüche/ von der Ewigen Weiszheit/ nach Anleitung Des Hohenlieds Salomonis: Nebenst dessen neuen Ubersetzung und Beystimmung der Alten, in: ders.: Das Geheimnisz Der Göttlichen SOPHIA oder Weiszheit, Leipzig 1700, Faksimile-Neudruck hg. von Walter Nigg, Stuttgart-Bad Cannstatt: Frommann 1963, S. 1.

[35] Greiffenberg, Catharina Regina von, Erklärung des Kupferbilds, in: Epochen, hg. Wagenknecht, S. 278f.

[36] Hoffmann von Hoffmannswaldau, Christian, Auff ihre schultern, in: ders., Gedichte, hg. Windfuhr, S. 9.

[37] Brenner, Peter J., Das Drama, in: Die Literatur, hg. Meier, S. 539-574, hier S. 542.

[38] Gryphius, Andreas, Leo Armenius. Trauerspiel, hg. von Peter Rusterholz, Stuttgart: Reclam 1971, S. 13.

[39] Kaminski, Nicola, Andreas Gryphius, Stuttgart: Reclam 1998, S. 93.

[40] Gryphius, Leo Armenius, hg. Rusterholz, S. 4.

[41] Vgl. Niefanger, Dirk, Geschichtsdrama der Frühen Neuzeit 1495-1773, Tübingen: Niemeyer 2005, S. 35-40.

42 Asmuth, Bernhard, Daniel Casper von Lohenstein, Stuttgart: Metzler 1971, S. 43.

43 Opitz, Buch von der Deutschen Poeterey, hg. Jaumann, S. 30.

44 Alexander, Robert J., Das deutsche Barockdrama, Stuttgart: Metzler 1984, S. 114.

45 Kaminski, Nicola, Von Plißine nach Schelmerode. Schwellenexperimente mit der „Frau Mutter Sprache" in Christian Reuters *Schlampampe*-Projekt, in: Kulturelle Orientierung, hg. Heudecker, Niefanger, Wesche, S. 236-262, hier S. 239.

46 Gryphius, Andreas, Horriblicribrifax Teutsch. Scherzspiel, hg. von Gerhard Dünnhaupt, Stuttgart: Reclam 2002, S. 15.

47 Ebd., S. 31.

48 Vgl. Bourger, Désirée, Schwert und Zunge. Über die zweifache Prahlerei in Andreas Gryphius' *Horribilicribrifax*, in: *Daphnis* 28 (1999), S. 117-136.

49 Vgl. Kaminski, Nicola, Andreas Gryphius, Stuttgart: Reclam 1998, S. 178-201.

50 Weise, Christian, Masaniello. Trauerspiel, hg. von Fritz Martini, Stuttgart: Reclam 1972, S. 146.

51 Ebd., S. 179.

52 Ort, Claus-Michael, Medienwechsel und Selbstreferenz. Christian Weise und die literarische Epistemologie des späten 17. Jahrhunderts, Tübingen: Niemeyer 2003.

53 Engelhardt, Markus, Oper, Festspiel, Ballett, in: Die Literatur, hg. Meier, S. 333-346, hier S. 341.

54 Benjamin, Walter, Ursprung des deutschen Trauerspiels, hg. von Rolf Tiedemann, Frankfurt/M.: Suhrkamp 1978, S. 60.

55 Gryphius, Andreas, Catharina von Georgien. Trauerspiel, hg. von Alois M. Haas, Stuttgart: Reclam 1975, S. 14.

56 Ebd., S. 119.

57 Borgstedt, Thomas, Andreas Gryphius: *Catharina von Georgien*. Poetische Sakralisierung und Horror des Politischen, in: Interpretationen. Dramen vom Barock bis zur Aufklärung, Stuttgart: Reclam 2000, S. 37-66, hier S. 49.

58 Ebd., S. 41.

59 Ebd., S. 40f.

60 Lohenstein, Daniel Casper von, Sophonisbe. Trauerspiel, hg. von Rolf Tarot, Stuttgart: Reclam 1970, S. 89.

61 Ebd., S. 8.

62 Vgl. Loos, Helmut, Daniel Casper Lohenstein: *Sophonisbe*, in: Interpretationen. Dramen vom Barock bis zur Aufklärung, S. 134-153.

63 Lohenstein, Sophonisbe, S. 54.

64 Birken, Sigmund von, Von den Feld- Helden und Straff-Gedichten (1679), in: Romantheorie. Texte vom Barock bis zur Gegenwart, hg. von Hartmut Steinecke, Fritz Wahrenburg, Stuttgart: Reclam 1999, S. 65.

65 Harsdörffer, Georg Philipp, Spiel vom Verlangen (1641), in: Romantheorie, hg. Steinecke, Wahrenburg, S. 47.

66 Vgl. Meier, Albert, Der heroische Roman, in: Die Literatur, hg. Meier, S. 300-315, hier S. 303f.

67 Vgl. Niefanger, Dirk, Barock. Lehrbuch Germanistik, 2. Aufl. Stuttgart: Metzler 2006, S. 194f.

68 Ebd., S. 193.

[69] Breuer, Ingo, Formen des Romans, in: Die Literatur, hg. Meier, S. 575-593, hier S. 575.

[70] Rist, Johann, Gespräch über Romane (1668), in: Romantheorie, hg. Steinecke, Wahrenburg, S. 55.

[71] Kraft, Stephan, Geschlossenheit und Offenheit der „Römischen Octavia" von Herzog Anton Ulrich. „der roman macht die ewigkeit gedencken den er nimbt kein endt", Würzburg: Königshausen & Neumann 2004.

[72] Asmuth, Bernhard, Daniel Casper von Lohenstein, Stuttgart: Metzler 1971, S. 65.

[73] Niefanger, Barock, S. 202.

[74] Borgstedt, Thomas, Reichsidee und Liebesethik. Eine Reonstruktion des Lohensteinschen Arminiusromans, Tübingen: Niemeyer 1992, S. 125.

[75] Zesen, Philipp von, Sämtliche Werke, Bd. 8: Simson, hg. von Ferdinand van Ingen, Berlin: de Gruyter 1970, S. 477.

[76] Ebd., S. 477.

[77] Grimmelshausen, Hans Jacob Christoffel von, Simplicissimus Teutsch, hg. von Dieter Breuer, Frankfurt/M.: Deutscher Klassiker-Verlag 2005, S. 30.

[78] Ebd., S. 551.

[79] Ebd., S. 563.

[80] Merzhäuser, Andreas, Satyrische Selbstbehauptung. Einführungen in Grimmelshausens *Abendteuerlichen Simplicissimus Teutsch*, Göttingen: Wallstein 2002.

[81] Drügh, Heinz J., Anders-Rede. Zur Struktur und historischen Systematik des Allegorischen, Freiburg/Br.: Rombach 2000, S. 76.

[82] Vgl. Niefanger, Barock, S. 216-219.

[83] Weise, Christian, Ob es recht sey/ daß lustige Bücher geschrieben werden? (1680), in: Romantheorie, hg. Steinecke, Wahrenburg, S. 71f.

[84] Auerbach, Erich, Mimesis. Dargestellte Wirklichkeit in der abendländischen Literatur, Tübingen, Basel: Francke 1946.

[85] Garber, Klaus, Zum Bilde Richard Alewyns, München: Fink 2005, S. 44.

[86] Solbach, Andreas, Johann Beer. Rhetorisches Erzählen zwischen Satire und Utopie, Tübingen: Niemeyer 2003.

[87] Beer, Johann, Der politische Bratwender. Jucundus Jucundissimus. Der Ritter Hopfensack, hg. von Dieter Gutzen, München: dtv 1984, S. 39.

[88] Ebd., S. 39.

[89] Garber, Der locus amoenus, S. 71.

[90] Iser, Das Fiktive, S. 133.

[91] Harsdörffer, Georg Philipp, Sigmund von Birken, Johann Klaj, Pegnesisches Schäfergedicht 1644-1645, hg. von Klaus Garber, Tübingen: Niemeyer 1966, S. 1 [der *Fortsetzung*, eigene Paginierung].

[92] Buchholtz, Andreas Heinrich, Freundliche Erinnerung An den Christlichen Tugendliebenden Leser des Teutschen Herkules (1659), in: Romantheorie, hg. Steinecke, Wahrenburg, S. 51.

[93] Grimmelshausen, Hans Jacob Christoph von, Lebensbeschreibung der Ertzbetrügerin und Landstörzerin Courasche, hg. von Klaus Haberkamm, Günther Weydt, Stuttgart: Reclam 1990, S. 25.

[94] Vgl. Butler, Judith, Das Unbehagen der Geschlechter, Frankfurt/M.: Suhrkamp 1991.

[95] Grimmelshausen, Courasche, hg. Haberkamm, Weydt, S. 23.

Orts-, Personen- und Sachregister

Zentrale Begriffe wie ‚Frühe Neuzeit', ‚Literatur' oder ‚Reformation', bibliographische Angaben sowie der Antwortteil wurden nicht berücksichtigt. Werktitel sind nur verzeichnet, wenn es sich um anonyme Texte handelt.